LE PREMIER MINISTRE CONSTITUTIONNEL
DE LA GUERRE

———

LA TOUR DU PIN

LE PREMIER MINISTRE CONSTITUTIONNEL
DE LA GUERRE

LA TOUR DU PIN

LES ORIGINES
DE L'ARMÉE NOUVELLE
SOUS LA CONSTITUANTE

PAR

LUCIEN DE CHILLY

Lieutenant au 139ᵉ Régiment d'Infanterie.

PARIS

LIBRAIRIE ACADÉMIQUE

PERRIN ET Cⁱᵉ, LIBRAIRES-ÉDITEURS

35, QUAI DES GRANDS-AUGUSTINS, 35

1909

AVANT-PROPOS

Le comte de La Tour du Pin fut le premier
ministre de la guerre français qui comparut
devant une assemblée délibérante. A ce titre,
nous devons voir en lui le premier ministre
constitutionnel de la guerre.

La période de son ministère (4 août 1789-
16 novembre 1790) est caractérisée par deux
ordres de faits : la désorganisation de l'armée
royale sous le choc des idées révolutionnaires,
— l'adoption, par l'Assemblée constituante, de
principes et de lois dont plusieurs ont servi de
base à la législation militaire du xixe siècle.

Il m'a paru intéressant d'étudier, avec quelques détails, cette période, fiévreuse et troublée,
pendant laquelle (comme d'ailleurs dans les
années qui suivirent) les événements dominent
les hommes. Ce sont donc les événements
accomplis durant seize mois à peine que je me

suis efforcé d'examiner et de relater avec impartialité.

L'intérêt qui pouvait s'attacher à une semblable étude nous fut d'abord signalé par le très distingué petit-neveu du ministre de Louis XVI, le marquis de La Tour du Pin-La Charce, ancien officier supérieur et attaché militaire de France en Autriche-Hongrie. Le colonel de Chilly, mon père, alors directeur des études à Saint-Cyr, et M. le capitaine d'artillerie Henry Bévierre, actuellement chef d'une grande industrie, réunirent les premiers éléments de l'ouvrage. Leurs recherches ont précédé et guidé les miennes.

Je leur dédie ce livre.

Lucien DE CHILLY.

PREMIÈRE PARTIE

—

LE MINISTÈRE
DU COMTE DE LA TOUR DU PIN

CHAPITRE PREMIER

JEAN FRÉDÉRIC DE LA TOUR DU PIN GOUVERNET, COMTE DE PAULIN

I. La séance du 4 août. — II. La famille de La Tour du Pin. — III. Le comte Jean-Frédéric de La Tour du Pin. — IV. Son élection aux États généraux. — V. Les ministres du 4 août. — VI. Leur première déclaration. — VII. Le ministre de la guerre et l'Assemblée. — VIII. Le comité militaire.

I

Le 4 août 1789, à la séance du matin [1], le président de l'Assemblée nationale, Le Chapelier [2], donna lecture d'une note envoyée par le Roi et ainsi conçue : « Je crois, Messieurs, répondre aux sentiments de confiance qui doivent régner entre nous en vous faisant part directement de la manière dont je viens de remplir les places vacantes dans mon ministère. Je donne les sceaux à M. l'archevêque de Bordeaux (Champion de Cicé), la feuille des bénéfices à M. l'archevêque de Vienne (Le Franc

[1] L'Assemblée nationale tenait habituellement deux séances par jour ; une, le matin, qui commençait à neuf heures et une l'après-midi.

[2] Le Chapelier, député des communes de la sénéchaussée de Rennes.

de Pompignan), le département de la guerre à M. de La Tour du Pin Paulin, et j'appelle dans mon conseil M. le maréchal de Beauvau. Les choix que je fais dans votre Assemblée même vous annoncent le désir que j'ai d'entretenir avec elle la plus constante et la plus amicale harmonie [1]. »

De nombreuses acclamations accueillirent cette lecture. La note fut lue une seconde fois ; les mêmes applaudissements se firent entendre. Puis l'Assemblée, sur la proposition de plusieurs de ses membres, vota à l'unanimité une adresse de remerciements au Roi pour la confiance qu'il venait de témoigner à la représentation nationale.

L'enthousiasme provoqué par ces choix ne devait pas en rester là. Après la fameuse délibération de l'après-midi du 4 août, qui se prolongea, dans la nuit du 4 au 5, jusqu'à deux heures du matin, le président, avant de lever la séance, put donner lecture à l'Assemblée d'une lettre qui lui était adressée par les nouveaux ministres : «... Appelés par le Roi dans ses conseils, écrivaient ceux-ci, nous déposons nos sentiments dans le sein de l'Assemblée nationale. Les marques de bienveillance dont nous avons été comblées depuis l'instant heureux de notre réunion et surtout notre fidélité aux principes de l'Assemblée et notre respectueuse confiance en elle sont les motifs les plus capables de soutenir notre courage.

« Nous ne perdrons jamais de vue que, pour bien répondre aux intentions du Roi, nous devons

---

[1] Archives de l'Assemblée nationale. Séance du 4 août.

toujours avoir présente à la pensée cette grande
vérité que l'Assemblée nationale a ramenée et qui
ne retentira jamais en vain : que la puissance et la
félicité des Rois ne peuvent dignement s'asseoir et
durablement s'affermir que sur les fondements du
bonheur et de la liberté des peuples.

« Daignez, monsieur le Président, être notre
interprète auprès de l'Assemblée, et lui offrir en
notre nom la protestation sincère de ne vouloir
exercer aucune fonction publique qu'autant que
nous pourrons nous honorer de son suffrage et conserver notre dévouement à ses maximes [1]. »

C'était là, de la part des nouveaux ministres, une
déclaration franchement constitutionnelle. Elle fut
accueillie avec transports. Un nom surtout plaisait
à l'Assemblée, celui du ministre de la guerre, comte
de La Tour du Pin, lequel jouissait, parmi les
députés ses collègues, d'une grande réputation de
loyauté, de sagesse et de libéralisme. Représentant
de la noblesse de Saintonge, lieutenant général des
armées du Roi, il avait marqué, au mois de juin
précédent, parmi les 47 membres de son ordre qui,
les premiers, s'étaient réunis aux communes. Il
avait fait partie, le 16 juillet, de la députation désignée pour accompagner le Roi à Paris, et le comité
des finances, le plus important de ceux constitués
alors par l'Assemblée, l'avait appelé, le 25 juillet,
à l'honneur de le présider. Le nouveau chef du
département de la guerre comptait donc, à cette
époque, parmi les hommes les plus sympathiques à

____
[1] **Archives parlementaires**, tome VIII. Séance du 4 août.

la représentation nationale. Nous allons voir quels étaient son origine et son passé.

II

Parmi les familles de France qui s'honorent, à juste titre, d'une ancienne et illustre origine, une des premières est assurément celle de La Tour du Pin. Sa généalogie, établie avec une grande certitude [1], lui donne comme souche Girard Ier ou Gerold d'Auvergne, *dit de La Tour*, fils de Bernard, comte d'Auvergne, et neveu des ducs d'Aquitaine. Girard, dont une donation porte la date de 960, épousa Gausberge, fille de Berlion, vicomte de Vienne. A la mort de son beau-frère, il vint s'établir au milieu des vastes possessions de sa femme, dans la région qui plus tard s'appela le Dauphiné. Le premier il porta le nom de *La Tour*. Quant au nom patronymique de *La Tour du Pin*, il ne fut adopté qu'au XVIIIe siècle par la famille de La Tour, pour la distinguer des *La Tour d'Auvergne*, les historiens ayant établi et les familles ayant reconnu « la communauté d'origine et la consanguinité » entre ces deux branches d'une même race.

Un des descendants de Girard, Albert Ier de La Tour, porta le titre de baron de La Tour du Pin, « baronnie comprenant plus de 80 villes ou bourgs,

---

[1] Baluze et Justel, historiens de la maison d'Auvergne. — Chorier. *Abrégé de l'histoire du Dauphiné.* — Guy Allard. *Dictionnaire du Dauphiné.* — Lequien de la Neuville. *Histoire des Dauphins.* — Moulinet. *Mémorial général de la maison de La Tour du Pin* (1787 et 1788), etc... etc...

si grande, si considérable et de tant de dignité qu'il
n'y en avait point qui l'égalât. » L'arrière petit-
fils de celui-ci, Humbert Ier de La Tour, baron de
La Tour du Pin et de Coligny, épousa Anne Dau-
phine, princesse de la maison de France, fille de
Guigne VII de Bourgogne, dauphin du Viennois.
Cette princesse hérita, en 1281, des États de son
frère mort sans postérité, et Humbert devint ainsi
dauphin du Viennois. Une telle alliance et un tel
héritage jetaient sur la maison de La Tour un singulier éclat. Toutefois la puissance souveraine
resta moins d'un siècle entre les mains de cette
famille. Le petit-fils de Humbert Ier, Humbert II,
dauphin du Viennois, roi nommé de Vienne, prince
de Grésivaudan, marquis d'Italie et de Césane, etc...
augmenta considérablement son influence et ses
possessions : il dirigea la croisade de 1345. Mais,
ayant eu le malheur de perdre son fils unique et
voulant « assurer à jamais le bonheur de ses sujets »,
il céda le Dauphiné à la Maison de France. Il
abandonna définitivement, en 1349, sa couronne à
« son très cher fils, le fils aîné de France »,
Charles, duc de Normandie, qui fut plus tard
Charles V. Cet abandon, librement fait à sa parenté
« la plus rapprochée » et en même temps « la
plus puissante », garantissait de son vivant « l'avenir du Dauphiné et l'intégrité de ses institutions. »

A la mort de Humbert II, le chef de la maison de
La Tour devenait son cousin, Aymard III de La Tour,
sire de Vinay et coseigneur de La Tour du Pin, qui
descendait d'un grand oncle de Humbert Ier. Le fils

d'Aymard, Girard III[1], et après lui son petit neveu, Girard IV de la Tour, furent successivement chefs de leur maison. Ce dernier, qui mourut après 1400, peut être considéré comme la tige sur laquelle se ramifièrent successivement, à partir du xviie siècle, les différentes branches de la famille (branches de La Tour du Pin Gouvernet, de La Tour du Pin La Charce, de La Tour du Pin Montauban, de La Tour du Pin Verclause).

Cette famille se trouve dès lors mêlée à beaucoup des événements de l'histoire de France. Elle donna à notre pays quinze officiers généraux, dont quatre gouverneurs de provinces, des grands dignitaires, des prélats, un Bailli grand croix de Malte, général des galères de la religion, et de nombreux officiers dont plusieurs restèrent sur les champs de bataille. L'un d'eux, René Ier de la Tour, fut un homme de guerre célèbre du xvie siècle, ami de Henri IV, compagnon d'armes du connétable de Lesdiguières ; il avait pris pour devise « courage et loyauté » et, en la justifiant pendant de longues années de guerre, s'était acquis un renom populaire.

A cette maison de la Tour, si illustre déjà, il manquait une héroïne. Elle la trouva en Mlle de la Charce[2], Philis de la Tour du Pin, qui, en 1692, fidèle à la devise de ses armes : *turris fortitudo mea*, « se conduisit en émule de ses plus vaillants

---

[1] Girard III de La Tour épousa, vers 1350, Aynarde de Miribel.

[2] Fille de Pierre III, de La Tour Gouvernet, marquis de La Charce, et de Françoise de la Tour Gouvernet, sa cousine. Née en 1645, morte en 1703, à Nyons.

ancêtres ». Envahi par le duc de Savoie et les Impé-
riaux, le Dauphiné était défendu par Catinat avec
des forces insuffisantes pour garder tous les passages des Alpes. Le pays de Gap était ravagé ;
celui de Die allait avoir le même sort, quand Philis,
dont le père était mort et les frères aux armées,
appela à la rescousse les habitants des Baronnies,
se porta avec eux au devant des coureurs de l'ennemi et leur fit si bien barrer le passage que l'invasion en fut arrêtée. A la suite de ces succès, le
lieutenant-général de Larrey, le meilleur lieutenant
de Catinat, lui écrivit de Fenestrelles, le 22 septembre 1693 : « Si le Roy avait dans ses provinces
beaucoup de personnes comme vous, Mademoiselle,
il n'y aurait pas besoin d'y avoir des troupes ni
d'autres forces que celle de votre prudence et de
votre zèle pour son service. Vous rassurâtes si fort le
pays l'année dernière que nous vous devons la tranquillité qui s'y conserve [1]... » La reconnaissance
publique avait été plus prompte encore à lui décerner
des éloges semblables. Les habitants de Gap lui
écrivaient dès le 22 septembre 1792 : « Ce n'est pas
d'aujourd'hui, Mademoiselle, que vous faites revivre
les amazones. Bien que nous soyons d'un pays
perdu, nous avons ouï parler de vos exploits, et,
si nous avions été assez heureux pour avoir ici
quelqu'un de votre valeur, nous aurions évité très
assurément les maux que les ennemis nous ont
faits. Si nous en étions crus, non seulement M. l'Intendant mais M. de Catinat publieraient si fort vos

[1] Archives de la famille.

louanges à la Cour que votre nom y serait éternisé, puisque c'est à vous seule qu'on doit la conservation de notre pays [1]... » Louis XIV, lui aussi, témoigna sa reconnaissance en accordant à Mlle de la Charce une pension de 2000 livres et en faisant déposer au trésor royal de Saint-Denis l'épée et les pistolets de l'héroïne du Dauphiné avec son portrait et son blason [2].

III

C'est à cette famille, noble de cœur comme de race, qu'appartenait le ministre de la guerre choisi par Louis XVI le 4 août 1789.

---

[1] Archives de la famille.

[2] Extrait du *Mercure Galant* de 1692 : « Le zèle qu'a fait paraître Mademoiselle Philis de la Charce, nouvelle convertie, en Dauphiné, pour le service du Roi, ne doit pas être oublié. Elle a tempêché la désertion des peuples depuis les environs de Gap jusqu'aux Baronnies ; elle s'est mise à leur tête, a fait couper les ponts, garder les passages, empêché les ennemis de pénétrer au delà de Gap. Cette amazone ayant informé les généraux de tout ce qu'elle avait fait, en fut approuvée et complimentée, et, de leur aveu, elle fit armer tout ce qu'elle put de monde pour le service du Roi et la sûreté de la province. Madame la marquise de la Charce, sa mère, exhortait les peuples de la plaine à se maintenir dans le devoir, pendant que sa fille résistait aux ennemis dans la montagne. Madame d'Urtis, son aînée, fit, d'un autre côté, couper toutes les cordes des bateaux qui traversaient la Durance, afin que les ennemis ne s'en pussent emparer.

« Ce n'est pas d'aujourd'hui que ceux de cette illustre maison ont signalé leur zèle pour le service de l'État. Ils ont de tout temps donné des marques de leur valeur et de l'intrépidité si ordinaire de la maison de la Tour du Pin, autrefois souveraine du Dauphiné, dont ils sont sortis. Pendant que Madame la marquise de la Charce et ses filles marquent si bien leur fidélité dans leur province, Monsieur le marquis et Monsieur le comte de la Charce, ses frères, qui sont actuellement dans le service, aussi bien que ses gendres et ses petits-fils, y font connaître leur valeur et leur courage. »

Jean Frédéric de La Tour du Pin Gouvernet (fils
de Jean de La Tour du Pin Gouvernet, comte de
Paulin, mestre de camp du régiment de Bourbon-
Cavalerie, et de Suzanne de La Tour La Cluse) était
né à Grenoble le 22 mars 1727. A la mort d'un de
ses cousins issus de germains, survenue en 1775,
il devint le chef de la maison de La Tour du Pin.

Le futur ministre reçut l'instruction perfectionnée
qu'on donnait alors aux jeunes gens de sa condition.
Dès l'âge de quatorze ans il s'initia au métier des
armes, et l'on peut affirmer que sa carrière militaire tout entière est celle d'un vaillant soldat et
d'un officier distingué. L'état de ses services en fait
foi.

Dès le mois d'octobre 1741, il entre comme cor-
nette au régiment de Bourbon-Cavalerie et rejoint
ce corps à l'armée de Wesphalie, où il passe
l'hiver. Il marche ensuite, avec cette armée, sur
les frontières de Bohême, au secours de Braunau,
au ravitaillement d'Egra et à l'expédition de Schmi-
dmill. Nommé lieutenant le 16 avril 1743, il prend
part à la défense de plusieurs villes de la Bavière
et finit la campagne sur les bords du Rhin. On le
trouve, l'année suivante, à la reprise de Wissem-
berg et des lignes de la Lauter et au siège de Fribourg.

Par commission du 2 décembre 1744, il obtient
une compagnie dans son régiment de Royal-Bourbon. Il la commande sur le Bas-Rhin, pendant
l'hiver, passe ensuite, au mois de juin 1745, avec
ce même régiment, à l'armée de Flandre, campe
sous Maubeuge, puis à Chièvres, et assiste au siège

d'Ath. Il commande encore sa compagnie, en 1746, au siège de Bruxelles et à la bataille de Raucoux, en 1747 à la bataille de Lawfeld et au siège de Berg-op-Zoom, en 1748 au siège de Maestricht.

Après la paix d'Aix-la-Chapelle (1748), sa compagnie est réformée, c'est-à-dire dissoute. Il est entretenu quelque temps, comme capitaine réformé, à la suite du régiment de Royal-Bourbon, puis, le 1er février 1749, il obtient une commission pour tenir rang de colonel d'infanterie. Le 20 du même mois, il est nommé colonel au corps des grenadiers de France. Il commande ce régiment pendant plusieurs années de paix. C'est au cours de cette période qu'il contracte un premier mariage, en 1753. Devenu veuf une année après, il épouse, en 1755 la fille du lieutenant général marquis de Monconseil[1].

---

[1] Le comte de Paulin eut de Cécile-Charlotte-Marguerite-Séraphine de Monconseil deux enfants, un fils et une fille.

Le fils, Fréderic Séraphin, dit d'abord le comte de Gouvernet, naquit en 1759. Aide de camp du général La Fayette en Amérique, puis du marquis de Bouillé à Metz, il devint successivement aide de camp de son père, chef d'état-major des gardes nationales sous La Fayette et enfin ministre à la Haye en 1792. Il émigra en Amérique avec sa femme et ses enfants et dut y vivre de son travail. Rentré en France sous le Directoire, il se rallia plus tard à l'Empire et fut successivement préfet à Bruxelles et à Amiens. Le gouvernement de la Restauration ne lui en tint pas rigueur, car il le nomma, avec Talleyrand, ministre plénipotentiaire au Congrès de Vienne. Louis XVIII le créa même marquis de La Tour du Pin, l'élevant ainsi à la dignité de pair, en considération, disait-il, « de l'honneur qu'il a de nous être allié », faisant ainsi allusion au mariage du dauphin Guignes, de la maison de La Tour du Pin, en 1323, avec Isabelle de France, fille de Philippe V le Long. Le marquis de La Tour du Pin Gouvernet fut exilé en Suisse, à la suite de la condamnation à mort et du bannissement de son fils, qui avait servi en Vendée, après 1830, comme aide de camp de la duchesse de Berri. Il mourut à Lausanne en 1837.

La guerre de sept ans vient à éclater. Le comte
de La Tour du Pin prend part, avec son régiment,
à la bataille d'Hastembeck, à la prise de Minden et
de Hanovre et à la capitulation de Clorterseven, en
1757. Nommé chevalier de Saint-Louis le 3 janvier
de cette même année et colonel du régiment de
Guienne le 6 octobre suivant, il commande ce régiment sur les côtes jusqu'à la paix. Fait brigadier en
1761, placé à la tête du régiment de Piémont le
1er décembre 1762, il est promu maréchal de camp
au mois de mai 1763. Employé successivement en
Normandie et en Bretagne, il devient, en 1778,
commandant en second des provinces d'Aunis,
Poitou et Saintonge. En 1781, Louis XVI le nomme
lieutenant général et commandant en chef des
mêmes provinces.

IV

C'est alors que les circonstances enlèvent le comte
de La Tour du Pin au cours régulier de son existence
militaire et le transportent sur un théâtre plus écla-
tant. Mais ce n'est pas le seul hasard qui l'amène
à solliciter et à obtenir son commandement dans
l'Ouest, car sa femme lui a apporté en dot la belle
terre du Terson, à trois lieues de Saintes, et celle
d'Ambreville en Angoumois. Pendant les onze
années qu'il passe en Poitou, il s'attache à la
contrée qu'il administre. Elle devient, comme
il l'a dit lui-même, son pays d'adoption. Aussi,
le 27 mars 1789, est-il élu, pour son fief de Terson,
député de la noblesse de Saintes aux États Généraux.

Au physique, écrit sa belle-fille la comtesse de Gouvernet, le comte de La Tour du Pin « était un petit homme tout droit, fort bien fait et qui avait été beau dans sa jeunesse. Il avait conservé les plus admirables dents que l'on pût voir, de beaux yeux, un air assuré et un charmant sourire, expression vivante de sa belle âme et de son extrême bonté. Il ne m'en imposait pas et je faisais mon possible pour lui plaire. Homme de mœurs simples, scrupuleusement occupé des devoirs que lui imposait sa place de commandant des provinces de Saintonge, Poitou et pays d'Aunis, il occupait tous les moments qu'il avait de libres à bâtir et à planter au Bouilh, son séjour de prédilection. Séparé de sa femme, il n'avait pas d'établissement à Paris, où il ne venait qu'en passant, pour faire sa cour au Roi et conférer avec les ministres des affaires publiques. Il n'était pas ambitieux ; on trouvait même qu'il ne l'était pas assez et qu'il se tenait trop à l'écart pour son mérite. C'était un caractère antique, du temps de saint Louis. Il avait servi dans la guerre de Sept Ans comme Colonel d'un régiment composé de l'élite de tous les autres et qu'on nommait les Grenadiers de France. Il s'était fort distingué et ses grades, jusqu'à celui qu'il occupait, lui avaient été donnés sans qu'il les eut sollicités [1]. »

Son élection aux États Généraux lui cause une satisfaction très vive ; car son esprit clairvoyant, son équité naturelle et aussi sa loyauté parfaite lui ont depuis longtemps fait voir les nombreux abus qui se

[1] Portrait du comte de La Tour du Pin Paulin, extrait des Mémoires de sa belle-fille, la comtesse de Gouvernet.

sont introduits dans le gouvernement et dans l'administration, car il considère de grandes et sages
réformes comme indispensables à la stabilité du
trône et au bonheur de la nation. Mais son dévouement inébranlable à la royauté, son respect profond
pour les vertus et les nobles intentions de Louis XVI
lui font désirer que la monarchie recouvre toute sa
vigueur par le seul rétablissement de ses anciennes
lois et par la réforme des abus qui ne sont qu'une
suite nécessaire de leur désuétude[1]. Il reconnaît dans
cet ancien régime, alors si décrié, les bases, la
garantie d'une liberté rationnelle plus réelle, plus
étendue que celle même dont les Anglais se vantaient
de jouir, et il croit fermement que les abus ne
doivent être corrigés, les changements accomplis,
les améliorations introduites que par le Roi et les
représentants légitimes de l'autorité. Il comprend
qu'avant de démolir pour reconstituer, il faut considérer la société non seulement dans le présent,
mais aussi dans le passé, que l'on ne peut disposer
de la chose publique au gré des passions des uns,
car celle-ci existe depuis des siècles sous forme de
« fondation à perpétuité que l'on ne peut boule-
verser par partialité ou présomption sans frustrer
les sacrifices de ses premiers créateurs, sans
annihiler les espérances de leurs successeurs[2] ».
« Libéral », La Tour du Pin l'est comme le sont
tant d'autres à cette époque, comme l'est l'immense
majorité de l'Assemblée, mais il y a peut-être entre
elle et lui cette différence, qu'entraînée par la passion

[1] Bertrand de Molleville.

[2] Taine. *Les Origines de la France contemporaine.*

commune aux novateurs, celle-ci sacrifie avec une irréflexion imprudente, parfois coupable, toutes les institutions existantes au désir irraisonné d'un perfectionnement problématique, tandis que La Tour du Pin veut que toute innovation ait son fondement dans le passé, sa force dans l'autorité légitime, sa consécration dans le temps. Et ce sont ces sentiments de sagesse et de modération que témoigne le futur ministre de la guerre avant même son arrivée au pouvoir.

L'idée s'est répandue qu'il y aurait utilité à réunir les trois ordres en États provinciaux. Dans l'assemblée du tiers état de la ville de Cognac on a émis le vœu de voir « l'établissement d'États provinciaux dans tout le royaume et la réunion de ceux du bas Angoumois à ceux de la Saintonge et de l'Aunis. La composition desdits États pourrait se faire à l'instar de ceux du Dauphiné... » Le comte de La Tour du Pin se montre favorable à ces innovations ; il encourage les délibérations et promet de soutenir, aux États généraux, les vœux des députés de Cognac. Ses lettres, ses conversations témoignent de son ardent désir d'arriver à une entente générale. « C'est du choix des représentants, dit-il, que dépend le bonheur ou le malheur de la société. C'est un traité de paix à conclure entre toutes les classes de citoyens ; il faut les amener à un accord parfait ; il faut que leurs droits respectifs, comme leurs intérêts, deviennent communs et ne soient plus exposés à se trouver en opposition [1]. »

---

[1] P de Lacroix. *A travers l'histoire de la contrée: Jean Frédéric de La Tour du Pin, commandant de Saintonge.*

C'est animé de ces généreux sentiments que le commandant des provinces d'Aunis, Saintonge et Poitou part, vers la fin d'avril 1789, avec les autres députés de ces provinces, pour le centre des événements, où il va se conduire en honnête homme, en loyal officier, en ministre sage et patriote, mais perdre une à une, avant d'y laisser sa tête, toutes les illusions d'un libéralisme sincère.

V

Les hommes qui faisaient partie du ministère complété le 4 août ne manquaient ni de talent, ni même de prestige. Necker, qui en était le chef, semblait avoir retrouvé, à défaut de popularité réelle parmi les masses, une certaine autorité sur l'Assemblée.

Le ministre de l'Intérieur, M. de Saint-Priest[1], était un esprit distingué et un homme d'un caractère sûr. Très dévoué à la monarchie, qu'il avait longtemps servie comme diplomate, il s'était trouvé lié, lors des événements de juillet, à la fortune de Necker, sans avoir pourtant jamais partagé ses erreurs et ses faiblesses.

---

[1] François-Emmanuel Guignard, comte de Saint-Priest, né en 1735, mort en 1821. Fut d'abord ministre à Lisbonne, à l'âge de vingt-huit ans, puis ambassadeur à Constantinople, où il resta plusieurs années. — Ambassadeur en Hollande en 1787. — Entra dans le conseil du Roi sans portefeuille en 1788, en même temps que M. Necker. Fut ensuite ministre de la maison du Roi, puis ministre de l'Intérieur.

Le comte de Montmorin [1], placé à la tête des Affaires étrangères, était un homme « sage, prudent, d'une grande facilité dans les affaires, mais d'un caractère faible [2] ». Il témoignait à Necker, dont il était l'ami, une confiance absolue. « Esprit peu hardi, mais pur et honnête, il aimait le Roi et en était aimé comme un véritable ami. Cette amitié fut même un malheur. Trompé par Necker, qui avait un grand ascendant sur lui, il était son soutien auprès du Roi. Par lui il fut, sans le savoir, un des grands véhicules de la Révolution, perdit le monarque et la monarchie, pour qui il aurait donné sa vie [3]. »

Le comte de La Luzerne [4], lieutenant général, ministre de la marine depuis le mois d'octobre 1787, occupait cette situation de la manière la plus honorable. Quant au maréchal de Beauvau [5], que le Roi avait appelé à figurer sans portefeuille dans ses conseils, c'était un homme de cœur, un officier

---

[1] Armand-Marc, comte de Montmorin, né en 1745. — Fut d'abord ambassadeur à Madrid. — Fit partie de l'Assemblée des notables en 1787. — Remplaça presqu'aussitôt après M. de Vergennes aux Affaires étrangères. — Suivit la fortune de Necker pendant que celui-ci fut ministre. Lui survécut et devint même, en janvier 1791, ministre de l'Intérieur. — Traduit à la barre de l'Assemblée législative le 31 octobre 1791. il donna sa démission quelques semaines après, devint le conseiller intime de Louis XVI, fut arrêté le 31 août 1792 et tomba, le 2 septembre suivant, sous les coups des septembriseurs.

[2] Bertrand de Molleville.

[3] Comte Ferrand : *Théorie des Révolutions*. — L'appréciation du comte Ferrand semble empreinte de quelqu'exagération.

[4] Le comte de La Luzerne (César-Henri) quitta le pouvoir le 20 octobre 1790. — Mort à Londres en 1791.

[5] Le maréchal de Beauvau, né en 1720, ne resta ministre que cinq mois. — Mort le 21 mai 1793.

général distingué et d'une autorité morale respectée
de tous. En lui faisant part, le 4 août, de sa résolution, Louis XVI lui écrivait de sa main : « Je
sens l'importance dont il est pour mon service que
mon conseil d'État soit composé de la manière la
plus propre à captiver la confiance publique, et
comme personne en France ne jouit d'une considération plus générale et plus distinguée que M. le
maréchal de Beauvau, je le prie de venir m'aider
de son zèle et de ses lumières, et de me donner,
en ces malheureuses circonstances, une nouvelle
preuve de son attachement à ma personne. »

Les deux prélats appelés à compléter le conseil
possédaient toutes les aptitudes de leurs hautes
fonctions. L'un d'eux, toutefois, l'archevêque de
Vienne, Le Franc de Pompignan[1], ne prit, à cause
de l'état de sa santé, qu'une part restreinte aux
événements. L'archevêque de Bordeaux, Champion
de Cicé[2], détenteur des sceaux, avait eu comme
prédécesseur Barentin, que l'opinion publique exé-
crait. C'était pour le nouveau titulaire un motif de
popularité. Il s'en était créé un autre en proclamant, le 27 juillet, la nécessité de faire précéder le
pacte constitutionnel de la déclaration des droits de
l'homme.

---

[1] Le Franc de Pompignan, archevêque de Vienne. Né en 1715.
Frère cadet du poète. Mort le 29 décembre 1790.

[2] Champion de Cicé, archevêque de Bordeaux depuis 1781. —
Né en 1735. — Quitta le ministère en novembre 1790, en même
temps que le comte de La Tour du Pin. Mourut en 1810.

VI

Tels étaient les collaborateurs du nouveau ministre
de la Guerre. Ils trouvaient, en arrivant aux affaires,
une lourde tâche. L'émeute était partout, déchaînant
la sauvagerie de l'instinct brutal, ajoutant aux protestations limitées du besoin les violences illimitées
des passions. La révolte était universelle, comme la
résignation l'avait été longtemps. La vieille monarchie s'écroulait : tous ses gardiens, clergé, noblesse
et tiers état, étaient les premiers à saper ses fondements, et, dans les brèches qu'ils y pratiquaient, se
précipitaient en masse ceux qui avaient longtemps jeûné et pâti, les gibiers d'émeutes et de
crimes, ceux que la faim poussait à bout et que
l'autorité n'avait plus la force de retenir [1].

Dès le 7 août les ministres exposent la situation à
l'Assemblée. Ils sont accueillis par des acclamations, et le garde des sceaux prend la parole au
nom de ses collègues [2] : « Les circonstances, dit-il,
sont tellement impérieuses et pressantes qu'elles
ne nous ont pas permis de concerter avec vous les
formes avec lesquelles doivent être reçus les envoyés
du Roi, formes auxquelles nous n'attachons person-
nellement aucune importance, mais que vous juge-
rez sans doute nécessaire de régler pour l'avenir... »

Il fait alors un tableau des excès qui existent

[1] Taine. *Les origines.*
[2] Archives parlementaires. Séance du 7 août.

partout, de la terreur qui devient générale, tableau
dans lequel on sent crépiter l'incendie qui va éclater et où l'on peut mesurer « l'énormité de la matière
qui va entrer en combustion » : « Les propriétés,
dit-il, sont violées dans les provinces ; des mains
incendiaires ravagent les habitations des citoyens ;
les formes de la justice sont méconnues et remplacées par des voies de fait. On voit en quelques lieux
menacer les maisons et poursuivre les peuples
jusque dans leurs espérances. La licence est sans
frein, les lois sans force, les tribunaux sans autorité. La désolation couvre une partie de la France ;
l'effroi la saisit tout entière... Et voilà pourquoi
nous, qui sommes intimement unis par notre amour
pour le meilleur des rois, par notre confiance réciproque et mutuelle, par notre zèle pour le bonheur
de la France, et par notre fidèle attachement à vos
maximes, nous venons réclamer vos lumières et
votre appui pour préserver la nation des maux
qui l'affligent ou qui la menacent. »

VII

Dès le 5 août le comte de La Tour du Pin a pris
possession de son poste. Il n'a pas de prédécesseur
immédiat, car, le lendemain de la prise de la Bastille, le vieux maréchal de Broglie a quitté le ministère de la guerre pour regagner son gouvernement
des Trois-Évêchés, et depuis lors, le ministre de
l'Intérieur, comte de Saint-Priest, a été chargé de

l'intérim. Comme il arrive toujours en pareille circonstance, les affaires ont été expédiées, pendant trois semaines, grâce à l'organisation des bureaux [1].

Un des premiers soins du nouveau ministre de la guerre est de se démettre de son mandat législatif. L'Assemblée lui désigne immédiatement, comme successeur à la députation, le marquis de Brémond d'Ars, qui a été élu son suppléant par la noblesse de Saintes.

Et c'est ainsi qu'au moment où une partie de l'armée est en fermentation et va se trouver bientôt en état de révolte, dans une période où doivent se discuter des lois militaires fondamentales, il est admis que l'officier général chargé du département de la guerre ne saurait faire partie de la représentation nationale [2]; qu'il aurait sans doute la faculté

[1] L'administration centrale de la Guerre comprenait alors, d'une manière générale, les services suivants :

1° Projets et ordonnances des fonds nécessaires au département de la Guerre, solde des troupes, comptabilité, etc. Ce service était entre les mains des commissaires des guerres,

2° Service du personnel, chargé notamment de la nomination aux grades et emplois... etc.

3° Service chargé de l'emplacement des troupes, des étapes, des mouvements, de l'instruction, des remontes.

4° Service de l'artillerie et des fortifications.

5° Service de la correspondance avec les généraux, les places de guerre : Ce service était chargé en outre de la discipline, la justice militaire... etc

6° Service des subsistances et des hôpitaux militaires.   •

7° Service du secrétariat, sorte de cabinet du ministre.

8° Direction du « dépôt général de la guerre, des plans et des ingénieurs géographes ».

Il existait en outre au trésor royal un service à la tête duquel se trouvait placé un « administrateur des dépenses du département de la Guerre. »

[2] Pourtant aucune loi, aucun décret de l'Assemblée n'avait encore été dicté à cet égard. Le 6 novembre 1789 seulement, « par res-

d'écrire au président ce qu'il jugeait nécessaire de faire connaître ; qu'il pourrait aussi, soit sur sa demande, soit à la requête de l'Assemblée, présenter à celle-ci des communications verbales ; qu'il s'entendrait dans des conditions analogues avec les comités nommés par elle, mais qu'il ne siégerait, à aucun titre, d'une manière permanente dans son sein. Dans la suite, le système parlementaire sera entendu de bien d'autres façons. Pourtant les ministres de cette époque, le comte de La Tour du Pin en particulier, sont imbus de l'esprit constitutionnel autant que pourront l'être, plus tard, les serviteurs de tout régime parlementaire. Quelques-uns d'entre eux montreront même, pour les désirs de l'Assemblée ou de ses comités, des condescendances parfois excessives : Mais, en définitive, ils ne sont responsables qu'envers le souverain qui les a choisis.

Ce système, loyalement pratiqué, aurait pu être profondément logique. Il aura toujours pour partisans, surtout en ce qui concerne le ministre de la guerre, les hommes désireux que l'autorité de ce ministre ne soit pas amoindrie et que l'instabilité parlementaire respecte du moins les intérêts supérieurs de l'armée et de la défense du pays.

Malheureusement, en 1789, l'Assemblée nationale a absorbé toute l'autorité. En créant deux pouvoirs, la constitution n'a ménagé entre eux aucun arbitre en cas de conflit : elle ne leur a même pas

pect des principes et par crainte de la corruption », l'Assemblée nationale décréta qu'aucun de ses membres ne pourrait devenir ministre.

donné l'un sur l'autre des prises égales, et, l'un désarmé, l'autre ne connaît plus de frein à sa toute-puissance. Le Roi est confiné dans son emploi exécutif, et en lui refusant le droit d'avoir comme ministres des membres de l'Assemblée, on supprime tout trait d'union entre elle et lui. Qu'arrive-t-il, c'est qu'aux yeux de tous, le ministre devient « agent royal », suspect comme le Roi, séquestré dans ses bureaux comme celui-ci dans son palais, et la fureur populaire enveloppe dans une même suspicion la Cour et les ministres. Et si ceux-ci sont introduits dans l'Assemblée, ce n'est pas pour y donner des conseils, mais pour protester en termes humbles de leur zèle et de leur dévouement. Tel est l'esprit d'une Constitution où, en vertu de la théorie, pour mieux assurer la séparation des pouvoirs, on détruit toute entente, et, pour suppléer à leur concorde, on fait de l'un le maître, de l'autre le valet[1].

L'Assemblée nomme aussi des comités, qui deviennent de vrais comités exécutifs pour les diverses parties de l'administration. Ces comités sont sans doute nécessaires pour l'élaboration des lois, à une époque où le désir de reconstituer est passé à l'état de fureur. Mais il faudrait aussi que le ministre, privé de toute situation parlementaire, possède une autorité reconnue, respectée par la représentation nationale, et qu'il ne soit pas uniquement l'agent passif des volontés d'une assemblée où « la sensibilité et l'exaltation ont remplacé le sang-froid et le bon sens ». Pendant les quinze mois

[1] Taine. *Les origines.*

de son ministère, le comte de La Tour du Pin, malgré sa modération, malgré son libéralisme, verra le comité militaire envahir, puis absorber une à une toutes ses prérogatives, toutes ses attributions nécessaires, et il demeurera impuissant devant le flot montant de l'anarchie.

VIII

L'un des premiers comités formés par l'Assemblée a été celui des finances [1]. Peu après [2] elle a constitué un comité dit *des rapports* ayant pour objet de lui fournir des renseignements sur les « mémoires, plaintes, adresses…, etc. » qui lui seraient envoyés par un *comité des recherches*, dont l'action s'est confondue souvent avec celle du comité des rapports. Un peu plus tard elle crée le comité militaire.

Dans la séance du 13 août, le vicomte de Noailles représente « que la discipline commence à se relâcher, que les désertions sont très fréquentes, et qu'il peut en résulter les inconvénients les plus graves pour la nation. » Il propose en conséquence la formation d'un comité « chargé de préparer une nouvelle constitution de l'armée, d'examiner, de concert avec le ministre de la guerre, l'étendue et la force du corps militaire, de déterminer les sommes que la nation pourrait fournir à son entre-

[1] Le 11 juillet 1789.
[2] Le 28 juillet 1789.

tien, de faire, en un mot, tout ce qui serait nécessaire pour préparer une prompte organisation de tout le corps d'armée. » Cette proposition n'a pas de suite immédiate.

Le 12 septembre, le baron de Wimpfen, à son tour, donne lecture d'un projet relatif à la création d'un comité militaire. Il représente que « de jour en jour ce comité devient plus nécessaire, que les régiments correspondent entre eux et qu'ils se réunissent tous pour la réforme du gouvernement militaire. » Le projet est renvoyé aux bureaux. Alexandre de Lameth le reprend deux jours après, et la question vient en discussion le 1er octobre. Il n'est pas sans intérêt de reproduire à cet égard une partie du compte-rendu de la séance.

M. de Wimpfen renouvelle sa motion. Il estime qu'il est de la compétence exclusive de la nation de fixer l'armée, le nombre des officiers et des soldats, ainsi que leurs traitements ; qu'il appartient à la nation de faire les lois fondamentales d'après lesquelles les citoyens doivent être régis.

M. de Cazalès : « L'armée n'est autre chose que la force de la nation confiée au monarque pour faire exécuter les lois et pour défendre le royaume contre les ennemis de l'État. L'organisation de l'armée doit appartenir, d'une manière exclusive, au pouvoir exécutif, car rien ne peut empêcher le Roi de prendre les mesures les plus convenables pour s'acquitter de sa charge. La nation doit seulement faire connaître au Roi le nombre de troupes nécessaires à sa sûreté et la somme destinée à leur entretien. »

M. de Toulongeon : « Il est vrai que l'armée, une fois établie, ne doit pas dépendre immédiatement du corps législatif, mais du pouvoir exécutif ; mais il n'en est pas moins vrai que c'est à la puissance nationale à établir l'armée et à l'organiser. Le premier principe tend à empêcher le pouvoir législatif de devenir militaire, et le second empêche le pouvoir exécutif de devenir despotique. Tout d'ailleurs nécessite une constitution politique et civile ; par là le citoyen deviendra militaire ; par là la nation sera en sûreté au dedans et au dehors ; par là le Roi pourra faire exécuter la loi et ne pourra faire exécuter que la loi. »

M. de la Luzerne, évêque de Langres : « Vous ne vous êtes pas encore occupés de la partie militaire ; il vous est donc impossible d'assigner des fonctions au comité. Je crains que cela ne mène à usurper sur le pouvoir exécutif. Les précautions du corps législatif sont prises par le décret qui ordonne que les troupes prêteront serment en présence des officiers municipaux [1] ; une autre précaution, relative à l'emploi des finances nécessaires à leur entretien, est établie par la comptabilité des ministres de chaque département. Il ne vous reste donc qu'à fixer le nombre des troupes et les fonds nécessaires ; à cet égard un comité me paraît assez inutile : celui des finances suffit [2]. »   .   .   .   .   .

.   .   .   .

[1] L'Assemblée nationale avait décrété, le 13 août, que les officiers prêteraient serment à la nation, à la tête de leur troupe, en présence des officiers municipaux.

[2] Archives parlementaires (tome IX). Séance du 1ᵉʳ octobre 1789.

A la suite de cette discussion, l'Assemblée décrète qu'il sera créé « un comité militaire de douze membres, chargé de se concerter avec le ministre de la guerre sur un plan de constitution militaire et d'en faire le rapport à la représentation nationale ». Dans ces termes, la création d'une commission de l'armée n'a rien que de sage et de constitutionnel. Mais le comité nommé à la suite de la délibération du 1er octobre ne se renfermera pas un seul instant dans la limite des attributions qui lui sont ainsi dévolues !

Deux jours plus tard, un des secrétaires porte à la connaissance de l'Assemblée, dans l'ordre fixé par le nombre des voies obtenues, les noms des membres élus du comité militaire. Ce sont MM. Emmery l'aîné, de Wimpfen, de Rostaing, d'Egmont, Dubois de Crancé, de Bouthillier, de Gomer, de Noailles, de Panat, de Flaschlanden, de Menou et enfin Mirabeau. Plus tard et successivement l'Assemblée adjoindra au comité quatre autres représentants, MM. Bureaux de Puzy, d'Ambly, de Crillon l'aîné et Alexandre de Lameth [1].

Dès le 3 octobre le comité militaire constitue son bureau. Le marquis de Panat, doyen d'âge, est

---

[1] Le marquis d'Ambly fut adjoint au comité le 13 décembre 1789 et M. Bureaux de Puzy le lendemain. MM. d'Ambly et de Bouthillier donnèrent leur démission le 17 avril 1790. Ils furent remplacés par MM. Alexandre de Lameth et le marquis de Crillon.

Les membres du comité militaire représentaient à l'Assemblée nationale : *Emmery*, le tiers état du bailliage de Metz ; le baron de *Wimpfen*, la noblesse de Caen ; le marquis de *Rostaing*, le tiers état du bailliage du Forez; *Dubois de Crancé*, le tiers état du bailliage de Vitry-le-François ; le marquis de *Bouthillier*, la noblesse du bailliage du Berri ; le comte *d'Egmont-Pignatelli*, la noblesse du bailliage de Soissons ; le comte de *Gomer*, la

nommé président ; M. de Rostaing, vice-président ;
MM. Emmery et Dubois de Crancé secrétaires.
Presque tous les membres du comité appartiennent
à l'armée. Le comte d'Egmont-Pignatelli est lieutenant général, MM. de Panat, de Wimpfen, de
Rostaing, d'Ambly, de Gomer, de Crillon, de
Flaschlanden ont le grade de maréchal de camp.
Le marquis de Bouthillier est colonel du régiment
de Picardie, le vicomte de Noailles, colonel du régiment des chasseurs d'Alsace, Alexandre de Lameth,
colonel de cavalerie, M. Bureaux de Puzy capitaine
du génie. Le comte de Menou a été colonel de
dragons.

Mirabeau est trop connu pour qu'il soit utile de
parler de lui. D'ailleurs il paraît s'être désintéressé
des affaires militaires et s'occupera fort peu du
comité. Emmery, avocat au Parlement de Metz, est
un travailleur consciencieux et un esprit distingué.
Il jouit d'une réputation méritée de savoir et de
probité. Ayant vécu, à Metz, dans l'intimité du
maréchal d'Armentières, il n'est pas étranger aux
choses de l'armée. — Dubois de Crancé, qui sera
plus tard membre du comité de salut public, président de la Convention et enfin ministre de la guerre

noblesse du bailliage de Sarreguemines ; le vicomte de *Noailles*,
le plus jeune membre du comité, la noblesse du bailliage de
Nemours ; le vicomte de *Panat*, la noblesse de la sénéchaussée
de Rodez ; le baron de *Flaschlanden*, la noblesse du bailliage
de Colmar et de Schlestadt ; le baron de *Menou* (le futur général
Menou de l'expédition d'Egypte), la noblesse du bailliage de
Touraine ; le marquis *d'Ambly*, la noblesse du bailliage de
Rennes ; le marquis de *Crillon*, dit Crillon l'aîné, la noblesse
de la sénéchaussée de Troyes ; le comte Alexandre de *Lameth*,
la noblesse du bailliage de Péronne ; enfin *Bureaux de Puzy*, la
noblesse du bailliage d'Armont.

du Directoire, est bien plus un agitateur révolutionnaire qu'un législateur. Avec une forte exubérance d'expressions généreuses et patriotiques, il manque surtout de consistance. Parfois, il se laisse même entraîner à un véritable abus de sa situation dans le comité, en acceptant de jouer un rôle fâcheux dans les désordres militaires de ce temps. — Quant à Bureaux de Puzy, caractère honorable et droit, il possède les qualités et les travers que l'on rencontre parfois chez les officiers de son arme : grand ami de Lafayette, il passe pour le représentant de ses idées.

MM. de Wimpfen, de Bouthillier, de Noailles, de Lameth, Bureaux de Puzy et les deux secrétaires, Emmery et Dubois de Crancé, sont les plus actifs parmi les membres du comité militaire. L'influence de MM. de Lameth et de Noailles, personnages capables, mais fort ambitieux et trop confiants en eux-mêmes, n'y semble pas avoir été toujours très heureuse.

Tous ces hommes ont sans doute de la bonne volonté ; plusieurs d'entre eux ne manquent ni de talent ni de compétence. Mais que peuvent-ils, perdus dans une Assemblée dont la sensibilité, surexcitée au plus haut point, enlève à la plupart de ses membres toute force de raisonnement, toute notion de bon sens ? Que peuvent-ils dire, à travers les bravos et les claquements de mains d'une galerie, qui semble vouloir faire des séances un mélodrame ou une mascarade, une sorte « d'opéra patriotique » ? Isolés au milieu de leurs collègues, ils sont tenus à dessein éloignés du pouvoir exé-

cutif. Et du reste quel appui celui-ci pourrait-il
leur donner, enchaîné comme il l'est, n'ayant plus
aucune barrière à élever contre les empiètements
d'un Parlement souverain ? Aussi est-ce par le fait
des circonstances et de l'état de choses établi, bien
plus que de leur propre initiative, qu'ils vont être
entraînés à sortir de leurs fonctions législatives, à
faire abus de leur situation, à usurper des attributions que ni la loi ni la raison ne pourront leur
accorder.

CHAPITRE II

LA FORCE PUBLIQUE

I. L'anarchie militaire. — II. L'armée royale. — III. La garde nationale. — IV. La maréchaussée.

I

L'on ne bouleverse pas une société sans risquer de détruire en elle toutes les institutions qui font sa force et constituent sa sauvegarde. L'on ne refait pas une chose publique, qui existe depuis des siècles, sur les seules données d'une science douteuse, sur les déductions d'un raisonnement dont le point de départ peut être faux, sur les conclusions d'une démonstration dont les axiomes proclamés sont souvent autant de négations de toute expérience, de toute vérité historique, on peut même dire de toute réalité. Et lorsqu'on a tout détruit sans rien reconstituer, lorsqu'on a brisé toute autorité, tout pouvoir, en mettant à leur place la volonté de tous, « sans contrôle comme sans limite », que l'on ne s'étonne pas que les passions se déchaînent, qu'elles se groupent pour former des factions, que la force des instincts submerge l'édifice croulant du pouvoir[1], et que l'armée elle-même ne résiste pas

[1] Taine. *Les origines.*

à ce flot envahissant des fureurs libres et souveraines! Une troupe en déroute peut être ressaisie,
car elle possède encore le sentiment de sa mission.
Mais lutter pied à pied contre le désordre qui s'introduit dans une armée, contre l'indiscipline qui
est la négation même de l'institution, et n'avoir
comme appui qu'un pouvoir exécutif sans autorité
et un pouvoir législatif agité par la frénésie de la
destruction, il semble que ce soit là une tâche au-
dessus de la force d'un homme. C'est pourtant
celle qui s'impose au comte de La Tour du Pin dès
son arrivée au pouvoir.

Lorsqu'un fleuve a débordé et que ses eaux gron-
dantes et mugissantes viennent battre les flancs
d'un grand édifice, celui-ci résiste d'abord à l'action
destructive et paraît indifférent aux ruines d'alentour. Puis, peu à peu, en mains endroits, le ciment
qui réunit les pierres se détache et tombe; quelques-unes de celles-ci, les plus petites, s'échappent
à leur tour; les autres, n'étant plus soutenues, ont
peine à tenir en place et se trouvent comme délais-
sées. Les fondements sont attaqués plus que toutes
les autres parties. Le faîte tremble sur des murs
menaçant ruine et semble devoir entraîner l'édifice dans sa chute. Sans cesse des mains dévouées,
prenant mille précautions, cherchent à réparer les
brèches récentes ; il s'en forme de plus menaçantes
et de plus dangereuses. Pourtant, les matériaux
sont bons, et, dès que le choc des éléments aura
pris fin, on pourra les utiliser pour une construction
nouvelle.

Ainsi, l'armée royale était solide, vaillante,

dévouée. Mais battue, dès le commencement de 1789, par le flot révolutionnaire, travaillée dans chaque garnison par des agents destructeurs, elle voit la discipline, sa base essentielle, menacée puis ébranlée. Des soldats, des sous-officiers, des corps entiers se révoltent contre leurs chefs. Les désertions deviennent nombreuses : il semble que l'institution va crouler de toute part. Avec peine et souvent en vain, le ministre de la guerre, les officiers généraux, les municipalités même, qui ont un besoin urgent des troupes pour le maintien de l'ordre public, cherchent à prévenir les excès, à réparer ceux qui sont déjà commis : les efforts paraissent inutiles.

Car les grands mots ont produit leur effet, et de tous les sophismes proclamés à l'Assemblée s'est détaché le ferment nouveau qui va entrer dans la masse ignorante, la travailler et changer le mécontement général en passion politique. Depuis que l'Assemblée, aveuglée par la théorie qu'elle proclame, précipite sa chute chaque jour de plus en plus, depuis que les attroupements populaires tiennent lieu de pouvoirs politiques, l'émeute est établie à demeure et elle est partout souveraine. Les instincts malfaisants s'unissent aux fureurs de la faim, car la famine sévit encore, et le peuple déclare qu'il ne veut rien payer, ni impôts, ni droits, ni dettes[1].

La maréchaussée, très dévouée et très fidèle, est impuissante à réprimer les abus, à soutenir les

---

[1] Taine. *Les origines.*

agents du trésor public, à protéger le libre trans-
port des blés, à empêcher des accaparements et des
entraves souvent factices, calculés et criminels. Sur
toute l'étendue du sol français, les autorités font
appel à la force armée. On se trouve contraint de
diviser en de nombreux détachements la plupart des
régiments. Beaucoup de ces derniers échappent
ainsi à la main de leurs chefs. En outre, les corps
de troupe sont astreints à de fréquents changements de garnison, nécessités pour quelques-uns
par leur état d'indiscipline, pour beaucoup d'autres
par les exigences de la tranquillité publique. Ces
mouvements continuels, cette dissémination des
forces militaires, le contact permanent de gardes
nationales, généralement peu animées de l'esprit
de discipline, deviennent pour l'armée de graves
éléments destructeurs. Et bientôt « l'union se fera
entre les politiques de la rue et les politiques de la
caserne, et le travail d'imagination, qui a noirci le
gouvernement dans l'esprit du peuple, noircira les
officiers dans l'esprit des soldats[1] ».

C'est ce lent et progressif acheminement de
l'armée vers la désorganisation et l'anarchie qui
va ressortir du tableau des événements auxquels
la force publique s'est trouvée mêlée à partir du
4 août 1789. A la suite de cet exposé, nous exami-
nerons en détail quelques-unes des perturbations qui
vinrent, pendant cette période, compromettre l'édifice militaire, puis nous étudierons, dans la seconde
partie, les lois votées pour sa reconstitution.

---

[1] Taine. *Les origines*.

II

L'armée comprend, en 1789, en dehors des services généraux et de la maison du Roi : 102 régiments d'infanterie (dont 12 allemands et irlandais, 11 suisses et un liégeois); 12 bataillons d'infanterie légère (chasseurs) ; 25 régiments de *cavalerie*[1], 6 de hussards, 18 de dragons, 12 de chasseurs (en tout 61) ; 7 régiments d'artillerie, sans compter le corps des mineurs, dont le chef est l'illustre Gribeauval; enfin 376 officiers du génie.

Ces troupes sont instruites et bien exercées. A la suite des succès réitérés de Frédéric II, les questions de manœuvre ont été, en France, l'objet d'études et d'expérimentations sérieuses. Les chefs de l'armée se sont, au point de vue des idées, partagés en deux groupes : les uns avec le maréchal de Broglie, ont réclamé le maintien de *l'ordre profond,* sauf certaines modifications résultant des progrès de la tactique; les autres, avec le maréchal de Guibert, rapporteur du *Conseil de la guerre*[2], ont préconisé *l'ordre mince* adopté par l'armée prus-

---

[1] Les régiments dits de cavalerie répondaient en 1789 à ce que nous appelons aujourd'hui la grosse cavalerie. C'étaient les anciens régiments de gendarmerie, lesquels provenaient eux-mêmes des compagnies d'ordonnance (gens d'arme). Les régiments de cavalerie ne portaient d'ailleurs aucun cuirassement.

[2] Le *conseil de la guerre*, exclusivement militaire, avait été créé en 1787, pour étudier les questions relatives à la tactique. Il fit expérimenter le système du maréchal de Guibert, dès 1787, au camp de Vaussieux. Ce conseil fut supprimé par le maréchal de Broglie en juillet 1789.

sienne. Ce dernier système a prévalu et ses principes vont se refléter pendant quatre-vingts ans
dans nos théories d'infanterie. Le règlement provisoire de 1788, consacré par le règlement définitif
de 1791, en est la sanction. Au mois de septembre 1788, deux camps d'instruction sont constitués
pour l'application de ce nouveau règlement, le plus
important, comprenant 30000 hommes, à Saint-
Omer, sous le commandement du prince de Condé[1],
l'autre à Metz, sous le maréchal de Broglie. Pour
la première fois, dans ces camps, les troupes ont
été régulièrement embrigadées et endivisionnées.

Quant aux officiers qui les commandent, ce sont
tous, suivant l'expression de Cuvier, des « gens de
caractère et de l'esprit le plus élevé ». Le plus grand
nombre, sorti de la petite noblesse provinciale, sert
sans espoir de récompense : la plupart s'en font
même un point d'honneur et élèvent leur âme à
ce régime. Gardiens de l'ordre, défenseurs de l'autorité, ils sont imbus de cette philosophie pratique,
qui consiste dans l'esprit d'abnégation, et, quoi que
l'on en dise, « leur vieil honneur est devenu du
patriotisme. » Et, quand ils auront la force en
main pour maintenir la paix, ils persisteront long-

[1] Miot de Melito, dans ses mémoires, rapporte que les régiments
suisses de Salis-Samade et de Diesbach se trouvaient au camp de
Saint-Omer : « Ils avaient fait, dit-il, de grands progrès au point
de vue des nouvelles manœuvres. Ces étrangers, qui s'étaient
pliés au régime nouveau plus facilement que les Français, étaient
devenus l'objet de l'admiration et de l'affection des enthousiastes
de la discipline prussienne, dont se composait l'état-major du
camp. Cités sans cesse comme exemple à tous les autres corps,
ils finirent par exciter plus de jalousie et d'aversion que d'émulation ou de désir de les imiter. »
Miot de Melito était alors élève commissaire des guerres.

temps à remplir leur rôle avec modération, au péril de leur vie, humiliés, diffamés à raison de leurs titres et de leur grade, soumis à la vile dictature des démagogues. Longtemps ils resteront fidèles à leur mission, n'ayant en perspective que la mort, « atroce, ignoble et sans vengeance » que leur prépare la populace : ils resteront jusqu'au bout attachés à leur poste, jusqu'à ce qu'on vienne les en chasser [1].

Elle est donc bien commandée, l'armée royale, au moment où surviennent les événements de 1789, et elle se trouve être, au point de vue purement militaire, l'objet d'un entraînement réel et d'incontestables progrès. Elle a quitté les camps d'instruction ; les troupes sont réparties sur toute l'étendue du territoire et placées sous les ordres des lieutenants généraux qui commandent les divisions militaires [2]. Malheureusement, depuis la prise de la Bastille et la retraite du maréchal de Broglie, il s'en trouve fort peu aux environs de la capitale. A Paris, le maintien de l'ordre est exclusivement confié à la garde nationale. Nous allons voir com-

[1] Taine. *Les origines.*

[2] En principe à chaque province correspond une division militaire (Il existe 21 divisions). Quelques provinces, comme l'Alsace, les Trois Evêchés, la Lorraine, comptent deux divisions. Certaines divisions, comme la 20ème, comprennent plusieurs provinces.

Chaque division comprend une ou plusieurs brigades d'infanterie commandées chacune par un maréchal de camp. La plupart des divisions ont une brigade de troupes à cheval ; d'autres en comptent deux, d'autres en sont dépourvues.

Les 7 régiments d'artillerie sont stationnés à Douai, Auxonne, Metz, La Fère, Valence, Strasbourg, Besançon. Le corps des mineurs est à Verdun. Il existe en outre 21 directions d'artillerie réparties sur tout le territoire. — Le territoire est partagé en 12 directions du génie, divisées en brigades.

ment a été constituée cette partie importante de la force publique.

III

Le 15 juillet 1789, les électeurs de Paris se trouvent réunis dans une salle de l'Hôtel de Ville, où sont déjà les députés de l'Assemblée nationale : La Fayette fait le récit de la visite du Roi à l'Assemblée, puis le duc de Liancourt annonce que les troupes seront éloignées et que la formation des gardes bourgeoises est autorisée. Des acclamations unanimes désignent aussitôt La Fayette pour commander cette armée nouvelle. Il accepte « à la condition de conserver pour commandant en second le marquis de La Salle, placé deux jours auparavant à la tête de la milice spontanément improvisée[1] ». La garde nationale parisienne se trouve ainsi créée. Bailly est en même temps proclamé maire de Paris et un *Te Deum* d'actions de grâce est chanté à la cathédrale. Le lendemain on apprend le rappel de Necker; le surlendemain le Roi vient à Paris. Quant au maréchal de Broglie, ministre de la guerre, il regagne péniblement son gouvernement des Trois Évêchés : retiré d'abord à Verdun, puis à Metz, il est contraint d'émigrer dans le Luxembourg.

Chacun des soixante districts de la capitale constitue « un comité permanent, un comité civil, un comité militaire, un comité des subsistances et

---

[1] Baron Poisson. *L'armée et la garde nationale.*

d'autres encore [1] ». On organise la milice bourgeoise, et déjà elle prend le nom de *garde nationale*.
Chaque district doit fournir un bataillon d'infanterie de 5 compagnies. L'une d'elles, soldée et
désignée sous le nom de *compagnie du centre*, ser-
vira de ralliement aux quatre autres. Les soixante
bataillons ainsi constitués sont répartis en six
divisions. « Les compagnies étant de cent hommes,
l'effectif total est de trente et un mille hommes,
dont mille officiers nommés par les districts. » La
cavalerie forme une septième division de huit
compagnies, toutes soldées. Lafayette choisit
comme major-général M. de Gouvion, qui a combattu avec lui en Amérique, et pour aide-major-
général M. de Lajard. Le futur général Mathieu-
Dumas est un des membres les plus actifs de son
état-major. La cocarde tricolore est adoptée pour la
nouvelle milice : elle le sera bientôt pour l'armée
entière.

La garde nationale ne comprend pas seulement
des citoyens appartenant aux districts. L'élément
le plus actif, celui qui compose les compagnies soldées et qui ne comporte pas moins de six à sept
mille hommes, est constitué par tous les anciens
gardes-françaises, par des Suisses et des déserteurs
de tous les corps. On fait aux gardes-françaises
devenus gardes nationaux des avantages considérables. La masse du régiment leur est distribuée,
ainsi que tous les effets en magasin. « La commune
leur tient compte de la valeur de leur caserne et de

---

[1] Baron Poisson. *L'armée et la garde nationale.*

leur hôpital, comme si ces immeubles leur eussent appartenu [1]. » Le prix, estimé à un million trente mille francs, y compris l'ameublement, en est réparti entre eux. Le « prêt et la nourriture » leur sont assurés par l'État « jusqu'à ce que la ville de Paris ait pris des arrangements relatifs à leur subsistance [2] ».

Il faut d'ailleurs ces largesses pour vaincre leur répugnance à entrer dans la milice bourgeoise : Ce sont ces gardes-françaises qui, le 23 juin, ont refusé le service, qui, le 27, se sont joints aux manifestants du Palais-Royal, qui ont prêté serment devant leurs anciens de ne rien faire contre l'Assemblée, et qui, le 14 juillet au matin, font défection en masse. Voilà la force que l'on oppose à l'émeute, « bien plus propre à lui fournir des recrues qu'à la réprimer » !

Les déserteurs constituent le second élément des compagnies soldées. Beaucoup de soldats ont abandonné leur drapeau, et La Fayette a obtenu du Roi l'autorisation d'incorporer dans ses bataillons « ceux qui ne voudraient pas rejoindre leur corps [3] ». Parmi eux se trouvent des Suisses qui se signalent par leur exaltation et leur indiscipline. Après la prise de la Bastille, leur colonel, le lieutenant général baron de Bezenval, retournait en Suisse, sa patrie : on l'arrête à Villenaux ; on le conduit au château de Brie-Comte-Robert, sur

---

[1] Baron Poisson.

[2] Mémoires de La Fayette.

[3] Ordre de Louis XVI en date du 21 juillet 1789. (Mémoires de La Fayette).

l'ordre de l'Assemblée nationale, qui juge avec raison que la captivité est plus sûre pour lui que la liberté. Pendant ce temps, plusieurs milliers d'hommes, croyant voir le prisonnier à Paris, attendent son arrivée sur la place de Grève, et, parmi eux, des anciens Suisses, déserteurs, « aiguisent leurs sabres sur les pavés, annonçant hautement qu'ils veulent, en l'honneur des treize cantons, couper en treize morceaux le compatriote qui les a si longtemps commandés ». — C'est bien une « sédition sociale » qui s'attaque à tous ceux qui commandent dans l'ordre établi.

Les désertions d'ailleurs continueront un certain temps encore. Sur différents points du territoire, des soldats, en grand nombre, vont, pendant trois mois, abandonner leurs régiments pour rejoindre la garde nationale parisienne. Les détachements de celle-ci, appelés à circuler autour de la capitale, constitueront pour les troupes voisines de dangereux éléments d'excitation et de désordre. Le ministre de la guerre recevra de toutes parts, sur ce sujet, des plaintes des officiers. Une des plus caractéristiques est assurément celle d'un capitaine de dragons, chef de détachement à Villers-Cotteret[1]. « J'ai l'honneur de vous prévenir, écrit cet officier au mois d'octobre 1789, que, depuis que j'ai réclamé les ordres du Roi pour rentrer au corps de mon régiment qui est à Laon, à raison de la désertion continuelle qui me survenait et à

---

[1] Archives de la guerre : Lettre de M. de Termont, capitaine au régiment de la Reine-dragons, au ministre de la guerre, 21 octobre 1789.

laquelle je ne peux plus remédier depuis qu'un détachement de la milice nationale de Paris est venu faire un séjour ici, j'ai encore perdu dans la nuit dernière trois hommes bons sujets que l'appât de cette haute-paie (celle de la garde nationale soldée), si supérieure à notre solde, attire et débauche. Pour peu que ma troupe reste encore ici, la défection sera totale, tant est grande la fermentation des têtes, et tant la communication de ma troupe avec celle de Paris a été préjudiciable. Tout ce que peut faire la vigilance la plus assidue est de conserver les chevaux, malgré toutes les tentatives qu'on a faites pour les emmener. Je vous prie instamment de me donner des ordres pour rejoindre mes guidons... Depuis trois mois je commande le détachement de Villers-Cotteret. Pendant deux mois et demi, je n'ai point souffert de perte. A la première apparition de la milice nationale, j'ai perdu neuf hommes dans dix jours. C'est le tiers de ma troupe, et sous peu de jours j'aurai à vous annoncer de plus grandes pertes, si vous n'avez pas égard à ma demande. » — C'est que l'attrait de l'argent et de la licence est trop fort : c'est que, régalés et endoctrinés par les délégués des clubs, les soldats deviennent jacobins au régiment!

Le ministre de la guerre laisse pourtant à Villers-Cotteret le détachement de dragons qui s'y trouve et qui est nécessaire pour la protection des convois de grains. Mais, « pour ôter tout prétexte de plainte », on retire de cette localité les gardes nationaux. M. de La Tour du Pin réitère d'ailleurs ses réclamations : il demande avec insistance que l'on n'admette plus de déserteurs dans la garde nationale, et La Fayette souscrit en principe à cette exigence [1].

La garde parisienne est appelée à subir des modifications successives. Les vainqueurs de la Bastille se composaient d'abord des gardes-françaises et d'autres volontaires. Ces derniers se sont constitués en *corps des volontaires de la Bastille*, sous le commandement de Hulin ; au mois d'octobre, ils reçoivent une consécration officielle et une solde journalière leur est attribuée. En même temps on crée des compagnies de chasseurs, des compagnies spéciales pour la garde des quais, ports et îles de Paris. La cavalerie est renforcée de deux compagnies, et il est même constitué une artillerie à l'aide de canons distribués aux divers districts [2] !

A l'exemple de la capitale, les communes du royaume confient leur « défense intérieure » à des « corps de citoyens armés ». Des gardes nationales sont créées sur tous les points du territoire : Elles s'établissent d'une manière pacifique à Rennes, Bordeaux et dans beaucoup d'autres villes. Il n'en est pas de même partout : à Strasbourg, par exemple, éclatent de graves désordres (**21, 22 et 23 juillet**) qui sont réprimés par les troupes régulières et par les bourgeois armés. A cette occasion, le régiment de Darmstadt, peut-être le premier de tous, arbore

---

[1] Archives nationales. Correspondance administrative de M. de La Tour du Pin avec M. de Saint Priest (octobre 1789).

[2] Voir à cet égard le très remarquable ouvrage du baron Poisson.

la cocarde tricolore. A Caen la constitution de la milice bourgeoise est l'occasion de scènes violentes, qui se terminent par l'assassinat du major de Belsunce, commandant par intérim le régiment de Royal-Bourbon.

Dans plusieurs villes se forment même deux gardes nationales concurrentes : telles sont les villes de Vernon, Fontainebleau, Nevers. Rouen possède, à un moment donné, jusqu'à cinq corps distincts de milices bourgeoises !

Des fédérations particulières commencent à s'établir entre les gardes des différentes villes, en attendant la grande fédération du 14 juillet 1790. C'est véritablement une nouvelle armée qui surgit sur tout le territoire. Le ministre de la guerre ne la commande pas : elle a son chef, l'homme le plus populaire de l'époque, qui *nominalement* dépend du ministre de l'Intérieur, et pour qui le ministre de la guerre est à peine un égal.

Pendant la seconde quinzaine de juillet et dans le cours des mois qui suivent, les arsenaux sont mis à contribution pour fournir des armes aux gardes nationales du royaume. La Tour du Pin résiste autant qu'il le peut aux demandes réitérées que lui font parvenir M. de La Fayette, les diverses municipalités et le comité des Rapports de l'Assemblée, intermédiaire habituel de ces sortes de requêtes. Le ministre veut réserver au moins les approvisionnements indispensables à l'armée. A bout de ressources, il finit par déclarer que les armes dont il peut disposer « suffisent à peine aux remplacements à faire aux troupes et qu'il n'en sera plus fourni à l'avenir [1]. » Car armer une telle force, n'est-ce pas donner des armes à l'émeute, rendre plus puissantes encore les municipalités, qui, seules, vont commander les gardes nationales, qui, seules, avec toute l'intrépidité de leur présomption, vont agir en souverain, envoyer des ordres et des contre-ordres aux troupes, malgré et contre les ordres des ministres ou de l'Assemblée, comme si « dans la France dissoute, chacune d'elles était la nation » ?

IV

A côté de l'armée et de la garde nationale, il existe encore, en 1789 comme de nos jours, un autre élément de la force publique, issu de l'armée et intimement lié à elle pour tout ce qui concerne l'administration, la hiérarchie et la discipline, mais bien différent dans son rôle et ses attributions. Le service dévolu aujourd'hui à la gendarmerie départementale se trouve alors rempli par 33 compagnies de maréchaussée. Chacune est commandée par un grand prévôt, qui a rang de lieutenant-colonel de cavalerie. Ces compagnies sont divisées en lieutenances, dont les chefs sont des capitaines.

En temps ordinaire les devoirs de la maréchaussée se bornent à assurer la tranquillité publique. Dans les moments de trouble, le grand prévôt de chaque province prend l'initiative de la répression et

---

[1] Archives nationales. Lettre du ministre de la Guerre au président du comité des Rapports (29 décembre 1789).

cumule les fonctions du militaire et du magistrat.
Sur le théâtre même du désordre, il forme, avec
des officiers civils qui lui servent d'assesseurs, un
tribunal dont les arrêts redoutés sont, en cas de
flagrant délit, immédiatement exécutés.

Au mois d'août 1789, dans l'effervescence, le désordre et le relâchement général, « les grands prévôts des provinces ont conservé intégralement le
caractère de leurs attributions. Leur justice sommaire, appuyée sur les maréchaussées, a trouvé de
trop fréquentes occasions de s'exercer dans les
campagnes ensanglantées : aussi redoute-t-on ce
pouvoir attentif et toujours armé, dont la sévérité
tranche avec la faiblesse ou la coupable connivence
des autres autorités [1] ». Pour ce motif, l'institution
des prévôtés est attaquée de toutes parts. Le grand
prévôt de la Champagne est dénoncé à l'Assemblée
nationale comme « attentant à la liberté des
patriotes les plus purs » ; cette même Assemblée
qualifie de criminelles les poursuites intentées
contre les fauteurs de désordre par le grand prévôt
d'Alsace. Mirabeau lui-même s'élève contre la procédure prévôtale qui se poursuit en Provence à la
suite d'un conflit sanglant survenu à Marseille entre
la garde nationale et la population [2].

Pourtant les juridictions prévôtales vont durer
quelques mois encore, et l'année 1789 s'achèvera
sans qu'elles aient été détruites. Elles trouveront
même, dans le sein de l'Assemblée, de courageux

[1] Baron Poisson.
[2] 19 août 1789.

défenseurs : « Dans ses divisions, s'écriera fort justement un député du Cotentin [1], chaque brigade de la maréchaussée nous semble un corps de garde établi à la porte de chaque citoyen pour veiller sans cesse à sa sûreté. Dans son ensemble, c'est un filet étendu par la loi sur tout le royaume, qui ne laisse échapper aucun des méchants qui en troublent la paix. Nous pensons que, dans ce moment surtout où le désordre et l'anarchie inséparables d'une grande révolution ont multiplié cette espèce malfaisante, il serait à désirer que les mailles de ce filet fussent rétrécies, pour laisser moins d'issues aux malfaiteurs. »

Ces paroles, malheureusement, n'auront aucun écho dans l'Assemblée, et celle-ci un peu plus tard supprimera cette juridiction des grands prévôts, dernier appui de l'autorité. C'est que, comme l'écrit Taine, la dissolution doit être complète : l'individu doit pouvoir se révolter contre l'autorité du lieu, comme celle-ci se révolte contre l'autorité du centre. C'est que l'électeur, muni de son bulletin de vote, est de par la constitution chargé de sauver la patrie : la loi lui en arroge le droit ; il s'en attribue la capacité, et, dans son pouvoir de régir la France, il ne veut pas connaître de frein à ce qu'il appelle sa liberté !

---

[1] M. Achard de Bonvouloir, qui, dans la séance du 12 décembre, proposa d'augmenter la maréchaussée en perfectionnant ses principes.

CHAPITRE III

L'EMPLOI DE L'ARMÉE

I

On a parfois reproché aux chefs militaires de rester cantonnés dans leurs devoirs professionnels, de négliger ainsi tout ce qui est étranger à l'armée, d'ignorer même la marche des affaires générales et de sembler, dans cette ignorance, être totalement dépourvus de caractère et de courage civique. Le devoir militaire est toujours simple. On peut s'y renfermer sans se préoccuper de ce qui se passe alentour. Une observation stricte de la discipline, un sentiment sincère de l'équité, une étude sérieuse et une pratique intelligente de ce qui constitue le métier des armes peuvent suffire pour faire un bon chef. Et d'ailleurs l'ensemble des connaissances militaires est assez vaste pour qu'un esprit d'élite consente à s'y fixer et s'y complaise.

Mais il arrive que l'homme, ainsi spécialisé pendant de longues années dans ses devoirs, se trouve dépaysé lorsque les circonstances le font sortir d'un cercle qu'il pensait ne jamais franchir. Les subtilités de la politique, les roueries de l'administration, les passions des individus sont pour lui des éléments inconnus qui l'étonnent, l'effarouchent et le paralysent. Il entre dans un monde nouveau et il n'a pas le temps de l'étudier. Quoi d'étonnant s'il se montre inférieur à la situation que les circonstances lui ont faite, et si, à travers les événements, il ne fait pas preuve de la force morale que l'on était en droit d'attendre de lui ? Les officiers qui ont occupé des situations administratives et qui, par la nature de leurs fonctions, ont exercé un pouvoir civil, pris et gardé le contact des hommes, sans être moins forts dans leur spécialité, le sont davantage pour la direction générale des individus et dans leurs rapports avec eux.

Ainsi, sous l'ancienne monarchie, les gouvernements militaires de provinces, quand ils se trouvaient dévolus à des esprits éclairés, constituaient d'excellentes écoles de commandement, d'administration et de conduite des hommes. C'est là que le comte de La Tour du Pin s'était préparé à la lourde tâche imposée à son patriotisme.

Il se trouve cependant, dès son entrée au ministère, aux prises avec les difficultés d'une situation sans précédent. Le désordre est partout. Des bandes armées, que la voix publique qualifie de brigands, terrorisent les campagnes, dévastent les forêts, détruisent les moissons, incendient les châteaux, pillent les églises et égorgent tous ceux qui tentent de s'opposer à leurs déprédations. Les propriétaires de fiefs, poursuivis dans leurs demeures, sont contraints de livrer leurs titres féodaux ou massacrés sans pitié. Les préposés de la Ferme générale ne parviennent pas, malgré l'aide de la maréchaussée, à assurer la libre circulation des grains. Les villes sont menacées de disette, et un décret récent, prescrivant le maintien des anciennes redevances jusqu'à l'établissement d'un nouveau mode d'impôt, reste lettre morte.

Pour rétablir l'ordre, il faudrait rendre au pouvoir exécutif l'autorité que l'Assemblée, outrepassant son mandat, lui a ravie, opposer la force aux factieux et les frapper sans merci. Mais les crimes les plus audacieux sont présentés comme l'œuvre de citoyens égarés par les provocations des aristocrates, ou poussés à des exécutions sommaires par un sentiment de vengeance naturel chez les opprimés : « Un peuple rendu à la liberté, dit-on, se porte toujours à des excès ; quand la Constitution sera décrétée, le citoyen, mieux éclairé sur ses droits et ses devoirs, saura jusqu'où il peut aller et où il doit s'arrêter. »

Les députés ont en conséquence repoussé systématiquement toutes les mesures proposées pour la répression du brigandage, et l'Assemblée s'est bornée à de platoniques proclamations, à de vagues appels à la concorde, dont le ton, intentionnellement conciliant, ne répond pas aux emportements sans frein d'une effervescence générale.

L'intervention de Necker, au lendemain de la

constitution du nouveau ministère, triomphe pourtant de ces résistances, et, sous l'impression du tableau désolant de l'état du pays que le ministre lui présente, le 7 août, au nom du Roi, l'Assemblée consent à admettre l'action de l'élément militaire, malgré la défiance qu'il lui inspire. Par cette tardive détermination, elle répond au vœu d'un grand nombre de villes [1] et pense recouvrer son autorité dans certaines provinces, qui ont pris le parti de se défendre elles-mêmes, en investissant des tribunaux spéciaux des pouvoirs les plus étendus [2] et en prêtant aux grands prévôts l'appui de volontaires armés [3].

Le décret du 10 août, dont La Tour du Pin va avoir la charge d'assurer l'exécution sous le contrôle incessant et soupçonneux de la représentation nationale, donne aux municipalités le droit de réquérir les milices bourgeoises [4], les maréchaussées et les troupes réglées, soumet à la surveillance des autorités civiles les gens sans aveu, et, pour que l'armée ne puisse être employée à seconder quelque projet contre-révolutionnaire, institue le serment civique.

Les soldats doivent jurer, en présence du régi-

---

[1] Un comité, constitué à Vesoul pour pourvoir à la sûreté publique, avait demandé à l'Assemblée l'autorisation d'employer la force armée « pour contenir les gens sans aveu et rassurer la partie saine du peuple ».

[2] Comité permanent de Mâcon.

[3] Corps de volontaires de Lyon.

[4] La résistance qu'opposèrent certaines villes à l'exécution de ce décret conduisit plus tard l'Assemblée à donner le droit de réquisition aux personnes simplement « chargées de commission de leur municipalité pour acheter des grains et des farines ». (Décret du 5 octobre 1789.)

ment entier sous les armes, « de ne jamais abandonner leurs drapeaux, d'être fidèles à la Nation, à la Loi et au Roi et de se conformer aux règles de la discipline militaire. » Les officiers doivent s'engager « à ne jamais employer leurs subordonnés contre les citoyens, à moins d'une réquisition des officiers civils ou municipaux, réquisition toujours lue aux troupes assemblées ».

Dès que ces dispositions sont portées à la connaissance du pays [1], les demandes de secours affluent en si grand nombre au ministère que, pendant plusieurs mois, La Tour du Pin va dépenser exclusivement toute son activité à préparer des ordres de mouvement et à les signifier aux municipalités, aux subdélégués de l'intendance, aux commandants de provinces ou de divisions, ou même à de simples chefs de détachements trop éloignés de leur corps pour que l'on puisse utilement recourir à la voie hiérarchique [2].

II

Dès lors commence pour le ministre de la guerre la nécessité de combinaisons multiples, qui chaque jour deviennent plus difficiles et plus compliquées. Comme il n'y a plus de pouvoir exécutif, plus d'autorité centrale, mais seulement des communes

---

[1] Une ordonnance du 14 août les fit connaître aux troupes.

[2] Aux archives historiques du ministère de la Guerre il n'existe pas moins de 700 minutes de lettres du ministre concernant les déplacements de troupes nécessités par ces demandes de secours, sans compter les ordres de détail et les extraits de mouvement.

désagrégées et indépendantes, la plupart de celles-ci, menacées de désordre, réclament le secours de la force armée.

Dès le 8 août, la municipalité d'Angers demande qu'on lui laisse le régiment de Picardie, auquel l'ordre a été donné de se rendre à Orléans. Le ministre fait droit à cette demande et prescrit même que 200 hommes de ce régiment, qui sont en Bretagne, rejoindront leur corps et augmenteront ainsi l'effectif de la garnison d'Angers. — Le 14 août, les députés d'Arcis-sur-Aube demandent qu'on laisse dans cette localité le détachement du régiment de dragons d'Artois qui s'y trouve, et il leur est répondu qu'on ne retirera ce détachement « que lorsque sa présence ne sera plus utile pour le maintien de la tranquillité publique, la sûreté des citoyens et de leurs possessions[1] ».

D'autres villes, en petit nombre il est vrai, aveuglées par la confiance en elles-mêmes et par la haine de l'élément militaire, demandent que ce dernier soit éloigné de leurs murs; car elles ne veulent souffrir aucune troupe sur leur territoire et assurer leur omnipotence qu'en se garantissant d'avance contre toute répression ! Le 27 novembre le marquis de Mac-Mahon, commandant du régiment de Dauphiné, exprime le désir que celui-ci quitte Toulon : Pendant tout le mois de novembre des troubles graves ont éclaté dans cette ville, et M. Dandré a écrit à Paris : « Des lettres de Toulon me causent la plus vive inquiétude sur l'arrivée de

[1] Archives du ministère de la Guerre.

300 hommes du régiment de Vexin qui doivent être embarqués à bord de l'escadre. Quelques soldats de Vexin ayant paru à Toulon, il y a eu une insurrection parmi les grenadiers du Dauphiné. La place de Toulon est trop importante pour que je n'ai pas cru devoir vous rendre compte de ce que l'on me marque [1] ». — A Auch une histoire de cocardes et de chapeaux attire sur les officiers la réprobation de la municipalité. — A Clamecy la population « a bouleversé le casernement préparé pour recevoir des troupes ». Celles-ci sont donc chez l'habitant, ne peuvent vivre de la paye, et menacent « d'être atteintes par la contagion ».

Parfois même il est impossible de fournir les troupes demandées. Le ministre de l'Intérieur réclame l'envoi de détachements dans les Pyrénées, où des désordres sont à craindre. La Tour du Pin se déclare impuissant à disposer d'un seul homme : « Les demandes de ce genre, ajoute-t-il, sont si multipliées et les besoins si impérieux partout qu'il serait impossible d'y satisfaire, quand bien même le Roi aurait 300 000 hommes sur pied dans ce moment-ci [1]. »

Bien plus, certaines municipalités se rendent complices de l'émeute. Elles se sont déclarées capables de cumuler tous les pouvoirs, et, devant l'anarchie toute puissante, elles ne reconnaissent plus que la force des factieux, auxquels elles abandonnent

---

[1] Archives du ministère de la Guerre. Lettre du 29 août à M. Daine, intendant à Tours. L'armée comptait alors environ 250 000 hommes.

leur autorité ! Il faut leur imposer des troupes, malgré leur refus d'en accepter, et leur cacher jusqu'au dernier moment les ordres de mouvement qui les concernent. Le comte de La Tour du Pin écrit au commandant du régiment suisse de Vigiers : « Je vous préviens que j'adresse au commandant à Toul les ordres de Sa Majesté pour faire rendre à La Rochelle le régiment que vous commandez; mais je vous confie, *pour vous seul,* que ce régiment est destiné à rester à Troyes. Je joins ici des ordres particuliers à cet effet, que vous voudrez bien tenir secrets jusqu'au lendemain de l'arrivée du régiment dans cette ville. » — Le même ordre est envoyé au commandant du régiment de hussards de Lauzun : l'ordre officiel l'enverra à Chinon, mais en réalité il restera à Troyes.

Les ordres et les contre-ordres se croisent pour les mouvements de ces malheureux régiments. Le régiment d'Aunis, qui doit partir pour Caen, reste à Lille. — Le régiment de Schomberg-Dragons change d'itinéraire en cours de route, et le ministre de la guerre écrit, le 26 octobre, au marquis de Bouillé, pour lui dire que le régiment de la Reine ne partira plus de Metz pour se rendre à Lille : « Je reçois la lettre que vous m'avez fait l'honneur de m'écrire le 25 de ce mois, et vous seriez effrayé vous-même de l'embarras dans lequel elle me jette. Les difficultés, que je rencontre à chaque instant dans les déterminations les plus simples, me présentent toujours de nouveaux obstacles que je ne puis vaincre, et vos instances pour emmener le régiment de la Reine à Metz sont une des plus vives

contrariétés que j'ai éprouvées [1]. » Les demandes
de secours sont adressées de nouveau à La Fayette.
Les députés de la ville de Reims lui envoient force
requêtes pour qu'il « fasse assurer la sécurité des
marchés de cette ville. » Mais où trouver des
troupes?

Dans le choix des détachements il faut encore
tenir compte des préférences des municipalités.
Car les hommes qui composent celles-ci, « agités
et redressés par un sentiment nouveau, s'abandonnent complètement à l'orgueilleux plaisir de se
sentir indépendants et puissants ». Orléans réclame
l'envoi d'une partie du régiment du Royal-Cava-
lerie, stationné à Vendôme. La Tour du Pin promet
de prendre en considération la requête des Orléanais : toutefois il ne leur enverra qu'une fraction
du Royal-Cravattes, parce que « non seulement
cette troupe ne remplirait par les vues de la municipalité, mais elle y serait peut-être plus nuisible
qu'utile [2] ». — Château-Thierry demande des soldats. Le ministre écrit le 16 octobre à M. de Saint-
Priest : « Je ne peux, malgré la demande du sub-
délégué de l'intendance, envoyer des troupes à
Château-Thierry : Quelles qu'elles soient, elles y
seraient mal reçues [3] ».

Et l'incendie gagne les campagnes : des brigan-

----

[1] Archives du ministère de la guerre. Lettre de La Tour du Pin
à M. de Bouillé (26 octobre).

[2] Archives du ministère de la guerre. Lettres du ministre à la
municipalité d'Angers (8 août) et à M. Lambert, contrôleur général des finances (15 août).

[3] Archives du ministère de la guerre. Lettre du ministre à M. de
Saint-Priest (16 octobre).

dages inouïs se commettent dans les environs de Bitche : les forêts sont dévastées, les propriétés particulières mises au pillage. Des détachements de troupes de Bitche et de Sarreguemines essaient de réprimer ces excès[1]. — La vicomtesse de Laval réclame des troupes pour protéger son château de Clermont, à quelques lieues de Neufchâteau. — L'abbé prince de Mürbach, député à l'Assemblée nationale, expose que son chapitre de Mürbach a été dévasté. — En janvier 1790, le prieur de l'abbaye de Genlis-le-Villequier suppliera La Tour du Pin qu'on ne lui enlève pas les deux hommes qui, dans les derniers temps, ont protégé l'abbaye !

Malheureusement la force que l'on oppose à l'émeute est singulièrement ébranlée : L'instrument que possède le ministre contient trop de matières explosibles ! Le soldat va déjà au club : là on lui répète que ses officiers sont des traîtres ; on lui enseigne les moyens de se défaire d'eux. La discipline n'existe plus : « On regimbe contre la bride, même lâche et flottante » ; on s'apprête à la casser et à la jeter à terre. De tous les côtés on signale de l'effervescence dans les régiments. Les habitants de Château-Chinon et de la Bresse[2] ont « de grandes inquiétudes de se voir piller par les brigands qui ont déjà commis beaucoup de désordres[3] ». Mais la situa-

---

[1] Archives du ministère de la guerre. Lettre à M. Lambert, contrôleur général des finances (11 août).

[2] Le gouvernement du duché de Bourgogne comprenait la Bresse.

[3] Lettre à M. le marquis de Gouvernet, commandant en Bourgogne, cousin du ministre.

tion y est délicate, car les troupes de la province sont ébranlées. Le ministre encourage les chefs de corps et de détachement et leur conseille une extrême prudence. « J'ai rendu compte au Roi, écrit-il le 22 août à M. de Boisdeffre, major du régiment de Bourgogne, de la position dans laquelle se trouvent les détachements du régiment que vous commandez... Vous n'avez rien négligé pour maintenir cette troupe dans l'obéissance, et l'on ne peut que louer la sagesse de votre conduite dans les circonstances impérieuses ou vous vous êtes trouvé... Le Roi compte que vous continuerez à redoubler de surveillance et de soins, en n'employant que des marques de raison et de persuasion pour conserver votre troupe. Vous voudrez bien vous assurer avec certitude si les villes ou bourgs où sont placés vos détachements ne feront point de représentations dans le cas où on les retirerait. Si vous croyez en être sûr, vous m'en informerez et alors je prendrai les ordres de Sa Majesté pour réunir le régiment dans ses quartiers de Joigny [1]. »

III

Ce qui se passe en Dauphiné est plus significatif encore. Il s'y commet des excès effroyables ; le bourg de Nyons est l'objet d'odieux désordres. Parmi les troupes d'occupation, certains régiments inspirent peu de confiance. Le garde des Sceaux,

[1] Archives du ministère de la guerre.

le procureur général du Parlement de Grenoble[1] adressent à M. de La Tour du Pin des appels réitérés. Mais celui-ci ne peut envoyer aucun renfort. Bien plus, il est contraint de retirer du Dauphiné le régiment suisse de Sonnenberg, qui est sûr, pour l'envoyer à Lyon. Le régiment de Bourgogne, très ébranlé, le remplace. Les explications confidentielles, que le ministre adresse à cet égard au Lieutenant général commandant la division, méritent d'être citées[2].

« Vous verrez, écrit La Tour du Pin, par la lettre ci-jointe que j'allais vous adresser et par la copie de celle que j'écrivais en même temps à MM. du Consulat de la ville de Lyon, que j'avais résisté à de nouvelles instances faites par cette ville pour obtenir le régiment suisse de Sonnenberg ; j'avais employé auprès des consuls tous les motifs qui me paraissaient les plus déterminants pour vaincre leur résistance ; mais un nouveau courrier, arrivé au moment où les dépêches allaient partir, nous a forcés, M. de Saint-Priest et moi, de prendre de nouveau les ordres du Roi. Sa Majesté m'a ordonné de vous adresser l'ordre positif d'envoyer à Lyon le régiment de Sonnenberg et de recevoir en remplacement celui de Bourgogne. Les raisons les plus fortes ont dû le déterminer à ce parti. La ville de Lyon est menacée d'une disette que M. Necker

---

[1] Archives du ministère de la guerre. Lettres du garde des Sceaux et de M. de Reynard, procureur général du Parlement de Grenoble, au ministre de la Guerre (2 septembre 1789).

[2] Archives du ministère de la guerre. Lettre à M. le comte de Durfort (9 septembre 1789).

redoute infiniment, et ce malheur peut avoir les
suites les plus funestes dans un lieu où la population est si nombreuse. Dans cette circonstance
critique, il y aurait un danger imminent de laisser
à Lyon le régiment de Bourgogne, vu les inconvénients sans nombre que pourrait y avoir son séjour,
même dans un temps plus calme... Quoique je sois
loin de croire que les ordres du Roi n'auront pas
leur pleine exécution, je ne saurais trop recommander à votre zèle et à celui de M. de Frémont[1]
d'y veiller de tout votre pouvoir. Engagez mes chers
compatriotes[2], membres de la commission intermédiaire, à vous seconder de toute leur influence.
Dites leur, je vous prie, ce que j'aurais voulu faire
si je n'eusse pas été maîtrisé par des circonstances
aussi impérieuses. Je les conjure de se réunir à vous
pour nous aider. »

Le régiment de Sonnenberg quitte effectivement
le Dauphiné pour venir à Lyon. Quelques semaines
plus tard, l'on est obligé de retirer de cette même
province le régiment des Dragons de Monsieur dont
« la présence dans la contrée est devenue impossible[3] », et on le remplace par un autre corps de
cavalerie, le régiment de Penthièvre-Dragons, qui
est à Clermont-Ferrand ; mais, jusque-là, le colonel
est invité à « prévenir par sa prudence les inconvénients qui pourraient résulter du court séjour que

---

[1] Maréchal de camp ; inspecteur divisionnaire.

[2] On a vu que le comte de La Tour du Pin était originaire du
Dauphiné.

[3] Archives du ministère de la guerre. Lettre du ministre de la
guerre au comte de Damas, commandant le régiment des Dragons
de Monsieur (14 octobre 1789).

le régiment de Monsieur vient de faire en Dauphiné [1] ».

A Rouen, « le régiment de Navarre, uni à un corps de volontaires, à la milice bourgeoise et à une partie de la population, a proclamé maire et commandant de la garde nationale M. d'Herbonville. Le corps municipal a accédé sous la pression à cette nomination illégale (16 octobre), aux prérogatives de laquelle M. d'Herbonville a d'ailleurs renoncé spontanément, reconnaissant l'irrégularité des procédés employés.... Effrayé des conséquences que pourrait avoir une insurrection, le corps municipal demande l'éloignement, la nuit et en secret, du régiment de Navarre, qu'on ne peut plus contenir les armes à la main, qui s'enivre avec les carabots (populace) et n'entend plus la voix de ses officiers [2] ».

Comment diriger des troupes où les théories révolutionnaires ont fait déjà germer le ferment de

[1] Il n'est pas sans intérêt de connaître quelle fut à un moment donné la répartition des troupes en Dauphiné. L'état ci-dessous fut envoyé au ministre de la guerre par le comte de Durfort le 9 novembre 1789.

Grenoble. Régiment de Steiner (Suisse). Bataillon de chasseurs corse. 50 dragons de Monsieur.

Vienne. Régiment des dragons de Penthièvre.

Romans. Bataillon de chasseurs royaux du Dauphiné.

Valence. Régiment de Grenoble-Artillerie (qui détache 100 hommes à Die, 50 en Provence, 85 en Corse).

Montélimart. Régiment de Soissonnais (compagnies détachées à Nyons, Pierrelate et Le Buis).

Mont-Dauphin, Embrun, Gap. Une compagnie du régiment d'Enghien.

Briançon. Régiment d'Austrasie.

[2] Archives du ministère de la guerre. Lettre des officiers municipaux de Rouen (17 octobre 1789).

l'insoumission ? La plupart des chefs de corps et des officiers généraux se plaignent amèrement du régime auquel sont soumis les régiments. Le commandant du régiment Colonel-Général-Dragons fait observer au ministre combien il est difficile de maintenir la discipline dans des détachements aussi disséminés : « Je suis toujours, lui répond La Tour du Pin, dans les mêmes principes sur la nécessité de maintenir la subordination dans les troupes, mais les circonstances actuelles sont si impérieuses et si difficiles que l'on est forcé de s'y conformer et de n'employer que des moyens de raison et de persuasion, en redoublant de surveillance, de sagesse et de soins[1]. » — Beaucoup de chefs de corps font savoir que l'instruction, les manœuvres deviennent impossibles : « Dans les circonstances impérieuses où l'on se trouve, répond le ministre au colonel du régiment d'Armagnac, les troupes ne peuvent être employées plus utilement qu'au maintien de la tranquillité publique et à la sûreté des citoyens et de leurs possessions[2]. » — Aux observations du Lieutenant général duc d'Ayen relatives au même objet, il est répondu d'une manière semblable : « Je conçois ainsi que vous, écrit La Tour du Pin, les inconvénients qui résultent pour l'objet militaire de la position actuelle du régiment d'Armagnac et des détachements de chasseurs de Picardie et des Trois-Évêchés, employés pour la police des marchés et les escortes des grains, mais vous jugez

---

[1] Archives du ministère de la guerre. Lettre au comte Desseuil, colonel du régiment Colonel-Général-Dragons (22 août 1789).

[2] Archives du ministère de la guerre. Lettre du 22 août.

bien que toutes considérations doivent céder aux circonstances où l'on se trouve[1]. »

Il faut pourtant soumettre à une certaine surveillance ces troupes fractionnées à l'infini et répandues, suivant les situations locales du moment, sur toute l'étendue du territoire. Aussi le ministre prescrit-il que « les inspecteurs divisionnaires et les chefs de division verront les régiments placés dans leur division, quoique n'en faisant pas partie », et que les régiments qui n'auront pas été inspectés par ces officiers généraux le seront soit par les maréchaux de camp, soit par les colonels, « lesquels enverront les résultats aux généraux de division[2] ».

C'est là tout ce que permet de faire l'éparpillement de l'armée. Car là, comme dans toutes les autres administrations du royaume, on aperçoit déjà « la confusion des autorités, l'incertitude de l'obéissance, la dissolution de tous les freins, le vide des ressources, la déplorable complication des ressorts énervés, et, pour tout appui, des lois qui, en supposant la France peuplée d'hommes sans vices et sans passions, ont abandonné l'humanité à son indépendance originelle[3] ». Comme l'écrit La Tour du Pin dès le mois de septembre : « Si la raison ne se fait pas entendre, si l'autorité est sans effet, alors qu'elle n'est que l'appui de la raison même, je n'ai

---

[1] Archives du ministère de la guerre. Lettre au Lieutenant Général duc d'Ayen (22 août 1789).

[2] Archives du ministère de la guerre. Circulaire du 1er septembre 1789 à MM. les généraux commandant les divisions. Les inspecteurs divisionnaires étaient, dans chaque division, le plus ancien maréchal de camp d'infanterie et celui de cavalerie.

[3] Article de Mallet-Dupan (*Mercure de France*).

plus de mesure et ne puis que gémir des maux de ma patrie [1]. »

Si le frein de l'autorité est bien détraqué en province, à Paris il est complètement cassé. Les uns par mollesse, les autres par imprévoyance, tous y ont travaillé. L'impuissance des chefs y est absolue, l'indiscipline des subordonnés complète ; « comme le reste du royaume, la capitale ressemble à une pétaudière, et l'anarchie va y être à la fois grotesque et tragique ».

IV

Depuis le départ du maréchal de Broglie, toutes les troupes ont été retirées de la capitale et des environs immédiats de Paris. A Versailles, siège du gouvernement, le service est assuré par 41 compagnies de la milice bourgeoise, formant un effectif inférieur à 4 000 hommes. Cette garde nationale est placée sous les ordres de l'amiral d'Estaing, qui s'est distingué dans la guerre de l'Indépendance américaine et qui témoigne d'une grande sympathie pour les idées nouvelles. Au mois d'août, toutefois, sur la demande de la municipalité versaillaise appuyée d'un vœu de la milice bourgeoise, le ministre a fait venir de Mantes un détachement de 200 chasseurs des Évêchés (cavalerie), sous les ordres du major du régiment, et de Rambouillet un faible détachement de chasseurs de Lorraine [2] (cava-

[1] Archives du ministère de la guerre. Lettre au comte de Durfort.

[2] Et non pas de dragons de Lorraine, comme le disent à tort la plupart des historiens.

lerie). Ces détachements doivent spécialement assurer la police des marchés [1]. La garde de l'Assemblée et du pouvoir exécutif restent pendant un mois confiée à ces seules forces [2].

Vers le milieu de septembre, les motions quotidiennes du Palais-Royal deviennent de plus en plus violentes ; on parle d'obliger le Roi à venir habiter Paris. On exhorte tous les citoyens vertueux, tous les patriotes incorruptibles à se transporter sur-le-champ à Versailles [3]. En même temps *les Volontaires de la Bastille*, mécontents de la situation qui leur est faite, demandent, dans les clubs, qu'on leur confie la garde de l'Hôtel de Ville, et, mieux encore, celle de l'Assemblée nationale. Enfin les ex-gardes françaises regrettent leurs anciens privilèges. Le 17 septembre une circulaire, répandue dans leurs casernes, indique le jour et l'heure d'un rendez-vous général sur la place Louis XV. Il s'agit d'aller à Versailles reprendre les postes du château qu'ils avaient autrefois, et d'employer au besoin la force. La Fayette a beaucoup de peine à empêcher l'exécution de ce projet.

Ces nouvelles produisent dans la municipalité versaillaise une vive émotion. Les officiers de la milice bourgeoise redoutent d'être appelés à repousser, avec le seul appui de 200 chasseurs des Évêchés et de quelques centaines de gardes du corps,

---

[1] Lettre du ministre à M. D..., commissaire des guerres à Versailles (Archives de la guerre).

[2] En dehors d'une compagnie de gardes du corps, chargée de la garde du château, et d'une compagnie d'invalides.

[3] *Mercure de France* du 5 septembre 1789.

l'attaque de plusieurs milliers d'hommes parfaitement exercés. Ils rédigent à cet égard un procès-verbal qu'ils adressent à la municipalité, et celle-ci, usant du droit que lui confère la loi votée le mois précédent, requiert le pouvoir exécutif de faire venir à Versailles des forces suffisantes pour protéger le Roi et l'Assemblée.

Le ministre de la guerre songe aussitôt à un régiment d'infanterie stationné à Douai. La discipline y est parfaite, et le colonel, marquis de Lusignem[1], est député à l'Assemblée nationale, où il siège à gauche. Cette double considération dicte le choix de M. de La Tour du Pin : d'une part aucun désordre n'est à craindre dans un corps animé du meilleur esprit militaire, d'autre part le nom du chef est une garantie contre tout soupçon de contre-révolution[2]. C'est pourtant de l'arrivée de ce régiment à Versailles, laquelle a lieu le 23 septembre, que date la série des événements qui se terminèrent le 6 octobre d'une manière si sanglante et si douloureuse. Il n'entre pas dans le cadre de cet ouvrage de retracer ces événements, racontés maintes fois dans les plus minutieux détails et qui

---

[1] On a souvent écrit par erreur : marquis de Lusignan.

[2] Ordre du 19 septembre 1790.

> De par le Roy,
>
> Sa Majesté ordonne au régiment d'infanterie de Flandre, composé de deux bataillons, qui doit arriver aujourd'hui à Noyon, d'y séjourner demain 20 du présent mois de septembre, et d'en partir le 21 pour aller loger à Verberie, le lendemain à Luzarches, le jour suivant à Versailles, où il demeurera jusqu'à nouvel ordre. vivant par étapes à son passage dans les lieux ci-dessus, où il aura à loger conformément aux règlements, et partout en bonne discipline et police..., etc.

sont aujourd'hui fort connus. Il importe du moins d'examiner le rôle qu'y ont joué l'armée et le ministre de la guerre.

V

L'utilité de disculper M. de La Tour du Pin des projets contre-révolutionnaires dont il fut accusé par la suite, en raison de l'arrivée du régiment de Flandres à Versailles, ne nous semble pas exister. Un tel reproche, basé sur un fait aussi naturel, ne supporte même pas l'examen. Pourtant ce fait, dès qu'il est connu, prend les proportions d'un événement considérable. Les officiers de la garde nationale versaillaise, qui veulent obtenir l'adhésion de leurs hommes au procès-verbal qu'ils ont signé pour demander un renfort de troupes, se voient refuser cet assentiment par vingt-huit compagnies sur quarante-deux. A Paris l'émotion est d'autant plus vive « qu'elle reçoit, en s'y propageant, toutes les amplifications de l'exagération populaire ». Le maire, Bailly, supplie l'Assemblée et le ministre de la guerre d'ordonner l'éloignement des troupes : il feint de croire qu'une véritable armée marche sur Versailles ; pour lui, rien n'est plus efficace auprès du peuple que la prudence et la confiance, et c'est « en agissant en mouton qu'il veut apprivoiser des bêtes féroces ». « Notre espérance, écrit-il au ministre, est tout entière dans la confiance. Le seul prétexte d'une inquiétude présumée suffirait pour mettre le trouble dans Paris[1]. » M. de La Tour du Pin répond le même jour que les ordres relatifs au régiment de Flandres ont été donnés à la réquisition de la municipalité de Versailles, par conséquent en observation de la loi, que l'Assemblée en a été informée et que d'ailleurs il n'est question de faire venir à Versailles « aucun autre régiment ». Dès le lendemain, 23 septembre, le ministre de la guerre communique à l'Assemblée nationale la lettre de Bailly et la réponse qu'il a faite. Il y ajoute cette simple note : « Le Roi m'ordonne de vous prévenir que, sur les différentes menaces faites par des gens mal intentionnés de sortir de Paris avec des armes, il a été pris différentes mesures pour préserver de toute inquiétude le siège de l'Assemblée[2]. »

A son arrivée à Versailles, le régiment de Flandres, qui comprend deux bataillons (en tout 1 100 hommes), est reçu par la municipalité et les officiers de la garde nationale. Il prête le serment civique, ce qui dissipe les inquiétudes de la milice bourgeoise : bien plus, il confie à la garde des officiers municipaux les munitions et les deux canons qu'il a emmenés. Mais bientôt les officiers du régiment « voient avec étonnement leurs soldats, l'argent à la main, courir les cabarets en compagnie de femmes, dont le désintéressement inusité prouve que des mains inconnues subviennent largement aux frais de leurs désordres. Quelques

---

[1] Archives nationales. Lettre de Bailly à M. de La Tour du Pin 22 septembre 1789).

[2] Archives de l'Assemblée nationale.

jours se passent ainsi, et déjà les soldats, sans avoir donné lieu à aucune plainte sérieuse, ont perdu en partie les habitudes de discipline dont ils ont donné les preuves à Douai et pendant la marche ».

En même temps une nouvelle compagnie de gardes du corps arrive à Versailles pour *relever* celle qui s'y trouve déjà. On profite de cette circonstance pour organiser un banquet annuel auquel seront conviés tous les officiers de la garnison. C'est d'ailleurs la première fois qu'un régiment de ligne se trouve dans cette ville : n'est-ce pas là une occasion toute naturelle de se réunir ? Les gardes du corps invitent donc les officiers du régiment de Flandres, des chasseurs des Évêchés, des chasseurs de Lorraine, des Cent-Suisses, de la Prévôté, et même beaucoup d'officiers de la milice bourgeoise. Le repas, de 210 couverts, a lieu le 1er octobre dans la salle de spectacle du château, sous la présidence du duc de Villeroi, capitaine de la première compagnie française des gardes du corps[1]. On en connaît le récit. Le surlendemain, 3 octobre, pour achever les vins qui restent du repas du 1er, on organise un déjeuner dans le manège des gardes. A ce déjeuner, où ne paraissent que des viandes froides, pâtés, jambons, etc..., sont conviés 80 soldats du régiment de Flandres,

---

[1] Les gardes du corps, qui, depuis le licenciement des gardes-françaises, composaient alors la partie principale de la maison du Roi, comprenaient une compagnie écossaise et trois compagnies françaises. Leurs garnisons étaient Beauvais, Châlons, Troyes et Amiens. Ces compagnies étaient, à tour de rôle, de service pendant un trimestre auprès du Roi. Le capitaine de chaque compagnie était habituellement un maréchal de camp.

des chasseurs des Évêchés et de Lorraine, et un homme de chaque compagnie de la garde nationale. Enfin, le 4, un autre banquet est offert aux soldats du régiment de Flandres par la garde nationale versaillaise. L'état-major du régiment et celui de la garde nationale y assistent : tout se passe dans le plus grand ordre.

La vérité se trouve depuis longtemps connue à l'égard des incidents du 1er octobre. Dès le lendemain du banquet, l'annonce des événements, indignement travestis, produit dans la capitale une vive effervescence : on représente comme une odieuse conspiration la réunion, pourtant fort naturelle, des officiers des corps militaires de Versailles[1], et la réception des nouveaux arrivés. Les excentricités, après boire, d'un certain nombre d'officiers sont habilement exploitées. Les meneurs ont trouvé un prétexte d'émotion et d'action. Ils ont maintenant de quoi éveiller l'appétit sanguinaire des bandes !

On connaît les préliminaires de la journée du 5 octobre et les faits déplorables de cette journée ; l'agitation soulevée, dès le point du jour, dans

---

[1] L'usage, qui existe encore actuellement, d'une réception donnée par les corps déjà installés dans une ville aux corps nouvellement arrivés, se pratiquait déjà avant la Révolution. Lors d'un voyage de Louis XVI à Cherbourg, les gardes du corps, qui avaient accompagné le Roi, avaient été reçus par plusieurs régiments d'infanterie. Le banquet du 1er octobre était donc regardé comme une politesse rendue. Ce banquet fut donné par souscription entre les gardes du corps. Ceux-ci, qui appartenaient presque tous à la petite noblesse de province, étaient généralement peu fortunés. Aussi 80 gardes seulement, sur 600, prirent part à la souscription, et assistèrent au repas. (Le Roi : *Histoire de Versailles*).

la capitale; la réunion de femmes sous la conduite de Maillard et leur marche sur Versailles; le départ de Paris, à 10 heures du matin, d'une foule d'hommes diversement armés, composée de Volontaires de la Bastille, de gardes nationaux et de gens sans aveu; la pression exercée sur La Fayette par ses propres troupes, notamment par les anciens gardes françaises; enfin la nécessité où se trouve ce général de partir à son tour, vers 5 heures, avec les forces dont il dispose, pour protéger le Roi et l'Assemblée.

Les événements accomplis à Versailles ne sont pas moins connus : l'arrivée de Maillard et des femmes; l'introduction d'une députation dans le sein de l'Assemblée; l'envoi, par celle-ci, au Roi, de son président Mounier avec plusieurs députés, pour rendre compte de l'état affreux où se trouve la ville de Paris; l'admission de délégués parisiens auprès de Louis XVI, l'effervescence de la foule et son excitation particulière contre la Reine; la désorganisation de la force publique et son impuissance; les actes de violence et de meurtre commis à l'égard des gardes du corps; puis l'arrivée, vers minuit, de La Fayette avec la garde nationale parisienne, qui occupe les postes extérieurs du château. Ces faits ont été racontés dans les plus grands détails par des historiens consciencieux[1] : ils ne sont pas du domaine de la présente étude. Du moins

---

[1] A cet égard on peut lire avec intérêt : *L'armée et la garde nationale*, par le baron Poisson — *l'Histoire de Versailles*, par A. Le Roi — *l'Histoire de Marie-Antoinette*. par Maxime de la Rocheterie.

il convient que nous examinions quels furent, dans le cours de ces événements, le rôle du ministre de la guerre et l'emploi de l'armée.

VI

Le gouvernement est averti de l'agitation qui se manifeste dans la capitale ; mais il n'en soupçonne pas la gravité et il est loin d'en prévoir les conséquences. Les excitations les plus violentes sont parties de Versailles même. Elles ont pour principal auteur un des chefs de la garde nationale versaillaise, Lecointre[1], qui commande les compagnies du quartier Notre-Dame ; elles ont pour organe le *Courrier de Versailles*, rédigé par un futur député à la Convention[2]. Néanmoins la garde nationale versaillaise n'est pas l'objet, de la part des ministres, d'une défiance suffisante. Ils croient à la fermeté de l'amiral d'Estaing, qui la commande. Pour plus de sûreté, M. de La Tour du Pin a fait élire comme commandant en second son propre fils, le comte de Gouvernet, alors colonel du régiment d'infanterie Royal-Vaisseaux, sur le caractère duquel il sait pouvoir compter. Berthier, le futur prince de Wagram, est major de cette même milice bourgeoise.

Quant aux troupes de la garnison, on les a soi-

[1] Futur député à la Convention, ami de Marat.

[2] Gorsas, rédacteur du *Courrier de Versailles*, était alors maître de pension dans cette ville. Le département de Seine-et-Oise l'envoya plus tard à la Convention. Il mourut avec les Girondins sur l'échafaud. En 1789, son journal était très recherché à Paris.

gneusement travaillées depuis trois semaines. Des femmes, venues de Paris tout exprès, ont été chargées d'ébranler leur fidélité. On a distribué de l'argent aux soldats [1], et plusieurs faits d'indiscipline ont déjà témoigné des dispositions douteuses du régiment de Flandres. Le 4 octobre au soir, le major du régiment, M. de Montmorin, ayant fait arrêter, après la retraite, deux sergents du régiment qui étaient ivres dans un café, « 150 à 200 individus, portant l'uniforme de la garde nationale parisienne, se sont livrés contre lui à une violente manifestation [2] ». D'ailleurs, partout, à Versailles, l'on fait des motions incendiaires et l'on prépare des cartouches en disant : « C'est pour assassiner les gardes du corps ! »

Malgré la perspective de graves événements, les premières heures de la journée du 5 octobre s'écoulent sans préoccupations apparentes. Le Roi est à la chasse dans la forêt de Meudon ; l'Assemblée, en dépit de la complicité secrète de plusieurs de ses membres avec les fauteurs de désordre, délibère comme d'habitude ; les ministres ne tiennent aucun conseil.

---

[1] Il ne paraît pas douteux que le duc d'Orléans fut le principal instigateur des événements des 5 et 6 octobre, et que, par ses agents, il eut une part importante à ces événements. L'argent distribué en cette circonstance provenait de lui, selon toute vraisemblance. Son but était d'obliger Louis XVI à quitter Versailles et à se retirer dans une province. Le duc d'Orléans espérait alors se faire proclamer lieutenant général du royaume. (Voir la très intéressante procédure criminelle instruite au Châtelet de Paris sur la dénonciation des faits arrivés à Versailles dans la journée du 6 octobre 1789.)

[2] Procédure du Châtelet.

Vers midi seulement quelques nouvelles alarmantes sont reçues de Paris. A deux heures et demie une première troupe de femmes et d'hommes déguisés en femmes entre à Versailles : c'est l'avant-garde. Ils arrivent jusque dans l'hôtel du ministre de la guerre et demandent du pain [1]. Dès la première apparition de ces femmes, suivies un peu plus tard d'une bande plus nombreuse conduite par Maillard, puis d'une foule d'hommes armés, on ferme les grilles du château. On fait chercher le Roi, et les ministres se réunissent chez M. Necker. A ce conseil assistent l'amiral d'Estaing et le marquis de Lusignem, député et colonel du régiment de Flandres. Là on décide que l'on proposera au Roi de donner au comte d'Estaing le commandement de toutes les forces réunies à Versailles et de faire prendre les armes aux troupes, d'après la réquisition qui vient d'arriver de la municipalité.

Ces mesures sont aussitôt mises à exécution. L'amiral d'Estaing hésite à rassembler la garde nationale, sur laquelle il sait ne pas pouvoir compter entièrement. Mais déjà Lecointre a fait battre le rappel dans son quartier et réuni plusieurs de ses compagnies. M. de Gouvernet rassemble alors celles du quartier Saint-Louis, qui sont plus sûres. Toutefois, peu de gardes nationaux versaillais répondent à l'appel et « seulement les plus misérables. Tout ce qu'il y a de marquant dans cette milice, soit par

---

[1] Mémoires de Miot de Melito. Miot de Melito, alors commissaire des guerres et soldat de la garde nationale de Versailles, a été chargé, au début de cette journée du 5 octobre, par le ministre de la Guerre, d'un message pour M. de Saint-Priest.

la fortune, soit par les emplois, ne se montre pas, et ceux qui, dans les jours de revue et de cérémonie, se sont faits voir en uniforme brillant et parés d'épaulettes se tiennent alors enfermés [1]. »

Restent les gardes du corps, le régiment de Flandres et les détachements de chasseurs des Evêchés et de chasseurs de Lorraine. Ces forces, constituant un effectif d'environ 1800 hommes, sont mises en bataille devant le château sur la place d'armes, avec l'injonction formelle de n'engager aucune hostilité. Le lieutenant-colonel du régiment de Flandres, M. de Valfond, qui commande effectivement ce régiment, reçoit, des mains de M. d'Estaing, la réquisition de la municipalité d'avoir à s'opposer au désordre. Il fait observer à son chef qu'il serait plus pratique de placer le régiment en colonne dans l'avenue de Paris, par où vont arriver les bandes d'hommes armés : il n'est tenu aucun compte de cette observation. Bien plus, M. d'Estaing refuse de délivrer aux soldats des cartouches, « quoiqu'il fut venu de Douai, deux semaines auparavant, deux chariots remplis, soit de cartouches faites, soit de poudre et de balles [2]. »

A peine disposées en bataille sur la place d'armes, les troupes (à l'exception des gardes du corps, auxquels la foule prodigue, durant plusieurs heures, les violences et les plus grossières injures), sont l'objet de tentatives inouïes d'embauchage et de corruption. Des femmes, venues de Paris, parlent

---

[1] Mémoires de Miot de Melito.
[2] Procédure du Châtelet.

aux soldats ; plusieurs d'entre elles distribuent de l'argent. Il en est même une qui porte « un panier d'osier à ance, recouvert d'une toile et rempli de pièces d'argent et d'or ». Quelques-unes tiennent les propos les plus obscènes et vont jusqu'à « offrir aux soldats de lever leurs jupes devant eux [1]. » D'autres crient que le régiment de Flandres ne leur fera pas de mal, car elles « ne viennent que pour avoir du pain et non pour commettre un désordre ». On entend des hommes qui, écoutant ces propos et acceptant l'argent, se disent entre eux : « Nous allons nous amuser comme des mâtins. » L'instinct de luxure et de férocité se donne librement carrière !

Les officiers font des efforts inouïs pour retenir leurs hommes dans le devoir : conseils, réprimandes, menaces, tous les moyens sont employés par eux. Les soldats restent dans le rang, mais ne sont pas insensibles aux propos qu'ils entendent. Il en est même qui mettent la baguette dans le canon de leurs fusils, pour faire voir que ceux-ci ne sont pas chargés. D'autres disent : « Nous avons bu le vin des gardes du corps, mais nous n'en sommes pas moins à la nation ! »

Des membres de l'Assemblée nationale viennent sur la place d'armes pour voir ce qui s'y passe. L'un d'eux, maréchal de camp [2], cause avec les soldats pour se rendre compte de leurs dispositions. Il leur fait remarquer que leur attitude n'est pas militaire : les hommes répondent qu'une attitude mili-

---

[1] Procédure du Châtelet.
[2] Le marquis d'Ambly, qui fut membre du comité militaire.

taire n'est pas nécessaire puisqu'ils n'ont pas de cartouches. Ce même député interpelle un officier du régiment de Flandres et lui répète la même observation : l'officier salue profondément sans répondre. Ceux des officiers à qui l'on fait observer qu'il serait peut-être sage d'envoyer au moins des petits postes dans l'avenue de Saint-Cloud et dans l'avenue de Paris pour signaler l'arrivée des « bandes » répondent invariablement qu'ils n'ont pas le commandement.

D'autres députés viennent parler aux soldats, mais dans des intentions moins louables. Mirabeau circule sur la place avec un sabre nu sous le bras. Le lieutenant-colonel de Valfond l'interpelle et lui dit : « Vous avez l'air de Charles XII ! » Ce à quoi le tribun répond : « On ne sait ce qui peut arriver : il faut toujours être en état de défense ! » Mirabeau s'entretient avec des soldats, et **M.** de Valfond « en entend assez pour se porter à quelque extrémité, s'il eut été plus maître de son régiment [1]. » Les troupes restent ainsi sur la place d'armes plus de quatre longues heures, trempées par la pluie qui ne cesse pas, impuissantes et paralysées !

Pendant ce temps, les ministres délibèrent. Le Roi revient de la chasse à trois heures et demie : à partir de ce moment le conseil se tient pour ainsi dire en permanence. Louis XVI se refuse absolument à employer la force, alors même qu'on a pu

---

[1] Procédure du Châtelet. Déposition de M. de Bouthillier, colonel dans l'armée et membre de l'Assemblée nationale, plus tard membre du comité militaire.

le convaincre « qu'il ne s'agit pas seulement d'une démonstration faite par des femmes[1] ! »

VII

Le ministre de la guerre est irrésolu. Peut-être quelques scrupules constitutionnels ont-ils envahi son esprit ! Peut-être aussi n'a-t-il pas confiance dans la fidélité des troupes dont il dispose. Le ministre de l'Intérieur, M. de Saint-Priest, seul, propose l'emploi immédiat des moyens les plus énergiques. Inspiré par un officier général très entreprenant, M. de Narbonne[2], il conseille au Roi de réunir les troupes fidèles : on peut entraîner le régiment de Flandres, en l'enlevant au milieu dans lequel il se trouve ; avec ce régiment, les chasseurs des Evêchés, les gardes du corps et les gardes suisses, qui sont à Rueil et Courbevoie et qu'on a encore le temps de requérir, on constituera une petite armée à la tête de laquelle Louis XVI doit se mettre résolument pour défendre contre la multitude les ponts de Sèvres et de Saint-Cloud. Pendant ce temps la famille royale pourra se retirer à Rambouillet. Cet avis n'est soutenu que par le ministre de la marine : Necker y est hostile ; M. de

[1] Le prince de Luxembourg, capitaine de la troisième compagnie française des gardes du corps, ayant, à un certain moment, demandé au Roi s'il avait des ordres à donner pour repousser l'invasion des femmes : « Allons donc, Monsieur, lui répondit Louis XVI, des ordres de guerre contre des femmes, vous vous moquez ! » (Mémoires de Weber.)

[2] M. de Narbonne-Fritzlar, lieutenant général. (Mémoires de la duchesse de Tourzel.)

la Tour du Pin hésite à se prononcer. Le plan est pourtant encore réalisable à trois heures et demie de l'après-midi. Il est téméraire d'affirmer qu'il sera couronné de succès ; tout vaut mieux cependant que l'attente impuissante et désarmée, et, dans les circonstances difficiles, les résolutions énergiques sont presque toujours les meilleures. Mais de semblables projets sont trop au-dessus de la lamentable faiblesse de Louis XVI ; ils n'ont aucune suite.

M. de Saint-Priest propose alors, avec l'appui du ministre de la guerre, la retraite sur la Normandie. Le Roi ne peut pas davantage s'y résoudre : « Son sentiment personnel ne le portait pas à s'éloigner[1]. » On finit par décider que la famille royale tout entière se retirera à Rambouillet. Quelques dispositions sont prises à cet effet. De nouvelles irrésolutions surviennent : on décommande les voitures. Enfin, sur les nouvelles instances de MM. de Saint Priest, de la Tour du Pin, de Beauvau et de La Luzerne, on revient à la précédente décision : la famille royale va partir par la terrasse de l'Orangerie, sous l'escorte des gardes du corps. Mais des gardes nationaux de Versailles, voyant sortir les voitures des Grandes Ecuries, les arrêtent et ferment la grille de l'Orangerie. Il est alors six heures du soir. La foule menaçante n'est pas encore arrivée de Paris : avec une centaine de gardes du corps on peut assurer le départ. Necker lui-même avoue que « le monarque, entouré, précédé de ses gardes,

---

[1] Mémoires de Necker. C'est à ce moment qu'on entendit Louis XVI se promenant dans son cabinet et se répétant à lui-même : « Un roi fugitif ! Un roi fugitif ! »

eût vaincu la résistance du peuple. » Pourtant, sur l'avis de Necker et d'autres ministres, le Roi cède définitivement devant le mauvais vouloir populaire : on reste. Il sera désormais trop tard pour agir.

Les délibérations, les irrésolutions du Roi et de ses ministres ont duré deux heures et demie. Les troupes sont toujours sur la place d'armes: mais il ne s'y trouve, en fait de garde nationale versaillaise, que les fauteurs de désordre dirigés par Lecointre. Les premières bandes d'hommes arrivent de Paris un peu avant sept heures du soir. Dès lors, l'amiral d'Estaing ne peut même plus exercer son commandement : il essuie huit coups de feu en voulant franchir la grille du château. La pluie est tombée en abondance : on a froid, on a faim ; les soldats sont las. Les gardes du corps restent impassibles devant les violences dont ils sont l'objet : les chefs leur ont ordonné de se résigner !

Vers huit heures, MM. d'Estaing et de Gouvernet viennent donner à toutes les troupes l'ordre de rentrer dans leurs quartiers. Les gardes du corps regagnent difficilement leur hôtel au milieu des injures de la foule et des coups de fusil. Le major du régiment de Flandres, M. de Montmorin, court au château et demande à M. d'Estaing s'il ne conviendrait pas de protéger les gardes du corps. Ce dernier répond qu' « il n'y a rien à faire et que peut-être il ne leur arrivera aucun mal » !

Le régiment de Flandres est rentré dans sa caserne, située aux Grandes-Ecuries. Vers onze heures du soir on lui fait reprendre les armes. Il est formé en bataille sur deux lignes, dans la cour, prêt à marcher, si La Fayette n'arrive pas, avec la garde nationale parisienne, pour empêcher un désastre. Mais le colonel de Valfond reçoit l'ordre de « ne commettre aucune hostilité ». Ces instructions sont ponctuellement exécutées. « La chaîne qui ferme la grille principale de la cour est brisée à coups de hache par des particuliers quelconques, mal vêtus et sans uniforme, qui se portent dans les manèges, où ils pillent plusieurs effets et plus particulièrement les armes, sans que le régiment, paralysé par les ordres formels qu'il a reçus, oppose aucune résistance à ces méfaits [1]. »

A l'arrivée de La Fayette, vers minuit, on laisse les troupes prendre quelque repos. Mais, le 6 au matin, pendant que s'accomplissent, au château, les scènes de meurtre et les assassinats que l'on connaît, les chasseurs des Evêchés et les soldats du régiment de Flandres quittent leur quartier et se mêlent à la garde nationale parisienne. Bientôt, un fort détachement de cette milice, avec ses officiers et tambours en tête, se rend chez le colonel de Valfond, et demande qu'on lui remette les drapeaux du régiment. M. de Valfond est obligé de céder à ces menaces ; il réunit toutefois ses officiers et se rend avec eux dans le cabinet du Roi où se trouve alors La Fayette. Celui-ci signe l'ordre à ses milices de rendre les drapeaux qu'elles ont dérobés. Mais ces derniers ont été emportés dans la direction de Paris par la foule qui forme l'avant-garde du cortège royal. Le major du régiment, M. de Mont-

----

[1] Procédure du Châtelet.

morin, se met en route accompagné d'un officier de
la garde nationale : celui-ci l'abandonne en chemin.
Il arrive seul au Point-du-Jour et retrouve là les
drapeaux. En attendant l'arrivée du Roi, il parvient
à réunir 300 hommes du régiment de Flandres.
Avec cette troupe et avec les drapeaux reconquis,
il escorte la voiture royale jusqu'à la place de
Grève, où il stationne pendant que Louis XVI est à
l'Hôtel de Ville, puis jusqu'aux Tuileries. De ses
300 hommes, il ne lui en reste que 80 pour rentrer
à Versailles !

Tristes et lamentables journées, où l'indécision et
l'incertitude des caractères semble plus pénible
encore que les faits accomplis ! Sorte de « Mardi
gras meurtrier et politique », comme l'a écrit
Taine, triomphe de la brutalité sur l'intelligence,
prélude de la dictature de la foule, qui, dans sa
sauvagerie et dans sa folie de domination, enterrera
bientôt toutes les autorités légales et toutes les institutions sous le couvert du « patriotisme », et
« tiendra sous ses piques tous les chefs de la
France, jusqu'au jour où il lui plaira de les égorger ! »

CHAPITRE IV

UN RÉGIMENT EN 1790 : LE ROYAL-CHAMPAGNE

I. La Contre-Révolution et les officiers. — II. La garnison d'Hesdin. — III. La fête de Grigny : Rôle de Davout. — IV L'insurrection du Royal-Champagne. — V. Rôle de l'Assemblée : Le décret du 7 mai et ses conséquences. — VI. Ordre de départ du Royal-Champagne : Les délégations à l'Assemblée. — VII. La réception du sous-lieutenant Odille : L'anarchie triomphe à Hesdin.

I

« A partir du 5 octobre, écrit Malouet, la Révolution est consommée ; elle est irrésistible. » L'événement est considérable et on peut en mesurer les conséquences. C'est un gouvernement qui disparaît, et rien ne le remplace. Dorénavant les passions vont être souveraines et pourront se donner libre cours. Les pensées séditieuses ont envahi l'âme du peuple ; le pouvoir est impuissant à réprimer la révolte ; il n'offre plus aux consciences cet appui sûr et indiscuté devant lequel s'évanouissent, dans les nations fortes, les dangereuses conceptions de faux philosophes et la fureur égoïste des ambitieux. Aussi, par un effet naturel d'une loi de l'humanité, des groupements s'établis-

sent dans cette société en décomposition : en eux
se réfugient tous ceux que rapprochent leur état,
leur fortune, leur religion, leur humeur. Des camps
se forment, exclusifs et tyranniques, au gré d'une
polémique injuste, qui ne laisse place à aucun compromis, ne tolère aucune distinction, absorbe toute
velléité d'indépendance. Une formule, un mot, un
nom deviennent le signe de ralliement auquel
chaque parti se reconnaît. Autour d'eux gravitent,
dans le bouillonnement des passions, les sentiments
les moins avouables de basse cupidité. Chacun
veut sa part des lambeaux de l'autorité défaillante.
Les plus violents donnent le ton; les modérés
déplorent, sans oser la désavouer, l'agitation que
leur coupable faiblesse n'a pas su prévenir. Les
principes de vérité, de justice, de fraternité, d'honneur, sont foulés aux pieds par ceux-là même qui
s'en étaient déclarés les défenseurs résolus et
désintéressés. Les cris de la raison et de la pitié
sont étouffés par le mensonge, la délation, l'apos-
tasie. Une nouvelle puissance domine et asservit
les volontés : l'âme des foules, aveugle, inique et
souvent cruelle.

Ainsi, le conflit grandit irrésistible, la révolution
gronde et n'a plus d'autre issue qu'une lutte fra-
tricide, où sombre, avec les existences humaines,
le bon renom de la patrie.

Plus violemment qu'à aucune des époques les
plus troublées de notre histoire, une scission brutale s'est opérée entre tous les Français. Fondée
d'apparence sur des divergences d'esprit politique
qu'incarnent d'une part la philosophie du xviiiᵉ siècle,

dont le terme et la loi sont la souveraineté populaire, d'autre part l'ancien ordre social où « le gouvernement, suivant le mot de Rousseau, se confondait avec le souverain », elle repose en réalité sur un équivoque et des sous-entendus.

Les *patriotes* s'efforcent de monopoliser à leur profit, en troublant par une singulière aberration de langage le bon sens et l'honnête naïveté du peuple, les nobles sentiments que l'hérédité et l'éducation ont, en dépit de cruelles défaillances, gravé dans le cœur de la plupart de leurs adversaires. Ceux-ci, qualifiés d'artisans de *Contre-Révolution,* ont donné spontanément, dès la réunion des États généraux, la mesure des concessions aux idées nouvelles compatibles avec le maintien d'un régime dont la fortune leur paraît s'identifier avec les destinées même du pays.

Certes, ils n'ont pas fait la Révolution dans le sens qu'il est historiquement possible d'attribuer à cette expression en 1790, mais ils lui ont donné, au 4 août, l'adhésion la plus complète sous la forme de leur généreuse renonciation. « J'avoue, écrivait à ses commettants le député Guilhermy[1], que je ne comprends rien aux mots de Révolution et Contre-Révolution. Je n'entends pas ce qu'on veut nous dire lorsqu'on nous félicite pour la révolution que nous avons opérée ; car ce serait nous faire injure que de nous féliciter d'avoir détruit le gouvernement monarchique que nos commettants nous avaient unanimement commandé de conserver. »

---

[1] Député de la sénéchaussée de Castelnaudary.

C'est à cela pourtant que tendent les ténébreux efforts des inspirateurs de clubs, secondés par une presse subversive dont l'incroyable développement n'est pas le trait le moins caractéristique de cette époque[1]. Pour atteindre ce résultat, pour détourner les masses confiantes de l'affection qu'elles portent encore au « Restaurateur de leurs libertés », il faut, en exploitant les fautes des trop ardents défenseurs du Roi, dénoncer d'imaginaires conspirations, au risque et peut-être dans l'espoir de les rendre inévitables sous les coups répétés de la diffamation et des menaces.

La peur, chez ceux qui se qualifient de patriotes, et les violences irraisonnées qui l'accompagnent, enfantèrent la Contre-Révolution plus que les résistances des royalistes à la démagogie sans frein d'une minorité factieuse[2].

Dans cette campagne de perpétuelle suspicion, où les fauteurs d'anarchie présentent comme des ennemis nés des réformes acquises tous ceux qui ont charge d'autorité et se prévalent des institutions demeurées debout pour exercer le pouvoir dont ils sont légitimement investis, c'est l'armée qui

---

[1] C'est même la République universelle que prêchait déjà, sous forme débonnaire, la presse de 1789 : « Quand ceux qui se disent les maîtres des hommes seront exilés de leurs trônes, les citoyens d'un pays deviendront ceux de l'univers... » (Révolutions de Paris. Juin 1789).

[2] « Le simple son de ce mot *aristocrate*, écrira bientôt André Chénier dans son pamphlet *Les Autels de la Peur*, engourdit un homme public et attaque chez lui jusqu'au principe du mouvement : il veut le bien de tout son cœur ; il s'y porte avec zèle ; il y sacrifierait toute sa fortune ; il est prêt à marcher : au milieu de son action, qu'il entende prononcer contre lui ces cinq funestes syllabes, il se trouble, il pâlit... »

subit les assauts les plus audacieux. Le souvenir de la journée du 13 juillet 1789, où les troupes rassemblées des Champs-Élysées à Versailles auraient pu, sous un commandement moins hésitant, malgré la défection des gardes-françaises, enrayer l'insurrection du lendemain, hante les patriotes d'une indicible fureur. Chaque jour sont signalés de nouveaux complots, que l'indécision générale et la crainte des responsabilités rendent pourtant invraisemblables. Les officiers, dont l'attachement au Roi ne peut être un mystère, traîtres à la nation, ne trouvent aucun recours contre les accusations calomnieuses qu'un méprisable anonymat livre à la publicité la plus éhontée. Attiré dans les réunions publiques où ses droits de citoyen sont **exaltés**, incité à la désertion dans les milices nationales par l'appât des hautes payes ou la promesse d'avancement, poussé à la révolte par les libelles injurieux que distribuent à profusion les émissaires des clubs, exposé à toutes les séductions, le soldat perd la confiance en ses chefs, sans laquelle la discipline n'est plus qu'un joug. La grandeur du service disparaît à ses yeux; il n'en voit plus que la servitude et veut s'en affranchir.

L'insurrection gagne presque tous les corps, présentant partout les mêmes caractères, empruntant aux mêmes causes son subit développement, favorisant l'arrogance de l'étranger, et ne cédant, après de longues convulsions, qu'au souverain remède de la guerre.

Celle du Royal-Champagne mérite une mention particulière, moins à cause de la gravité des désordres dont la petite ville d'Hesdin, où il tenait garnison, fut le théâtre, que du grand retentissement que cette insurrection eut dans le pays, des enquêtes et nombreuses correspondances auxquelles elle donna lieu et qui fournissent au chroniqueur des documents d'une irréfutable authenticité.

II

A Hesdin [1], le parti des « patriotes » comprend la garde nationale, à l'exclusion pourtant d'un certain nombre d'officiers, et presque tous les cavaliers du régiment, ouvertement dirigés, dans leur menaçante solidarité, par quelques adjudants, sous officiers et brigadiers. — Dans le parti de la Contre-Révolution figurent la municipalité, les officiers et la majorité des sous-officiers.

Le régiment a pour colonel le marquis de Fournès, que son mandat de député à l'Assemblée nationale tient éloigné d'Hesdin ; il est effectivement commandé par le lieutenant-colonel de Broc, homme juste et compatissant, très attaché à ses devoirs militaires et entouré jusqu'alors de l'affection de tous ses subordonnés. La difficile mission de maintenir l'ordre dans le district incombe au commandant de la place, M. de Cacheleux. Caractère hésitant et timoré, il a l'habitude d'abriter sa res-

---

[1] Tous les documents qui ont servi à la rédaction de ce chapitre sur les troubles d'Hesdin proviennent des archives de la guerre, des archives nationales, des archives parlementaires et des archives départementales du Pas-de-Calais (district de Montreuil).

ponsabilité derrière l'autorité plus immédiate des chefs de la milice nationale et des troupes réglées. Il accueille toutes les demandes avec un sincère désir d'apaisement, écoute avec bonhomie toutes les réclamations, semble partager l'avis de **tous** ceux qui l'abordent, donne des ordres et les contremande suivant les inspirations du moment, montre en toutes circonstances aussi peu d'énergie que de décision.

Le commandant de la garde nationale, Varlet, ancien officier au corps royal du génie, est le chef reconnu des « patriotes ». Soldat de parade, dévoré d'ambition, il a acquis dans ses troupes bourgeoises, au prix de concessions voulues et d'allures recherchées de camaraderie, cette popularité douteuse qui compromet l'indépendance du caractère. A toute occasion il réunit chez lui les plus turbulents de ses subordonnés, flatte leur vanité, encourage leurs enthousiasmes, excite leur zèle. Là s'élaborent les ordres du jour ampoulés, les adresses sentencieuses, que de nombreux délégués colportent dans la province ou remettent cérémonieusement au président de l'Assemblée nationale. Là aussi s'exercent un infatigable prosélytisme des « frères » du régiment voisin et leur initiation aux mystères des grands principes, embauchage révolutionnaire qui doit en étouffant chez le soldat la première des vertus militaires, le respect de ses chefs, le détourner du premier de ses devoirs, l'obéissance.

A la suite d'un de ces conciliabules, tenu le 12 janvier 1790, le commandant et les officiers de la garde nationale ont décidé « d'inviter tous les bons citoyens à s'unir fraternellement à eux pour se consacrer à la défense de l'État », et déjà les officiers du Royal-Champagne sont ouvertement désignés comme affiliés à cette « aristocratie des provinces belgiques » dont le complot menace la sécurité nationale.

Pourtant aucun acte de grave indiscipline n'a encore troublé le bon accord qui règne entre soldats et gradés du Royal-Champagne; il semble que le spectacle des querelles intestines, dont la contagion a gagné toutes les classes, les laisse indifférents, que la licence et l'anarchie soient impuissantes à déchirer le pacte séculaire de leur confraternité. Mais « l'armée, comme l'a écrit le général Ambert, ne saurait être différente de la société qu'elle représente. Si le désordre règne dans les cités, si les lois ne sont plus respectées, l'armée présentera quelque résistance passive, d'une durée plus ou moins longue, puis l'esprit militaire s'affaiblira de jour en jour pour s'éteindre à une époque fatalement prévue [1]. »

Et ainsi les attaques incessantes dirigées contre l'officier, à la faveur d'un régime issu de la révolte et incapable de sévir, troublent à la longue l'âme crédule et impressionnable du soldat : elles l'éloignent de ses protecteurs et de ses guides naturels et le livrent sans défense à la pire des tyrannies.

Le 20 avril, l'insurrection éclate tout à coup à l'occasion d'un événement d'une extrême banalité.

---

[1] *Portraits militaires*, par le général Ambert.

Les patriotes l'amplifient et l'exploitent pour triompher des dernières résistances que l'habitude de la discipline et la conscience du devoir opposent encore à l'esprit nouveau.

III

C'est fête, ce jour-là, au village de Grigny. Villageois et ci-devant nobles, officiers et cavaliers de la garnison d'Hesdin s'y coudoient en grand nombre : ils participent aux mêmes jeux, s'étourdissent dans les mêmes plaisirs. Un sous-lieutenant, M. de Fumel, avise une jeune fille et l'invite à danser. Celle-ci, redoutant d'éveiller la susceptibilité d'un cavalier et d'un bourgeois dont elle vient de décliner l'invitation, exprime à l'officier le regret de ne pouvoir lui accorder une faveur qu'elle a refusée aux premiers. Cédant toutefois aux galantes insistances de M. de Fumel, elle le prie de rechercher les deux évincés et de leur faire part de ses nouvelles dispositions; libre alors de tout engagement, elle consentira à lui réserver la troisième contredanse. Le bourgeois est retrouvé, accède avec empressement à la conciliante proposition et invite de nouveau la jeune fille. Mais, avant d'avoir été aperçu par le jeune sous-lieutenant porteur du message, le cavalier, perdu dans la foule et ignorant encore la nouvelle décision prise à son égard, aperçoit le bourgeois au bras de sa danseuse. Cruellement humilié d'une préférence, dont son amour-propre ne lui laisse pas entrevoir les motifs, il accable l'un et l'autre des plus violentes invectives. La dispute attire M. de Fumel. Il veut en vain mettre fin au scandale en exposant tardivement l'objet de sa mission ; son intervention ne fait que détourner sur lui la fureur de son subordonné, et il se voit obligé de s'éloigner pour ne pas compromettre plus longtemps sa dignité[1].

L'autorité a donc été méconnue ; les règles les plus élémentaires de la discipline exigent une sanction. Furet (c'est le nom de l'irascible cavalier) est mis en prison à sa rentrée à Hesdin. Cet acte de juste répression, dont les circonstances choquent nos mœurs militaires actuelles, ne peut alors provoquer légitimement la moindre réclamation de la part du délinquant; aussi celui-ci ne semble pas songer à contester lui-même la gravité de sa faute ou à s'élever contre la punition qui le frappe.

Mais la nouvelle de son incarcération se répand dans le quartier; elle paraît être le signal d'un mouvement séditieux dès longtemps préparé. Des protestations surgissent de toutes parts; les organisateurs de la rebellion jettent le masque et prennent audacieusement les allures de chefs d'émeute.

Le premier d'entre eux est un officier, fils et neveu de soldats dont le nom figurait honorablement dans les annales du Royal-Champagne. Louis-Nicolas Davout, cadet gentilhomme à l'École militaire de Paris, puis sous-lieutenant en 1788, a apporté dans ses relations avec les officiers du

---

[1] Précis des faits que MM. les officiers du Royal-Champagne ont l'honneur de mettre sous les yeux de MM. les commissaires nommés par le Roi. Septembre 1790.

régiment l'humeur irritable et chatouilleuse que les Bénédictins, ses premiers maîtres, déploraient déjà chez le studieux élève de l'École d'Auxerre. Entraîné par l'instinct d'une supériorité qui veut s'imposer avant l'heure, ou par une excessive ambition, secondée peut-être par l'intuition prophétique des événements qui doivent décider de sa prodigieuse destinée, il dédaigne avec affectation les règles de conduite admises dans le milieu où l'ont placé sa naissance, son éducation, les traditions de sa famille. Dès le début de la Révolution il s'est séparé avec éclat de ses frères d'armes, témoignant déjà, dans l'ardeur de ses attaques contre l'ordre établi, l'instinct batailleur qui le dominera toute sa vie[1].

« Eventrez les sacs ! » criait-il aux femmes qui se plaignaient au marché de la cherté du blé.....

[1] On était arrivé à l'année 1789. Le régiment du Royal-Champagne offre un jour. comme c'était alors l'usage, un banquet aux officiers d'un régiment qui traversait la ville pour se rendre à sa destination en Lorraine. A la fin du dîner, un officier de Royal-Champagne se lève et propose un toast en ces termes : « Messieurs, je vous propose une santé que nous avons tous dans le cœur, bien que dans un temps de liberté on ne nous permette pas de la porter, et je me flatte qu'il n'y a pas parmi nous de lâche qui en propose une autre : à la santé du Roi ! »

Davout, sur lequel tous les yeux s'étaient portés, se lève à son tour et dit froidement : « Messieurs, c'est moi qui suis le lâche dont Monsieur a voulu parler : à la santé de la Nation ! »

Un duel fut convenu, mais empêché par les deux colonels, qui exigèrent que des excuses fussent faites et acceptées. Les deux officiers furent mis aux arrêts pour avoir manqué à l'ordre donné de ne faire aucune manifestation politique.

(Gabriel de Chénier. *Histoire de la vie politique, militaire et administrative du maréchal* Davout. Paris, Cosse et Marchal. 1866).

Il est intéressant de rappeler ici que la sœur de Davout avait épousé le comte de Beaumont, premier page de Louis XVI.

« Faites-vous justice vous-même, dira-t-il à la populace un peu plus tard, et décidez par la lanterne du sort des ennemis de la Révolution ! » Un pareil besoin de combativité ne peut s'accommoder des rigueurs de la discipline : Nul n'a été plus indiscipliné que le vainqueur d'Auerstaedt et d'Eckmühl, à l'aurore de sa glorieuse carrière !

Le jour de la fête de Grigny, il commande, en l'absence de son capitaine, la compagnie de Montigny, à laquelle appartient Furet. Il est mis au courant de l'incident par un maréchal des logis, dont il ne prend pas la peine de contrôler les dires auprès de M. de Fumel, et il se flatte d'obtenir du lieutemant-colonel de Broc l'élargissement du prisonnier. Mais la punition, d'abord suspendue, est confirmée après enquête, et Furet est maintenu à la salle de discipline.

A peine cette décision est-elle connue, que l'on voit Davout sortir en gesticulant du quartier : il crie à l'arbitraire, ameute devant la garde sous-officiers et cavaliers, se répand en propos des plus outrageants sur le compte des officiers, et se déclare résolu à recourir à la violence pour affranchir le régiment du joug de leur iniquité.

IV

C'est l'appel à la révolte.

Sa compagnie lui est acquise ; elle se renforce aisément de celle de Saint-Etienne. La compagnie de Valfons, que l'énergie de son maréchal des logis chef a préservé pendant la nuit d'une première tentative d'embauchage, cède à son tour, et, le lendemain, le régiment presque tout entier est gagné à l'insurrection : il ne reconnaît plus que l'autorité du sous-lieutenant rebelle et de quelques adjudants ou maréchaux des logis, Point, Chevreuil, Argod, Campagnol, Rethel, Bertin, Angoubard....., dont les noms sont, à dater de ce jour, inséparables de tous les excès commis dans la garnison. L'un d'eux convoque tous les gradés à l'auberge du « Cheval Blanc » et les invite à adhérer à un pacte d'union : Aux termes de ce pacte, chacun doit « assister en toutes circonstances ses camarades menacés, observer le secret des délibérations et châtier le parjure avec la dernière rigueur[1]. » La crainte des représailles entraîne les hésitants; nul ne proteste contre là criminelle entreprise.

Le lendemain, des groupes tumultueux se forment dans les rues et engagent les bourgeois à faire cause commune avec eux. Les officiers, accourus à la première alerte, sont salués des plus grossières apostrophes; un appointé, suivi d'une centaine de cavaliers, apporte insolemment au lieutenant-colonel les injonctions de la compagnie de Montigny. La prison est forcée et Furet porté en triomphe dans la ville.

Varlet s'est jusque-là tenu prudemment à l'écart de toute manifestation. Spectateur attentif et sournois des troubles qu'il a fomentés, il redoute d'en assumer la responsabilité, et s'efforce de paraître,

[1] Mémoire de Baudry, maréchal des logis chef au Royal-Champagne.

aux yeux de ses adversaires, l'instrument indispensable de la réconciliation, sans cesser d'encourager et de leurrer par de vaines promesses la troupe ingénue de ses fidèles, confiante, comme toutes les foules, en qui la flatte, autant que soupçonneuse envers ses plus sages conseillers. Mais, dès que l'étendue soudaine du mouvement insurrectionnel a aplani les derniers obstacles que l'ascendant rival de l'autorité légitime dressait en face de ses visées ambitieuses, il renonce à jouer ce rôle de personnage à deux faces et entreprend de cimenter l'alliance des patriotes dans une de ces cérémonies si fort à la mode sous le nom de « fédération », où l'étalage souvent touchant d'une fraternité nouvelle et sans mélange tient lieu de la réalisation des plus belles espérances.

Il réunit donc à son domicile, devenu permanence officielle des mutins, des représentants du régiment et de la garde nationale. Ses propositions sont acclamées. On décide de convoquer le lendemain même, sur la place de la ville, toutes les troupes de la garnison et l'on délègue quelques gardes nationaux auprès du commandant du régiment, pour l'inviter à donner son consentement aux dispositions arrêtées et à lever les dernières hésitations de ses subordonnés. Celui-ci accueille la députation avec un sang-froid et une simplicité méprisante qui la déconcertent. Il lui fait observer que le moment choisi pour une fédération lui semble peu opportun, et que, prêt à motiver son avis s'il y est convié, il ne reconnaît qu'au commandant de la place, inconnu sans doute de M. Varlet, le droit de donner des ordres à son régiment.

Les députés doivent, à contre-cœur, se ranger à cet avis, et rendez-vous est pris chez M. de Cacheleux. Le lieutenant-colonel de Broc, accompagné de tous ses officiers, s'y rencontre avec Varlet, Davout et leur escorte ordinaire de sous-officiers et cavaliers. M. de Cacheleux, un instant ébranlé par le ton décent et modéré qu'affecte le commandant de la garde nationale, n'ose pas cependant condescendre aux téméraires prétentions des insurgés : il se borne à autoriser la prestation du serment civique de fidélité au Roi, à la Loi, à la Nation, et s'engage, pour le surplus, à faire exécuter dans les quatre jours les ordres qu'il se déclare disposé à solliciter du ministre.

« Ce n'est pas un serment civique que nous voulons, repartit alors Davout en s'adressant à son chef de corps, c'est une fédération. Au reste, ajoute-t-il, je sais que vous me regardez comme l'auteur de tout ceci : j'en conviens, et je m'en fais gloire. »

La fédération a lieu, comme il était convenu, le lendemain 27 avril, mais sans l'appareil que souhaitaient ses organisateurs. La municipalité elle-même s'abstient d'y assister. La garde nationale, la maréchaussée, les compagnies du régiment conduites par leurs sous-officiers sont rassemblées sur la place à l'heure fixée. Davout lit la formule du serment; l'adjudant Point le reçoit de chaque sous-officier et cavalier, et le procès-verbal de la cérémonie est immédiatement dressé et envoyé à l'Assemblée Constituante.

V

La lecture en est faite dans la séance du 7 mai,
et l'Assemblée décrète, sur la proposition du duc de
La Rochefoucauld Liancourt et malgré l'opposition
de deux membres de la droite, « qu'il sera fait mention honorable de l'acte contenant le serment fédératif prononcé le 27 avrit 1790 par *quelques* officiers, les adjudants, les bas-officiers et soldats de
la garde nationale d'Hesdin et la maréchaussée de
la même ville, tendant à soutenir la Constitution,
à repousser ses ennemis, à maintenir la tranquillité publique et à protéger les personnes et les propriétés des citoyens. » Elle décide en outre « que
son président écrira aux trois corps qui ont
formé cette union patriotique, que l'Assemblée
nationale est satisfaite des sentiments civiques
dont ils sont animés ».

Si inconcevable que puisse paraître un semblable témoignage de gratitude officielle accordé à
l'ambition vulgaire de quelques contempteurs intéressés des institutions militaires, on ne peut sans
injustice accuser l'Assemblée d'avoir intentionnellement couvert de son approbation les actes d'indiscipline des fédérés d'Hesdin. Obligée d'admettre
l'action de l'armée, malgré la défiance qu'elle lui
inspire, pour réprimer les violences dont le territoire est infesté, elle ne poursuit pas encore la destruction de ses éléments vitaux avec la perfidie et la
mauvaise foi dont s'armera, quelques années plus

tard, la jalousie des pouvoirs civils, pour ternir la réputation des généraux victorieux. Mais, obsédée par la crainte de voir l'officier mettre au service du parti monarchique l'appui de son crédit et de son dévouement, incapable, d'autre part, de le gagner par la persuasion à la cause de la Révolution, elle s'efforce de soustraire la troupe à son influence redoutée.

C'est là le principal objet de son décret sur les réquisitions, dont les municipalités abuseront si fréquemment en exerçant, à l'aide de la garde nationale, un droit de commandement ou de répression que la lettre, sinon l'esprit des dispositions législatives ne justifie pas [1]. — C'est encore ce qu'elle se propose dans son décret sur le serment civique, estimant, non sans raison, que ses adversaires les plus irréconciliables hésiteront à sacrifier à leurs convictions ou à leurs préférences intimes une parole solennellement donnée.

Aussi ne faut-il pas s'étonner qu'elle soit touchée de l'adresse des « patriotes » groupés derrière Varlet, comme de toutes celles qu'elle a l'habitude d'applaudir à l'ouverture de ses séances. Elle y voit une marque de respectueuse soumission à son autorité et d'attachement à la constitution. En réalité, les palmes de civisme qu'elle vient de décerner à l'anarchie ne peuvent être accueillies que comme

---

[1] Le comité des rapports lui-même jugea sévèrement, au mois de juillet, la conduite de la garde nationale d'Hesdin pour avoir outrepassé les bornes de son autorité « en exerçant d'une manière très illégale sur deux citoyens une juridiction qui ne lui appartenait pas, et en se supposant le droit de faire emprisonner les citoyens sans forme de procès. »

le symbole d'une première victoire et le gage d'un prochain triomphe !

Aussi le décret du 7 mai est-il, à Hesdin, le signal d'un redoublement de violences à l'égard des officiers. Les projets les plus cyniques sont l'objet de délibérations en plein air : le bourgeois est invité à y prendre part, pour rendre témoignage à l'alliance inviolable qui l'unit désormais au soldat-citoyen. Un jour, Davout propose de planter une potence sur la place de la ville et de s'en faire lui-même le pourvoyeur ; une autre fois des cavaliers forment la motion d'attendre à l'affût leur lieutenant, M. de Juliar, à son retour d'un château voisin de la garnison, et de l'assommer sans autre forme de procès. Puis, on prononce l'expulsion du porte-étendart, M. Viennet, qui n'a pas craint d'exprimer sans ambage les sentiments que lui inspire la conduite de ses hommes. On interdit aux capitaines l'entrée des chambres de leur compagnie, en les menaçant de les jeter par les fenêtres s'ils contreviennent à ces injonctions. Et, comme ces monstrueux desseins ne parviennent pas à terroriser l'officier, trop pénétré de ses devoirs pour déserter un poste périlleux, trop fier, dans son infortune, pour courber la tête sous l'injure, l'extravagante fantaisie des meneurs s'exerce à l'humilier par des tracasseries de toutes sortes ou de grotesques brimades : ses chevaux, mis à l'index, sont délaissés dans les écuries, privés des soins indispensables du pansage[1]. Les cavaliers laissent leurs armes

[1] C'est le sens qu'il faut attribuer à l'expression *proscrits* employée dans les rapports ou mémoires de l'époque.

dans les chambrées et prennent de gros bâtons dont ils font siffler les moulinets au passage de tous ceux devant lesquels ils se sont effacés jadis avec déférence.

L'argent cependant manque aux mutins. Exempts de tout service, ils ne veulent pas s'affranchir de l'oisiveté à laquelle ils se sont condamnés, ni s'adonner, suivant un usage constamment toléré dans l'ancienne armée, à un travail manuel quelconque. Ils remplissent du matin au soir les cabarets et y contractent des habitudes que ne peut guère justifier la modicité de leur solde.

Pour remédier à cette situation, le maréchal des logis-chef Campagnol présente au lieutenant-colonel de Broc un certain nombre de réclamations relatives à la comptabilité du régiment : ces réclamations tendent au versement immédiat entre les mains des cavaliers, « instruits, dit-il, de leurs droits », de la petite masse des compagnies. Elles sont d'ailleurs dénuées de tout fondement, car les ordonnances en vigueur sur la comptabilité des corps de troupe ne permettent point de supposer que l'homme puisse avoir droit à la libre disposition d'une partie, si minime qu'elle soit, des fonds destinés à son entretien[1] ; une circulaire récente du

---

[1] On avait, il est vrai, facilement admis une dérogation à ce principe en faveur des gardes-françaises, pour vaincre les répugnances qu'ils éprouvaient à s'enrôler dans la garde nationale. Non seulement ils reçurent la masse de leur régiment, mais on leur distribua le prix, évalué à un million trente mille livres, de leur caserne et de leur hôpital, en considérant ces immeubles comme une propriété indivise sur laquelle chacun d'eux avait des droits.

ministre de la guerre a, à cet égard, confirmé les instructions de ses prédécesseurs. La demande de Campagnol n'a donc aucun succès. Mais, avant de s'éloigner, il tient à outrager grossièrement celui qu'il a eu la prétention d'intimider par de ridicules fanfaronnades : « C'est bien, on vous retrouvera ! s'écrie-t-il. » — Et M. de Broc, plein de pitié pour ce malheureux, répond simplement, sur un ton de remontrance paternelle : « Comment ne rougissez-vous pas de parler ainsi à votre chef ? — Si je rougissais, je vous ferais pâlir » ! réplique Campagnol.

A tout instant les officiers doivent se résigner à subir, les bras croisés, de semblables affronts. L'appui que leur offre la municipalité, réduite à l'inertie par la défection de la garde nationale et le dévergondage de la population [1], ne peut leur être d'aucun secours. Diffamés publiquement, hués dans la rue, dénoncés, insultés, ils en appellent au ministre !

VI

Le 15 mai le régiment reçoit l'ordre du Roi de procéder à ses préparatifs de départ pour aller tenir garnison en Normandie. Cette décision tardive ne peut malheureusement pas produire l'apai-

---

[1] Un jour, un contrebandier voit arrêter à la douane sa voiture, chargée d'eau-de-vie ; la populace ameutée prend sa défense, et les commis de la ferme sont roués de coups, à l'instigation de Davout, qui obtient aisément la neutralité d'un détachement de la garde nationale, accouru, pour rétablir l'ordre, sous la conduite d'un officier.

sement qu'espère La Tour du Pin. Rapproché de l'imprudent décret de l'Assemblée, le blâme, pourtant anodin, qu'elle comporte, témoigne encore des efforts du pouvoir exécutif pour contenir le flot montant des doctrines révolutionnaires ; et, par là, les esprits prévenus y voient comme l'expression d'une volonté bien arrêtée de restituer au pouvoir royal ses anciennes prérogatives dans leur traditionnelle intégrité. Fondée sur cette appréhension, l'émeute prend, à la faveur du désarroi général, un caractère de légalité qui en justifie les excès.

Les meneurs agitent le spectre de la tyrannie renaissante, invoquent l'exemple des gardes-françaises, ces héros d'un jour, réformés par le Roi, mais portés par la reconnaissance populaire au rang des plus glorieux défenseurs de la liberté violée : Royal-Champagne ne doit pas perdre le souvenir de ses grands devanciers, ni consentir à se rallier, par une soumission dégradante, sous les enseignes des *ministériels* et des *aristocrates!*

Varlet vient exposer au commandant de la Place qu'il ne peut répondre des intentions de la garde nationale, si l'on donne suite aux ordres du Roi, et qu'il juge dangereux de soumettre à pareille épreuve le patriotisme d'une troupe décidée à lutter avec la dernière énergie contre les entreprises du pouvoir déchu. En même temps l'adjudant Point et le brigadier Chevreuil sont députés, le premier à l'Assemblée, le second à Arras auprès du maréchal de camp Stanislas Biaudos, comte de Castéjat, commandant en la province d'Artois, avec la mission de solliciter un sursis basé sur l'inopportunité d'une mesure susceptible de provoquer dans la garnison les extrémités les plus fâcheuses.

Le comte de Castéjat ne peut qu'exiger la stricte exécution d'un ordre régulièrement transmis et dont l'origine n'a, à ses yeux, aucun caractère suspect. Il enjoint donc à M. de Cacheleux[1] de faire aux cavaliers les sommations utiles et d'appeler l'attention des officiers municipaux sur la responsabilité qu'ils encourent en n'usant pas, vis à vis des gardes nationaux dissidents, des pouvoirs que leur a conférés la constitution. Il remet en outre à Chevreuil une lettre pleine d'indulgence et de modération, où, déplorant l'erreur des cavaliers, il les supplie de revenir à des sentiments dignes de loyaux soldats.

Davout réunit le régiment à la carrière Saint-Paul pour lui donner lecture de cette lettre : Elle débute par ces mots : « Mes chers camarades... » — « Camarades ! interrompt Davout, ce camarade est un J. F. et le serait avec lui quiconque y croirait... », et il continue ainsi, assaisonnant chaque ligne de traits d'un esprit douteux, grossièrement critiques et injurieux.

C'est qu'on ne doute pas qu'un nouveau décret de l'Assemblée ne vienne bientôt briser les résistances des chefs militaires. Quelle désillusion, quand on apprend que le comité des rapports, « douloureusement surpris de l'insubordination dont le régiment vient de se rendre coupable », le réprimande plus sévèrement que le comte de Castéjat,

---

[1] Lettre écrite le 17 mai 1790.

et invite la garde nationale à obtempérer sans murmures aux injonctions de la municipalité[1] !

Il y a un moment de stupeur; puis, on se sou-
vient que le colonel marquis de Fournès, royaliste
impénitent, siège à la Constituante : c'est lui, à
n'en pas douter, qui, par de faux rapports, a circon-
venu les amis du peuple et leur a arraché l'arrêt
de condamnation. « C'est un piège, se dit-on ;
nous ne partirons pas » ! et un énergumène ajoute :
« On décollera le premier qui voudra partir ! » —
« En vain cherchez-vous à *subtiliser* la compagnie,
déclare Davout au lieutenant de Vacquerie, qui,
rentré à Hesdin, vient de reprendre le commandement de la compagnie de Montigny; elle m'a promis de ne pas partir et je compte sur sa parole. »

Sa confiance n'est pas déçue... C'est au 18 mai
qu'a été fixée la date de la mise en route du régiment. Cinq mois plus tard il est encore à Hesdin.
C'est que La Tour du Pin a préféré temporiser, estimant que l'isolement des révoltés les conduirait à
résipiscence, sans qu'il soit nécessaire de recourir
à des moyens énergiques : dangereuse concession
à l'esprit du temps, qu'on aurait peine à justifier,
si les obstacles, systématiquement accumulés
devant les plus louables intentions du ministre,
n'avaient en même temps amoindri sa responsabilité !

---

[1] Lettre, du 31 mai 1790, du comité des rapports aux officiers
municipaux de la ville d'Hesdin.

VII

Pourtant, pendant deux mois, le calme règne à Hesdin. Le maréchal de camp comte de Castéjat dispose tant à Arras qu'en Normandie d'un certain nombre de détachements sur la loyauté desquels il peut suffisamment compter pour forcer, avec leur aide, l'obéissance des cavaliers. Aussi ces derniers ne formulent pas de nouveaux griefs et ne récriminent plus contre les obligations du service. Les meneurs eux-mêmes n'apportent plus dans leurs rapports avec le commandement cette morgue insolente, dont ils se sont si longtemps prévalu pour imposer leur crédit à la simplicité du soldat.

Mais voilà que le 1er août un maréchal des logis chef, nommé Odille, est promu sous-lieutenant ! Se conformant à un usage, auquel nos règlements n'ont pas encore dérogé, le major de Lostande reconnaît le nouvel officier devant le front de sa compagnie. Odille est détesté de la troupe : soldat discipliné, il a, pendant les troubles précédents, réprouvé hautement la conduite des sous-officiers rebelles et rompu toute relation avec eux ; aussi la faveur dont il est l'objet semble être, aux yeux de ses camarades, le prix des marques intéressées d'attachement dont il a entouré les officiers et d'une méprisable souplesse de caractère mise au service d'une ambition démesurée.

La présentation a lieu sans incident à l'assemblée du régiment pour la messe. Mais, à l'issue du service, Point fait éclater son ressentiment en ordonnant à la garde de sortir avant les officiers et en provoquant des attroupements dans la cour du quartier. Sans se laisser troubler par cet accès de mauvaise humeur, que peut excuser dans une certaine mesure le tempérament irritable de l'impétueux adjudant, les officiers offrent le soir du même jour un dîner à leur nouveau camarade : ils distribuent à leurs hommes six francs par chambrée et organisent un bal sur la place publique pour la troupe et les bourgeois. Mais, à l'heure venue, les danseurs font défaut : les cavaliers se forment en file indienne, une chandelle allumée à la main, scandent leur marche de cris variés que domine le nom exécré d'Odille et entraînent la foule dans leur grotesque manifestation.

C'est le renouvellement des scènes scandaleuses du mois de mai : un officier reconnaît un vétéran et témoigne sa surprise de le trouver en pareille compagnie : « Laisse le dire », crie un voisin, et comme l'officier s'approche du braillard : « tiens, dit celui-ci, en lui mettant sa chandelle sous le nez, regarde moi donc, c'est bien moi ! » — Campagnol se fait remarquer par la violence de ses propos : « A la voirie, les officiers ! » — « A la lanterne! » reprend-on. — « Ça ne se passera pas comme ça, ajoute Point. Demain, ce sera un grand jour! »

En effet, le lendemain, après une nuit passée dans les cabarets et pendant laquelle des détachements de la garde nationale se sont efforcés sans succès de rétablir l'ordre, les cavaliers s'assemblent sous la direction de Point et de Bertin. Ils se rendent en vociférant sous les fenêtres du major de

Lostande et le somment de descendre pour entendre les réclamations du régiment. En vain le major se déclare-t-il prêt à recevoir chez lui les députés que les manifestants jugeront à propos de lui envoyer : les cris redoublent ; il doit céder. Les factieux lui représentent que la nomination d'Odille a été faite en violation flagrante du décret du 29 juillet, qu'elle est par suite illégale et que les cavaliers la considèrent comme nulle et non avenue. Par surcroît, ils demandent la révocation du vaguemestre Foucard, qui, paraît-il, leur est antipathique.

En ce qui concerne Odille, l'Assemblée a, il est vrai, décrété qu'il ne sera procédé à aucune nomination jusqu'au jour où seront définitivement arrêtées les règles sur l'avancement, suivant le projet soumis à l'examen du comité militaire [1]. Mais le brevet date du 1er juillet et ne peut être infirmé par un décret ultérieur. Quand à Foucart, c'est un serviteur probe et consciencieux, réfractaire aux mauvais conseils, très attaché à son service. M. de Lostande soutient énergiquement l'un et l'autre, impassible devant le serment que Point fait prêter à sa troupe de ne point obéir au premier et de bannir le second.

Cette attitude courageuse exaspère les cavaliers : ils menacent Odille de lui arracher ses épaulettes s'il commet l'imprudence de les porter et interdisent au directeur de la poste de remettre à Foucard les lettres destinées aux sous-officiers et aux hommes.

[1] Les règles sur l'avancement furent décrétées le 21 septembre 1790.

Dès lors les factieux sont les plus forts : la situation des officiers devient intolérable. Ils ne peuvent s'aventurer dans les rues sans être hués, injuriés, défiés. « Comme de bons chiens de garde au milieu d'un troupeau effarouché, ils sont foulés sous ses sabots ou percés de ses cornes. » Ils ne peuvent plus rien contre l'émeute. Hesdin voit de nouveau l'anarchie triomphante !

CHAPITRE V

LES INSURRECTIONS MILITAIRES
ET LES FÉDÉRATIONS

I. La responsabilité de la Constituante et des municipalités. —
II. L'affaire Muscar. — III. Les comités de soldats. — IV. La
Tour du Pin et les fédérations. — V. L'insurrection du régi-
ment de Touraine à Perpignan : le colonel de Mirabeau. —
VI. Les fédérations à Paris. — VII. La fête de la Fédération et
ses conséquences internationales.

I

En entravant le gouvernement l'Assemblée l'a
anéanti, et, du même coup, elle a laissé le champ
libre à la licence. Gouverner, c'est suivant l'heureuse expression de Laboulaye, « mettre la force
au service de la justice ». C'est une force, sans
doute, que l'influence exercée sur l'esprit public
par la réunion des représentants de la nation ;
mais s'appliqua-t-elle toujours au triomphe de la
justice ? A Tarascon, les dragons de Lorraine ont
pillé la caisse du régiment et déposé leurs officiers.
Un blâme de l'Assemblée suffit pour ramener au
devoir les soldats égarés[1]. Ce jour-là, un éclair de

[1] Poisson. *L'armée et la garde nationale*, chap. VII. Paris,
Durand, 1858.

raison l'a inspirée : elle a fait acte de gouvernement. Quand elle cède à l'opiniâtreté des jacobins,
comme nous l'avons vu le 7 mai à Hesdin, dans la
crainte de perdre l'appui que lui offrent les partis
avancés, elle sacrifie la justice, maladroitement du
reste, à son désir de popularité et précipite le pays
dans l'anarchie.

A l'heure où la société éperdue dérive au courant de passions sans frein, que ne peuvent plus
contenir les liens relâchés de l'antique monarchie,
il semble qu'il serait prudent de tenir l'armée à
l'écart des discussions politiques, de lui conserver
ses lois et ses traditions, et de la contraindre, avec
toute la rigueur des anciens règlements, au respect
de la discipline. En cela, on ferait acte de sagesse.
Mais, « depuis longtemps déjà, il n'y a plus ni bon
sens ni raisonnement chez les membres de l'Assemblée ». Hantés par le spectre d'une réaction toujours
imminente, ils veulent avant tout attacher l'armée
à la constitution qu'ils ont élaborée. Or, comme
celle-ci a détruit la noblesse et que la plupart des
charges d'officiers sont détenues par des nobles,
comment s'étonner des criminels efforts auxquels
se livrent les factions pour corrompre le soldat,
sans autre contrepoids que l'apathie des modérés?

Aussi l'insurrection se répand rapidement dans
toutes les garnisons. L'histoire du Royal-Champagne, que nous avons tenu à mettre en relief, est
l'histoire de presque tous les régiments de France :
« Partout, écrit le marquis de Bouillé [1], les soldats

---

[1] Mémoires du marquis de Bouillé.

forment entre eux des comités qui dirigent leur conduite ; ils choisissent des députés en petit nombre, qui réclament auprès de leurs supérieurs, d'abord avec assez de modération, des retenues qui leur ont été faites sous l'ancien régime des inspecteurs. Leurs réclamations sont justes : on y fait droit. Il y a des corps où elles sont considérables ; d'autres où elles se réduisent à peu de chose, et même à rien. Les soldats, non contents d'avoir réussi dans leurs premières demandes, en forment d'injustes et d'exorbitantes, qu'on leur refuse. Alors, ils prennent les armes, consignent les officiers, transportent leurs drapeaux à leurs casernes, posent des gardes chez leurs chefs et chez les trésoriers des régiments, font ouvrir les caisses et s'en distribuent l'argent. Lorsqu'ils n'en trouvent pas assez, ils font contribuer leurs officiers, qui sont la plupart contraints d'emprunter à des marchands et à des bourgeois pour satisfaire leur cupidité... Dans quelques garnisons les excès vont beaucoup plus loin ; les soldats se répandent dans les villes, se mêlent avec la populace et se livrent à tous les excès de la débauche. »

La Constituante s'imagine qu'elle pourra enrayer ces désordres en remettant aux officiers municipaux, par voie de réquisition, l'action de la force armée. Ce serait parfait si l'état des esprits permettait l'entente entre les autorités civiles et militaires, et si cette action s'exerçait toujours en faveur de la tranquillité publique. Mais, loin de mettre leurs nouveaux pouvoirs au service de l'ordre, les municipalités vont s'immiscer inconsidérément dans les détails de la discipline et de la police des corps, paralyser l'énergie des chefs, et prendre fait et cause pour les soldats coupables.

II

A la fin de janvier 1790, le régiment de Vivarais reçoit l'ordre de quitter Béthune pour se rendre à Verdun. Le départ a lieu sans incident, mais, le lendemain, une partie de la troupe s'arrête de propos délibéré, s'empare des drapeaux et rentre à Béthune, où elle reçoit le meilleur accueil de la municipalité [1]. Au même moment, un détachement de grenadiers, qui précédait la colonne pour préparer le logement et cantonnait à Douai, refuse de rejoindre le corps à Lens, suivant l'ordre que vient de lui transmettre le colonel vicomte de Courtavel. Le fourrier Muscar fait partie de ce détachement : soupçonné d'être le principal instigateur de la révolte, il est incarcéré au fort de Scarpe, conduit peu après à Verdun et écroué dans la prison militaire de la ville. Aux termes des anciennes ordonnances, l'affaire doit être instruite sans délai par le commandant de la Place. Mais, dans un but de conciliation qui lui fait le plus grand honneur, La Tour du Pin donne l'ordre de surseoir au renvoi de Muscar devant un conseil de guerre, jusqu'au jour où l'Assemblée se sera prononcée sur l'organi-

---

[1] Quelques jours après cette équipée, les soldats de Vivarais, comprenant l'étendue de leur faute, rejoignirent leurs camarades à Verdun.

sation projetée des tribunaux militaires [1]. Cependant un avocat du parlement de Flandre [2], admis à assister Muscar pendant son emprisonnement de quelques jours à Douai, a, dans une longue épître adressée aux officiers municipaux de Verdun, fait le plus grand éloge de son client, victime innocente, dit-il, de l'animosité de ses chefs et en particulier du lieutenant-colonel de Mailler, et proteste contre l'illégalité de la mesure dont il est l'objet. Emue de cette dénonciation, la commune de Verdun enjoint sans tarder au commandant de la Place de suivre à l'égard de l'accusé les formes prescrites par les décrets d'octobre sur la procédure criminelle.

Les considérants de cet arrêté méritent d'être reproduits : « Après délibération, et avoir ouï sur ce le procureur de la Commune, considérant que le principal devoir, dans les fonctions délicates qui viennent de leur être confiées, est de faire respecter les lois émanées de l'auguste Assemblée nationale ; et considérant que, quoique l'homme, rétabli dans tous ses droits, ne doive plus avoir à redouter les actes désormais impuissants du despotisme, il serait néanmoins très dangereux que les tribunaux militaires, tels que les conseils de guerre, pussent s'écarter des règles prescrites aux tribunaux ordinaires ; considérant enfin qu'il est important pour la société, dont les soldats font nécessairement

---

[1] Le comte de La Tour du Pin fit même suspendre, d'une façon générale, l'exécution des jugements que les conseils de guerre, régulièrement constitués, avaient prononcés contre les soldats accusés de délits militaires. Et déjà toute la presse l'accusait de despotisme !

[2] Doudeau.

partie, que ceux-ci, lorsqu'ils sont dans le cas d'être poursuivis criminellement, aient le droit d'employer pour leur défense tous les moyens que la loi fournit à tous autres citoyens, Messieurs ont arrêté, à l'unanimité des voix, que monsieur Philippes, commandant pour le Roi en cette ville, serait invité dès ce jour à se conformer dans l'instruction de toutes les affaires criminelles, dont la connaissance lui appartient comme président né des conseils de guerre, aux ordonnances et règlements rendus à ce sujet, notamment au décret de l'Assemblée nationale, qui a pour objet la réformation de quelques points de la jurisprudence criminelle, sanctionné par le Roi au mois d'octobre 1789 [1]... »

Ainsi, non seulement la commune de Verdun se reconnaît arbitrairement le droit de contrôler les actes juridiques de l'autorité militaire, mais, empiétant même sur les attributions législatives de l'Assemblée, elle étend à l'armée des dispositions que celle-ci a intentionnellement limitées aux tribunaux de droit commun jusqu'aux prochains décrets à intervenir, et refuse au Roi l'initiative des projets concernant la réforme des conseils de guerre.

Une aussi prodigieuse inconscience lui vaut cette simple et digne réponse du comte de La Tour du Pin : « Sa Majesté n'a pas vu sans étonnement que vous vous fussiez mêlés d'un objet absolument étranger aux fonctions qui vous sont confiées. Elle a déjà assez donné de preuves de ses sentiments paternels et du désir qu'Elle a d'assurer les droits

---

[1] Extrait des registres des délibérations de la municipalité de Verdun (11 février 1790).

de tous les citoyens, pour que vous eussiez dû vous en remettre à Elle du soin de faire jouir de l'avantage des nouvelles lois les militaires comme ses autres sujets. Depuis longtemps, ce soin n'avait pas échappé à sa vigilance. Sa Majesté m'avait déjà ordonné de m'occuper de la rédaction d'une ordonnance concernant la nouvelle organisation des conseils de guerre, et cette loi ne tardera pas à être promulguée. Quant au nommé Muscar, je ferai passer incessamment à M. Philippes les ordres de Sa Majesté concernant ce fourrier [1]. »

La leçon paraît cruelle à ce Parlement au petit pied, dont l'activité révolutionnaire ne peut, sans déchéance, lui permettre de se renfermer dans les modestes fonctions d'administrateur d'une commune. Aussi s'empresse-t-il de dénoncer à l'Assemblée « les agissements despotiques » du ministre, quand Muscar est « clandestinement enlevé » des prisons de la ville et transféré à Montmédy. C'est, à ses yeux, une infraction formelle aux dispositions de la loi, en particulier de l'article 1er du décret du 23 février, ainsi conçu : « Nul ne pourra, sous peine d'être puni comme perturbateur du repos public, se prévaloir d'aucun acte prétendu émané de Sa Majesté ou de l'Assemblée nationale, s'il n'est revêtu des formes prescrites par la Constitution, et s'il n'a été publié par les officiers chargés de cette fonction. »

L'ordre en vertu duquel a agi la maréchaussée de Verdun a été transmis par le marquis de Bouillé ;

---

[1] Lettre du comte de La Tour du Pin, ministre de la guerre, aux officiers municipaux de Verdun (19 février 1790).

il est signé du Roi et contresigné du ministre ; son authenticité est indéniable. Mais il porte, paraît-il, que « l'enlèvement sera fait sans en prévenir personne[1] ». Devait-il donc être, conformément à l'article 2 de cette même loi, « envoyé aux curés, publié au prône et affiché sans frais ? »

Il se rencontre cependant à la Constituante un député[2], pour se faire l'interprète de cette ridicule réclamation et apitoyer ses collègues sur la situation d'un malheureux « prêt à payer de sa tête une conduite peut-être digne de la couronne civique ». Le ministre est invité à fournir des éclaircissements sur l'affaire. Il le fait en ces termes :

« Muscar a été le principal moteur de l'insurrection qui a eu lieu au régiment de Vivarais. Il a été d'abord renfermé au fort de Scarpe, et il n'a été transféré dans la citadelle de Verdun que lorsque le régiment a été envoyé dans cette ville. Depuis que cet homme infiniment dangereux est dans cette citadelle, il n'a cessé d'y employer toutes sortes de moyens pour exciter de nouveaux troubles dans son corps. Sur l'avis qui m'en a été donné, j'ai cru que, pour les prévenir, il n'y avait pas d'autre parti à prendre que de faire transférer ce fourrier des prisons de la citadelle de Verdun en celle de Montmédy, pour y être détenu jusqu'à l'époque où l'on doit procéder à l'information qui doit être faite contre lui.

---

[1] Déposition du lieutenant de la maréchaussée, Marchand. devant la municipalité de Verdun.

[2] Gillon, député de Verdun. Séance de l'Assemblée nationale du 16 avril 1790.

« Ce court exposé suffira sans doute, Monsieur le Président, pour vous prouver que je n'ai eu d'autres vues que de garantir le régiment de Vivarais d'une nouvelle insurrection en la ville de Verdun et des désordres qu'elle aurait pu occasionner. Je ne puis vous dissimuler que j'étais loin de m'attendre aux soupçons qui se sont élevés contre moi dans l'Assemblée. Elle doit connaître mes sentiments respectueux pour Elle, et je devais me flatter que, se rappelant que j'avais eu l'honneur d'être un de ses membres, Elle rendrait à la pureté de mes intentions la justice qui leur est due.

« Trouvez bon, Monsieur le Président, que je prie, par votre organe, l'Assemblée nationale de peser, dans sa sagesse, s'il n'y a pas beaucoup d'inconvénients à ce que les municipalités connaissent des délits militaires, et s'il ne serait pas convenable qu'Elle rendît un décret pour leur défendre de se mêler, sous quelque prétexte que ce puisse être, d'aucun objet relatif à la police et à la discipline intérieure des corps militaires[1]. »

Voilà le langage du despote, contre qui grondent déjà dans les clubs et dans les gazettes les furieuses menaces de la faction jacobine !

Sur la proposition de M. Regnault de Saint-Jean-d'Angely, l'Assemblée se déclare satisfaite de ces déclarations; mais elle ne se décidera, comme nous le verrons bientôt, à rappeler les municipalités à leur devoir que sur une nouvelle et pressante intervention du ministre.

[1] Lettre de La Tour du Pin au président de l'Assemblée nationale, lue à la séance du 18 avril 1790.

Quelques jours plus tard, le peuple de Valence, conduit par ses officiers municipaux, assiège la maison du vicomte de Voisins, commandant le régiment d'artillerie, coupable d'avoir fait emprisonner un soldat « patriote » : on entraîne cet officier dans l'église Saint-Jean, pour qu'il puisse se justifier du haut de la chaire, en présence des soldats assemblés, et, avant même de l'entendre, on le massacre à coups de couteau[1].

On trouve dans les vêtements du colonel de Voisins une lettre d'un émigré de Turin. La commune de Valence fait état de cette découverte ; elle la constate dans ses procès-verbaux, pour excuser les assassins avec lesquels elle s'est solidarisée. « Le meurtre de M. de Voisins ne peut, écrit **Prud'homme**, être imputé au peuple ; la faute en est au pouvoir exécutif qui laisse en place des officiers ennemis de la Révolution... Quand le peuple se fait justice des atrocités qu'il a éprouvées, un instinct d'humanité lui fait borner sa vengeance au plus petit degré possible[2]. »

Et l'Assemblée se tait, et elle n'éprouve que méfiance pour le ministre clairvoyant qui lui signale les dangers de sa criminelle indifférence ! Rien ne peut plus arrêter le courant révolutionnaire : naguère, on répondait par la loi martiale à l'exécution sommaire du boulanger François ; aujourd'hui le sang d'un colonel glorifie ses assassins !

Voisins ne ferme pas du reste la liste du marty-

----

[1] Il fut achevé d'un coup de fusil tiré, croit-on, par l'un de ses hommes.

[2] *Les Révolutions de Paris*, n° 45.

rologe qu'inaugura le vieux de Launay. Le « plus petit degré possible » de la vengeance populaire s'élèvera jusqu'aux hécatombes de la Terreur[1] !

A Lille, la mort d'un fusilier du régiment de la Couronne, tué en duel par un chasseur de Normandie, provoque une sanglante collision entre les différents corps de la garnison. Aussitôt la municipalité prête à l'un des partis l'appui de la garde nationale, refuse de prendre sous sa protection le lieutenant général marquis de Livarot, que le régiment Colonel-Général tient emprisonné dans la citadelle, et oblige le ministre à ordonner précipitamment le départ simultané des quatre régiments[2].

III

Une autre cause de l'insubordination de l'armée provient de l'influence des *comités* qu'ont partout

[1] A la même époque (18 avril), le régiment du Maine, en garnison en Corse, fut le témoin d'un crime semblable. La municipalité voulait s'opposer au départ du régiment, commandé par le colonel de Rully, qu'une sévérité outrée, jointe, il faut le reconnaître, à une exaltation désordonnée, avait rendu peu sympathique à la population. Le peuple s'assembla au son du tocsin, s'empara des postes, assiégea la caserne et fusilla le colonel, lâchement abandonné, sinon livré par sa propre troupe.

Le portefeuille du malheureux officier contenait deux manuscrits : « État des rapports politiques entre la France et la Corse », et « Moyens sûrs pour embarquer le peu de troupes de Sa Majesté qui restent en Corse et ses employés ». La justice populaire, écrivit-on, ne s'était donc pas méprise, et la mort du conspirateur était la juste expiation de ses « coupables desseins ! »

[2] Ils durent sortir le même jour par quatre voies différentes pour Dunkerque, Béthune, Mézières et Philippeville (Archives de la Guerre).

organisés les bas-officiers et les soldats, forts de l'appui des municipalités et de la faveur de l'Assemblée. Ce sont d'abord des réunions de camaraderie, répondant à ce besoin universel d'association qui caractérise les temps troublés ; puis ils deviennent des assemblées délibérantes, où l'on discute les droits de chacun, où l'on critique les décisions des chefs, où l'on suspecte leurs intentions, où l'on rédige en commun des procès-verbaux gonflés d'expressions admiratives pour le Corps législatif et d'avertissements menaçants pour les aristocrates.

L'administration du régiment et des compagnies y fait l'objet de vaines enquêtes, partiales et superficielles, d'autant plus sujettes à erreur que les intéressés ne disposent, pour fonder leurs appréciations, d'aucune des pièces comptables conservées par les capitaines et par le major. La méfiance est à l'ordre du jour. Des fournitures sont-elles défectueuses ? Les états-majors en partagent le gain illicite avec le fournisseur indélicat. Des congés sont-ils accordés ? La prime exigée des bénéficiaires, loin de retourner à la masse, enrichit les officiers ; les *congés de grâce*, eux-même, sont vendus en fait et deviennent une faveur accessible seulement au soldat aisé, au détriment de celui dont le travail est indispensable à la subsistance des siens ! — Enfin, toutes les retenues, régulièrement prélevées sur la solde, en vertu des ordonnances en vigueur, celle, par exemple, que subit le *soldat ouvrier*, sont regardées comme des soustractions inavouables, frauduleusement opérées par le commandement, sans aucun profit pour la troupe.

De là, des réclamations continuelles présentées avec arrogance par les délégués des comités aux capitaines, aux chefs de corps, ou même directement au ministre. Toutes ces réclamations tendent à la restitution en espèces de sommes considérables, dont ont été lésés, paraît-il, par d'injustifiables retenues, non seulement les présents au corps, mais aussi leurs anciens depuis un grand nombre d'années[1]. A ces audacieuses prétentions les officiers opposent le plus souvent une énergique résistance ; mais, dans certains régiments, ils doivent céder devant l'insurrection triomphante et abandonner entre les mains de leurs hommes une partie de leur propre fortune : c'est la rançon de leur liberté ! Des vérifications ultérieures, sollicitées du pouvoir, régulariseront plus tard ces prêts forcés ! Le régiment de Farès reçoit ainsi 102 000 livres des officiers supérieurs.

Les correspondances échangées entre les comités des différents régiments, et, plus encore, l'exemple des réunions fédératives des milices nationales, contribuent à entretenir dans les troupes réglées cet esprit d'association, essentiellement opposé à l'esprit militaire, qui est fait d'abandon et de confiance.

Les premières fédérations ont été organisées, dès l'année 1789, en Dauphiné, puis en Bretagne, en Anjou, en Alsace et en Poitou. Elles ont un double but : assurer l'unité d'action des gardes nationales,

---

[1] On faisait, en général, remonter ces prétendues irrégularités à l'année 1776, époque à laquelle avait été remaniée l'administration des corps.

de façon à leur permettre de protéger efficacement la propriété et de réprimer les actes de brigandage qui dévastent le territoire, en second lieu veiller au maintien des lois constitutionnelles, et généralement à l'exécution des décrets de l'Assemblée.

Les cérémonies auxquelles elles donnent lieu se déroulent au milieu d'un appareil militaire qui provoque partout les acclamations enthousiastes de la foule et donne à celle-ci l'illusion d'une force imposante, gage de la disparition définitive des anciens privilèges.

Formées d'abord d'un nombre assez restreint de délégués, elles groupent bientôt les représentants des milices bourgeoises de régions étendues, comprenant une ou plusieurs provinces. 15 000 hommes fraternisent ainsi pendant plusieurs jours à Montélimar : Angoulême n'en rassemble pas moins de 60 000, et Orléans convoque, dans les premiers jours de mai 1790, un nombre aussi considérable de délégués du Berry, de l'Orléanais, de la Touraine, du Blaisois et du Pays Chartrain.

Quelques localités, Montpellier entre autres, s'affilient même aux bataillons parisiens, et jettent les bases d'une fédération générale qui doit réunir les députations de toutes les gardes nationales du royaume. Bientôt on voit, comme à Rochefort, certaines municipalités participer à ces réunions, pour témoigner « de l'harmonie des pouvoirs civils et militaires ».

Enfin, le besoin de manifester en faveur du nouveau régime et de témoigner, par de bruyantes démonstrations, la joie que l'on éprouve de son avènement, envahit à tel point tous les corps de la nation que l'armée elle-même ne peut s'y soustraire. Le grand mot de « fraternité » est lancé, et, « pour ramener l'âge d'or, il ne faut pas moins que l'union de toutes les volontés et de toutes les intelligences » !

« Les fédérations de citoyens français, écrivent les grenadiers du régiment d'Aquitaine dans une adresse présentée à tous les grenadiers de l'armée, couvriraient nos drapeaux d'opprobre, si nous différions de prouver que nous sommes aussi les enfants et les soutiens de la patrie. Montrons-nous donc à la face de l'univers, et qu'un serment solennel nous unisse tous pour le bonheur de la patrie et la sûreté de nos généreux défenseurs. »

A Nancy, le régiment du Roi et le régiment de Châteauvieux se contentent d'escorter triomphalement les gardes de Lorraine à leur entrée dans la ville ; mais le pacte fédératif est conclu en commun avec les milices, à Amiens par le régiment de Conti, à Hesdin, nous l'avons vu, par le Royal-Champagne.

Dans d'autres garnisons, les troupes régulières se fédèrent entre elles seules, sans pactiser avec les milices, soit qu'elles ne veuillent pas partager avec celles-ci les faveurs de la popularité, soit qu'on leur dénie le droit de préséance, dont l'exercice appartient par tradition aux corps d'ancienne création[1].

---

[1] Une lettre de La Tour du Pin, communiquée à l'Assemblée dans sa séance du 23 janvier 1790, avait réglé la question de préséance entre les milices nationales et les troupes de ligne :

L'autorité militaire ne voit pas sans inquiétude cette suite ininterrompue de fraternisations, sur le véritable caractère desquelles il est difficile de se méprendre, malgré les formes pacifiques qu'elles revêtent. On ne s'y borne pas toujours, en effet, à « bannir toutes querelles et prétentions de corps comme contraires à l'ordre et à la saine raison, à jurer de voler, au premier signal, au secours de la patrie [1] »; on y voue aussi « une haine irréconciliable à tout aristocrate, l'ennemi capital [2] », et, passant comme toujours des formules aux actes, on emprisonne, à Brest, le chef de corps, premier aristocrate du régiment [3].

Plus heureux que celui-ci, le marquis de Bouillé parvient à préserver un instant ses troupes de la contagion en interdisant, *manu militari*, l'entrée

« Je crois, disait le ministre, que les municipalités et les gardes nationales, représentant l'ensemble de la nation, doivent avoir toute préséance, toutes les fois qu'elles sont assemblées dans leur ville, et alors les gardes citoyennes doivent prendre la droite sur les troupes de ligne, qui ne forment qu'un corps particulier dans la nation. Mais je pense aussi que, toutes les fois que les gardes nationales sont employées hors de l'enceinte de leurs foyers, conjointement avec des troupes de lignes, elles doivent, comme toutes autres troupes, prendre rang après celles de la ligne, suivant la date de leur création... »

Il faut toutefois observer que cette lettre était adressée à la commune de Tours, à l'occasion du rassemblement projeté des éléments de la force armée pour l'installation de la nouvelle municipalité. Elle ne pouvait, dans l'esprit du ministre, concerner les fédérations, auxquelles les troupes de ligne n'avaient pas encore adhéré, et qu'aucun règlement n'avait ni prévues, ni autorisées.

[1] Serment prononcé à Brest par les régiments de Beauce et de Normandie et cinq divisions du corps royal de la marine.

[2] Serment prononcé à Brest par les régiments de Beauce et de Normandie et cinq divisions du corps royal de la marine.

[3] Lieutenant colonel de Martinet, du régiment de Beauce.

de la ville de Metz aux gardes nationales de Thion-
ville. Mais cet exemple reste isolé : le soldat ne
reconnaît plus aucune autorité et ne voit en ses
chefs que des oppresseurs capables d'attenter à la
vie des « patriotes » pour asseoir leur tyrannique
domination. Les officiers du régiment de Vexin,
accusés de vouloir assassiner ou empoisonner leurs
hommes, sont réduits à coucher dans les chambrées
et à manger à l'ordinaire[1]. Un député d'Aix[2], cir-
convenu par le Royal-Marine, soutient à la tribune
que les officiers de ce régiment font couper les
oreilles des soldats, et cette perfide dénonciation
paraît à l'Assemblée suffisamment justifiée pour
que l'affaire soit renvoyée à l'examen des comités
des rapports, des recherches et militaire réunis[3].

Peu après, ce même régiment, à l'instigation de
la garde nationale de Lambesc, décide dans le plus
grand calme qu'il importe de révoquer tous les
officiers du corps. Il leur enjoint de quitter la garnison dans les vingt-quatre heures, puis les recom-

---

[1] Lettre de M. de Pouilly, capitaine-commandant au régiment
du Vexin, au ministre de la guerre.

[2] Bouche. Séance de l'Assemblée nationale du 31 mai 1790.

[3] A la suite d'un acte de mutinerie commis par quelques grenadiers du Royal-Marine, les hommes restés fidèles à la discipline,
mais s'arrogeant un droit qui ne leur appartenait pas, s'étaient
emparés des coupables et avaient décidé de les raser et de les
chasser ignominieusement du régiment.

Un caporal qui, pour la circonstance, s'était improvisé perruquier, s'apprêtait à raser le principal meneur, quand celui-ci se
mit à l'injurier grossièrement. Cédant à un mouvement de colère,
le caporal coupa avec son rasoir l'oreille du patient.

Réduite à ces proportions, l'affaire relevait du pouvoir disci-
plinaire du colonel, comme le fit remarquer M. d'André, député
de la noblesse de la sénéchaussée d'Aix.

mande à la sollicitude des Représentants de la Nation [1].

IV

Tel est le but véritable de cette « idylle philanthropique, qui se joue à grand orchestre d'effusions et de phrases » ! Tels sont les premiers résultats de ces réunions fédératives où la crainte et la haine sont au fond de tous les cœurs beaucoup plus que l'union dans la concorde et l'apaisement ! Il n'est plus possible de s'y opposer ; mais il peut être politique de les discipliner en les réglementant, d'en transformer le caractère en invitant les partis à y adhérer sans arrière-pensée, en désavouant la réserve méfiante des uns pour désabuser les autres de leurs préventions passionnées.

Déjà le Roi a autorisé plusieurs régiments à participer à des fédérations. Le 4 juin, il fait annoncer par le ministre à l'Assemblée qu'il engage tous les corps à prendre part à ces cérémonies « afin de multiplier les rapports et de cimenter l'alliance entre les citoyens et les troupes ».

La Tour du Pin fait, à cette occasion, un tableau saisissant des désordres qui désolent l'état militaire et que l'Exécutif, désarmé, est impuissant à enrayer. Espère-t-il, à la faveur de ce terrifiant spectacle, recouvrer l'autorité qu'une étrange con-

---

[1] En réponse à cette singulière supplique, l'Assemblée se contenta, sur le rapport du vicomte de Noailles, de menacer le régiment de lui refuser l'honneur d'une députation à la fédération du 14 juillet, « si, à cette époque, il n'était pas composé suivant les principes des ordonnances ».

ception des droits de l'homme a ravie à ses détenteurs légitimes ? Plutôt, croyons-nous, s'illusionne-
t-il encore sur la vertu des pouvoirs usurpés dont
il implore le secours.

« Le corps militaire, dit-il, menace de tomber
dans la plus turbulente anarchie. Des régiments
entiers ont osé violer à la fois le respect dû aux
ordonnances du Roi, à l'ordre établi par vos décrets
et aux serments prêtés avec la plus imposante solennité...

« Tandis que, par vous, le Français apprend à
connaitre et le recpect que les lois doivent aux
droits de l'homme, et celui que les citoyens doivent
aux lois, l'administration militaire n'offre plus que
trouble et confusion ; les liens de la discipline sont
relâchés ou brisés, les prétentions les plus insensées
affichées sans détour, les ordonnances sans force,
les chefs sans autorité ; les caisses militaires sont
pillées et les drapeaux enlevés ; les ordres du Roi
sont bravés, les officiers méprisés, avilis, menacés,
chassés....., et, pour comble d'horreur, des commandants égorgés sous les yeux et presque dans
les bras de leurs propres soldats[1].....

« Ces insurrections peuvent menacer la Nation
même, et l'intérêt de la sûreté réclame votre intervention.

« Le corps militaire n'est qu'un individu essentiellement fait pour être mû par une force unique,
et toujours suivant la direction indiquée par les

---

[1] Aux noms de Voisins et de Rully, cités plus haut, il nous
faut ajouter celui de Macnemara, massacré par ses grenadiers,
et de Mauduit, coupé en morceau par son propre régiment.

lois et les besoins de la Patrie ; tout sera perdu, si jamais il est mû par des passions individuelles. La nature des choses exige donc que jamais il n'agisse que comme instrument. Du moment où, se faisant corps délibérant, il se permet d'agir suivant sa résolution, le gouvernement, quel qu'il soit, doit dégénérer en une démocratie militaire, espèce de monstre politique qui a toujours fini par dévorer les empires qui l'ont produit.

« Vous avez fixé les limites de l'autorité militaire et de l'autorité municipale. L'action que vous avez permise à cette dernière sur l'autre est bornée au droit de requérir, mais jamais ni la lettre ni l'esprit de vos décrets n'ont autorisé les communes à juger les officiers, à commander aux soldats, à leur enlever les postes confiés à leur garde, à les arrêter dans les marches ordonnées par le Roi, à prétendre, en un mot, asservir l'armée de l'État au caprice de chacune des cités ou même des bourgs qu'elle traverse [1]..... »

Des applaudissements éclatent de toutes parts, démonstration platonique que souligne le président, Briois de Beaumetz, en remerciant le ministre, dans les termes les plus flatteurs, de la sollicitude qu'il montre pour le bien public après avoir tant mérité de la Patrie par ses services militaires.

Des mesures urgentes s'imposent ; mais la majorité ne veut pas prendre l'initiative de propositions qui risquent de la compromettre aux yeux des « démocrates ». Un député de la droite, Achard de

---

[1] Archives parlementaires.

Bonvouloir, demande la parole pour dénoncer la désastreuse influence des *Amis de la Constitution*, instigateurs ordinaires de tous les complots : l'accès de la tribune lui est interdit. Les jacobins réclament l'ordre du jour, et le comité militaire est simplement invité à proposer un projet de décret dans le plus bref délai possible.

Ce projet, présenté à la séance du 10 juin par le marquis de Crillon, ne répond pas aux nécessités du moment. Il reste muet sur l'action des clubs et des autorités civiles, et se borne à reconnaître au pouvoir royal le droit et le devoir « de recourir aux moyens les plus prompts et les plus efficaces pour rétablir l'ordre et la subordination ».

La constitution a déjà solennellement conféré ce droit au Roi en le reconnaissant le chef suprême de l'armée[1]. De quelle autorité nouvelle prétend-on l'investir en « le suppliant de punir avec sévérité toute désobéissance aux lois militaires », si l'impunité est réservée aux véritables inspirateurs de la rébellion ?

L'Assemblée délibère : Robespierre insinue que l'on découvrira les auteurs des troubles parmi les chefs ; Charles de Lameth s'élève contre « les décrets précipités destinés à couvrir les fautes des ministres » ; de plus modérés pensent qu'il faut se garder de sévir avant la fédération générale, cette fête de la fraternité où doivent s'évanouir par enchantement la méfiance et les rancunes.

Finalement, le projet est renvoyé à un nouvel

----

[1] Décret du 28 février 1790.

examen du comité militaire. La faiblesse chez les uns, la passion chez les autres ont, une fois de plus, triomphé de la raison. Les éléments subversifs qui entourent l'armée reçoivent dès lors une impulsion nouvelle : le mal s'étend comme une irrémédiable contagion.

V

Depuis quelques mois le régiment de Touraine, à Perpignan, est exposé aux séductions de corrupteurs inconnus qui répandent l'argent dans la garnison avec une incroyable prodigalité. Chaque soir, des soldats avinés rentrent par détachements au quartier et révèlent cyniquement, dans l'inconscience de leur ivresse, l'origine suspecte des frais de leurs orgies.

Le 19 mai, des grenadiers, escortés de gardes nationaux, malgré un ordre récent du commandant de la place qui a interdit toute manifestation bruyante, parcourent la ville précédés d'un tambour battant la *farandole*. Leur promenade n'est marquée d'aucun incident, mais, à la rentrée au quartier, l'adjudant de garde inflige une punition de prison à l'auteur principal du vacarme.

Aussitôt, des protestations s'élèvent. Trois officiers de semaine, venus pour l'appel, ne peuvent faire reconnaître leur autorité, et l'un d'eux, bousculé, doit tirer l'épée pour se dégager d'un groupe qui prétend lui imposer l'élargissement du coupable.

Quelques jours après, l'adjudant est destitué par les émeutiers et remplacé par un maréchal des logis qui ne se prête qu'à demi à cette singulière promotion. Quant aux trois officiers, poursuivis dans les rues par une bande de forcenés qui réclament leurs têtes, ils sont réduits à prendre la fuite pour n'être pas écharpés.

Le régiment a pour chef le colonel vicomte de Mirabeau, frère de l'orateur et député de la noblesse de la sénéchaussée du Haut-Limousin. C'est un soldat aux manières rudes et franches, ignorant les voies détournées de la diplomatie, marchant aux difficultés comme à l'ennemi par le chemin le plus court, et s'appliquant à briser les obstacles plutôt qu'à les tourner. Légendaire par de fâcheux écarts d'intempérance et par un physique disgracieux dont la caricature s'est emparé[1], il ne l'est pas moins par les qualités d'esprit, de droiture et de bonté qu'il tient de son grand-père, le vaillant soldat de Cassano.

La Tour du Pin sait quel prestige pourrait, en d'autres temps, exercer sur des troupes disciplinées le langage simple et ouvert d'un pareil chef ; mais il redoute les excès d'un tempérament plus enclin à la lutte qu'à la conciliation, trop ferme pour ne pas s'émouvoir au contact de la révolte. Aussi, lorsque le colonel de Mirabeau sollicite l'autorisation de rejoindre son régiment, le ministre croit-il devoir, en la lui accordant, le mettre en garde contre l'entraînement de sa nature.

[1] Son embonpoint l'avait fait surnommer Mirabeau-Tonneau.

« Il est sans doute inutile de vous recommander, lui écrit-il, d'apporter la plus grande prudence pour connaître, avant tout, les causes d'une insurrection aussi extraordinaire dans un corps distingué autant par sa bonne conduite que par sa valeur contre les ennemis de la Patrie. Vous pourrez, à cet égard, s'il est nécessaire, vous concerter avec MM. les officiers municipaux pour en obtenir les renseignements qu'ils pourront vous procurer, et vous aviserez, avec le commandant de la place, à tous les moyens que la raison, la patience, et cependant la fermeté indiqueront de mettre en usage pour ramener ce régiment à la discipline... »

Mirabeau part confiant et décidé. Il reçoit, à son arrivée, des marques unanimes de respect qu'il accueille comme un heureux présage de la réussite de ses projets : des députations de bourgeois et d'artisans, d'officiers municipaux et de gardes nationaux, du club des « Amis de la Constitution » et de la loge maçonnique l'acclament à l'envi et le poursuivent, jusqu'à la nuit, des vivats les plus enthousiastes. Tout autre que lui n'accepterait qu'avec une prudente réserve ces hommages exagérés ; mais, loin de les attribuer aux aspirations intéressées des partis, dont les efforts suspects tendent à l'attacher à leur cause par les liens de la reconnaissance, il voit un élan spontané du cœur dans les allures douteuses de flatteurs rusés et hypocrites. Il oublie les conseils de patience que lui a donnés La Tour du Pin et néglige de se livrer avec calme aux sages lenteurs d'une enquête impartiale, comme un arbitre sûr et inflexible, plus dési-

reux d'éclairer les consciences que de forcer les
volontés.

Il fait part à la municipalité de son intention de
rassembler dès le lendemain son régiment, de lui
faire prêter le serment civique, et d'invoquer la
parole donnée pour imposer aux révoltés de la
veille la réintégration dans leurs compagnies de
l'adjudant et des trois officiers.

Cette divulgation prématurée de ses desseins le
perdit. Les soldats se concertent ; la résistance est
décidée. A sept heures du matin, Mirabeau voit sa
chambre envahie par une quinzaine de grenadiers
qui l'invitent à faire connaître sur le champ ses
décisions à la troupe assemblée. Tout le régiment
est sous ses fenêtres, grondant et cherchant à terroriser celui dont il fêtait le retour quelques heures
auparavant par des accès d'une joie délirante.
Mirabeau n'entend pas les objections des officiers
venus pour le protéger ; le danger l'attire. Il descend au milieu des mutins et leur ordonne impé-
rieusement de rentrer au quartier. Mais sa voix est
couverte d'ironiques protestations : « Vous pouvez
me casser, s'écrie-t-il, mais non me faire plier. »
Frémissant d'indignation sous l'injure, il ne peut
maîtriser sa colère et se résigner à l'affront : d'un
large geste de commandement, il met l'épée à la
main.

C'est le signal d'une débandade générale. Affolés,
les soldats de Touraine font irruption dans la citadelle, s'emparent des canons, enfoncent les caisses
à cartouches.

En vain le maire, le marquis d'Aguilar, veut-il

faire entendre des paroles de conciliation ; il parvient à se faire délivrer les drapeaux qu'il remet au colonel, mais il est bientôt obligé de réquisitionner le régiment de Vermandois pour protéger son hôtel contre un retour offensif des rebelles qui veulent arracher des mains de leur chef les emblêmes de l'honneur et du devoir.

Celui-ci cependant se montre moins intransigeant et consent à nommer régulièrement l'adjudant élu par ses inférieurs, s'il prête, en qualité de sergent-major, le serment civique. Concession inutile : le régiment ne veut céder sur aucun point, et persiste à exiger la révocation des trois officiers.

Enfin, découragé, tardivement convaincu de l'inanité de ses efforts, dépourvu des moyens de contrainte qui constituent dans la révolte l'*ultima ratio* de l'autorité, Mirabeau prend le parti de quitter Perpignan, emportant avec lui, comme de précieuses reliques, les *cravates* des drapeaux. Il pense ainsi pouvoir rallier autour de ces insignes vénérés, dans quelque ville éloignée, les trois cents soldats restés fidèles, et, condamnant les autres à un ignominieux abandon, les ramener par la voie du remords et de l'exemple à de meilleurs sentiments.

Il ne songe pas que sa fuite même sera envisagée comme un premier gage du triomphe de leurs prétentions et une garantie de leur impunité, et enhardira ainsi les insurgés. Ceux-ci, en effet, veulent aussitôt reprendre possession de leurs enseignes : ils n'en trouvent que les hampes mutilées ! Leur fureur ne connaît alors plus de bornes : ils accusent

le maire de trahison et s'en emparent comme otage ;
ils somment les officiers municipaux de faire
arrêter le fugitif, et font adresser dans ce but
des réquisitions à toutes les communes environ-
nantes.

Arrêté à Castelnaudary, Mirabeau ne recouvre la
liberté que grâce à l'intervention de son frère qui,
se fondant sur l'inviolabilité des représentants de
la nation, parvient à obtenir de l'Assemblée que le
prisonnier sera mandé à la tribune pour y justifier
sa conduite. Il s'y présente le 27 juin, précédé par
une députation du régiment, de la municipalité et
des gardes nationales de Perpignan, et doit y subir
la plus cruelle humiliation qui ait jamais été imposée
à un chef : se défendre pied à pied contre d'inqua-
lifiables imputations, présentées sans pudeur sous
une forme méprisante et grossière, devant des juges
asservis à la toute puissance de la populace,
capables de comprendre, mais incapables de vouloir, plus sensibles aux bruits du dehors qu'à la
voix de leur conscience, couvrant d'éloges qui les
flatte, et ne réservant la rigueur de leurs arrêts
qu'aux défenseurs indépendants et fiers du principe
dominant de toute société, l'autorité.

Quelques membres de l'opposition, l'abbé Maury
entre autres, ont pourtant le courage de prendre la
défense de Mirabeau ; mais le siège de la majorité
est fait[1]. L'affaire est soumise pour la forme à

---

[1] La minorité comprenait environ 300 membres, outrageuse-
ment qualifiés de *traitres à la patrie* par les libelles répandus à
profusion dans la capitale, et même par les députations admises
à la barre qui poursuivaient chaque jour l'œuvre de diffamation,

l'examen du comité militaire et du comité des rapports réunis, et, deux mois plus tard, renvoyée devant un conseil de guerre[1].

C'est ainsi que les passions, qui détruisent tout ordre établi, « se sont avivées par le simulacre de fraternité sous lequel elles ont paru s'amortir ». Les appétits farouches de la populace, « vide d'idées et ivre de prétentions[2] », se sont propagés dans l'armée : soldats et électeurs sont maintenant unis par l'idée intense et fixe que l'on a fait germer dans leur esprit, la destruction de tous les obstacles qui s'opposent à leur licence. Leur cerveau regorge de toutes les indignations, de toutes les émotions qu'entretient « la rhétorique humanitaire » des orateurs de l'Assemblée. Pour les rendre plus forts, on les a fait fraterniser : mais ils sont libres de choisir leurs frères. Sous une mise en scène de sincère effusion, ils ont le droit et le devoir d'égorger et de massacrer. Et, sous le beau nom de patriotisme, ils satisfont à qui mieux mieux leur soif de destruction.

aux applaudissements des tribunes et des *augustes* membres de la majorité. Quand Malouet voulut, à l'occasion de l'affaire du régiment de Touraine, protester contre ces mœurs indignes d'une grande Assemblée, il se vit refuser la parole, comme Achard de Bonvouloir à la séance du 4 juin.

[1] Le vicomte de Mirabeau n'avait pas attendu cette décision pour passer la frontière et envoyer sa démission de député. Il semble, *du reste*, qu'il ait été guidé dans cette détermination plutôt par le besoin de protester librement contre les usurpations de l'Assemblée que par des motifs d'intérêt personnel. (Lettre du vicomte de Mirabeau à ses commettants du Limousin, datée d'Aix-la-Chapelle le 18 août 1790). Il s'enrôla plus tard dans l'armée de Condé.

[2] Mallet-Dupan. *Mercure de France.*

VI

Tandis que la division s'accentue entre les citoyens, que les plus humbles bourgades offrent, comme les villes, le spectacle de discordes sanglantes, que l'antique distinction des classes disparaît brutalement sous la poussée d'un individualisme arrogant qu'exaltent tour à tour de généreuses pensées et de redoutables suspicions, Paris, centre de l'insurrection, prépare fiévreusement, pour le jour anniversaire de la prise de la Bastille, la fête de la fraternité.

Le projet d'une fédération générale entre les troupes réglées et les gardes nationales a été conçu au club des *Amis de la Constitution*, dont les rameaux, étendus sur toute la province, entretiennent la multitude dans l'obscurité d'une agitation sans issue et l'espérance d'une indéfectible prospérité.

De leur côté, les constitutionnels de la *Société de 89*, transfuges des jacobins, que La Fayette et Bailly ont somptueusement installés aux Feuillants, se sont empressés de favoriser un mouvement populaire, dont ils espèrent détourner à leur profit les enthousiasmes et les illusions. Sans souci des attaques que leur a attirées, dans une presse servilement dévouée aux partis avancés, l'abandon schismatique du club de la rue Saint-Honoré, ils ont député à l'Assemblée le maire de Paris, pour y jeter les bases de cette importante manifestation.

On décide que la Fédération comprendra des représentants de toutes les gardes nationales du royaume et de tous les régiments de troupes réglées, les premiers désignés par un suffrage à deux degrés, sans distinction de grade, les seconds, à raison de un officier, un bas-officier et quatre soldats pour les régiments d'infanterie, un officier, un bas-officier et deux soldats pour les régiments de cavalerie, tous choisis par rang d'ancienneté de service, de telle sorte que les officiers de fortune puissent se trouver préférés à des officiers de grade plus élevé venus des Écoles militaires. En outre, on arrête des dispositions spéciales à l'artillerie, au régiment du Roi, aux gardes suisses, aux bataillons de chasseurs à pied, aux ouvriers d'artillerie, aux mineurs, au génie, à la maréchaussée, à la compagnie de connétablie, aux invalides, aux commissaires des guerres, aux compagnies de la maison du Roi, aux officiers et commissaires des chasses, à la marine, enfin aux maréchaux de camp et aux grades correspondants dans la flotte.

Les deux éléments de la force armée sont donc admis à prendre une part active à la cérémonie, à l'exclusion des personnalités ayant un caractère purement civil : mais l'un et l'autre relèvent de principes trop essentiellement différents, obéissent à des aspirations trop opposées, pour qu'il soit possible de les associer dans les mêmes témoignages de confiance et d'union fraternelles.

L'armée représente en effet, aux yeux des agents les moins passionnés de la Révolution, la force au service de l'autorité traditionnelle : la garde nationale, symbole de l'autorité populaire, se dresse en face d'elle, moins pour renforcer les éléments de défense du territoire que pour contre-balancer l'action des vétérans de la monarchie et assurer, tout au moins, leur neutralité dans l'édification du nouvel ordre social. De là, cet état d'esprit, plein de subtilités et d'inquiétudes, que dénote, malgré des réticences calculées, l'attitude publique des constituants. Nous en trouvons l'expression manifeste dans l'accueil que fait le président de Bonnay, la veille de la Fédération, aux députés des gardes nationales présentés par La Fayette et à ceux des troupes réglées conduits par le lieutenant-colonel d'artillerie de Rossel.

« Que vos fonctions, dit-il aux premiers, sont nobles et pures ! Que vos devoirs sont grands et utiles !... C'est à la voix de l'Assemblée nationale que vous êtes nés tout armés ; c'est à sa voix que, plus d'une fois, vous avez donné des preuves de votre zèle et de votre patriotisme ; souvent même vous l'avez prévenue ; elle vous regarde comme ses enfants, elle vous regarde comme ses appuis ; elle reçoit aujourd'hui votre hommage ; demain la Nation recevra vos serments. Dans tous les temps, vous aurez des droits à l'amour de tous les citoyens comme à leur reconnaissance... »

Que dit-il, au contraire, aux troupes réglées, ce même président, que dit-il aux braves soldats de Fontenoy, de Lawfeld et de Bergen, « à ceux qui, par leurs exemples et leurs leçons, ont élevé l'âme des jeunes militaires, leur ont appris à être valeureux sans orgueil, subordonnés par amour de l'ordre et guerriers sans cesser d'être citoyens [1] » ? — « Aujourd'hui, leur dit-il, qu'une nouvelle organisation militaire va fixer l'étendue de vos droits comme celle de vos devoirs, vous saurez rentrer dans les uns et rester fidèles aux autres ; vous ajouterez des vertus nouvelles à vos anciennes vertus, et vous serez citoyens libres sans cesser d'être soldats soumis ; vous n'oublierez pas que, destinés à maintenir l'ordre, c'est à vous à en donner l'exemple ; que c'est la discipline qui fait la force et qui prépare la gloire des armées ; que des guerriers enfin, qui ne marchent qu'au nom de la Loi et pour le salut de la Patrie, doivent à la première une soumission absolue comme un dévouement sans bornes à la seconde... »

Est-ce pour affirmer cette nécessité de la discipline et de la soumission à la loi que l'Assemblée a, quelques jours plus tôt, applaudi la proposition d'un de ses membres [2], tendant à accorder l'amnistie aux déserteurs et à rendre à leur corps les soldats renvoyés avec des cartouches jaunes [3] ? Mesure de pitié, dit-on, à laquelle aucun régime n'a jamais failli et que les Césars eux-mêmes, aux jours de réjouissance, accordaient généreusement aux grands criminels ! Mais l'épithète de *victimes de l'aristocratie*, dont sont journellement qualifiés ces soldats oublieux de leurs devoirs, n'implique-

[1] Discours du lieutenant-colonel de Rossel à la barre de l'Assemblée, à la séance du 13 juillet 1790.

[2] Lesure, député du tiers état du bailliage de Vitry-le-François.

[3] Feuille de congé, de couleur jaune, qu'on délivrait aux soldats dégradés ou renvoyés du corps par punition.

t-elle pas moins l'intention de les absoudre que d'humilier leurs juges ? On ne pardonne pas au martyr ; et, si on le glorifie, c'est pour abaisser ses persécuteurs !

50 à 60 000 fédérés vont donc se presser au Champ-de-Mars. Pour qu'une pareille agglomération ne dégénère pas en cohue désordonnée, il faut confier à un chef le soin de régler les détails de la cérémonie et d'en surveiller l'exécution, de façon à éviter les susceptibilités que le contact d'éléments aussi peu hiérarchisés ne peut manquer d'éveiller.

VII

Le comité de constitution émet l'avis qu'un décret spécial est indispensable pour conférer au Roi le commandement des fédérés, parce que les prérogatives qui lui ont été reconnues par le décret du 28 février ne doivent légalement s'appliquer qu'à l'armée régulière et ne permettent pas de préjuger des dispositions en suspens concernant la garde nationale. Cette étrange théorie, soutenue par Barnave et combattue par Cazalès, surprend l'Assemblée par sa nouveauté ; mais elle répond trop exactement à la notion admise dans les milieux politiques sur le rôle du milicien et du soldat de carrière et les devoirs propres à chacun d'eux pour que la majorité refuse de la sanctionner.

Le Roi désigne La Fayette pour exercer en son nom le commandement dont il se trouve ainsi investi par une sorte de faveur exceptionnelle. Quant au ministre, uniquement absorbé par ses fonctions administratives, il n'intervient dans les apprêts de cette journée mémorable que pour prescrire « d'équiper et d'armer les soldats de la manière la plus soignée », de leur donner « un habit du dernier remplacement », et de faire choix pour les cavaliers « des chevaux les plus distingués et les plus sages ».

Le silence fait autour du nom du ministre dans le compte rendu officiel de la fête [1] et les discussions qui précèdent celle-ci est la conséquence naturelle de ce principe, emprunté au *Contrat social*, que la nation souveraine ne peut admettre aucun intermédiaire entre ses représentants directs et le monarque, son délégué [2].

Spectateur effacé des transports indicibles de tout un peuple ivre de joie, La Tour du Pin en subit sans doute l'émotionnante impression, le cœur gonflé d'espoirs et d'oublis généreux, pendant que,

---

[1] Lecture de ce compte rendu officiel fut fait à la séance de l'Assemblée du 15 juillet 1790.

[2] Le procès-verbal de la cérémonie mentionne, avec l'intention évidente de donner à ce principe une consécration définitive, que « le président de l'Assemblée nationale, à la même hauteur, sur la même ligne, et à trois pieds à la droite du Roi, prit place sur un autre fauteuil, couvert de velours bleu azur, semé aussi de fleurs de lis d'or, avec un carreau semblable. A la gauche de Sa Majesté, à pareille distance, sur la même hauteur et sur la même ligne, étaient des tabourets qui joignaient les banquettes dressées pour les députés. Ces tabourets ont été occupés par les secrétaires et autres membres de l'Assemblée nationale, de manière que le Roi était placé au milieu d'eux *tous*, sans aucun intermédiaire et sous le même pavillon... »

Au cours de la séance du 9 juillet, l'abbé Maury proposa d'accorder une *place d'honneur* aux princes du sang : cette motion fut accueillie par les murmures d'une partie de l'Assemblée. On décida, à grand peine, sur la proposition de Le Chapelier, que le Roi serait invité à désigner une *place convenable* à sa famille.

près de lui, le regard tourné vers le jeune triomphateur du jour, Necker, idole déchue, songeait amèrement aux ovations passées !

Nous ne dirons pas, après tant d'autres, ce que fut cette journée. Les trop courts instants qu'elle compta se succédèrent au milieu d'une allégresse indescriptible que de malencontreux orages ne parvinrent pas à troubler. Les chroniques abondent de détails, dithyrambiques pour la plupart, mais empreints d'une sincérité qui en corrige l'exagération, sur le triomphal défilé des fédérés, de la Porte Saint-Martin au Champ-de-Mars, la bénédiction des bannières offertes aux députés provinciaux par la Commune de Paris, la messe célébrée par Talleyrand sur l'Autel de la Patrie, les serments successivement prononcés par La Fayette, le président de Bonnay et le Roi, et couverts des clameurs enthousiastes de la foule[1].

[1] La formule du serment prononcé par La Fayette au nom des fédérés avait été arrêtée dans la séance du 2 juillet : « Nous jurons de rester à jamais fidèles à la Nation, à la Loi et au Roi. de maintenir de tout notre pouvoir la Constitution décrétée par l'Assemblée nationale et acceptée par le Roi ; de protéger, conformément aux lois, la sûreté des personnes et des propriétés. la libre circulation des grains et subsistances dans l'intérieur du royaume et la perception des contributions publiques, sous quelque forme qu'elles existent, de demeurer unis à tous les Français par les liens indissolubles de la fraternité. »

Le serment prononcé par le président de Bonnay, au nom de l'Assemblée, était celui dont les termes avaient été décrétés à la séance du 4 février, et qui fut ce même jour prêté à la tribune par tous les députés : « Je jure d'être fidèle à la Nation, à la Loi, au Roi, et de maintenir de tout mon pouvoir la Constitution décrétée par l'Assemblée nationale et acceptée par le Roi. »

Le serment prêté par le Roi était conçu dans les termes suivants (art. 4 du décret du 9 juillet) : « Moi, Roi des Français, je jure à la Nation d'employer tout le pouvoir qui m'est délégué par la loi constitutionnelle de l'État à maintenir la Constitution décrétée

Fidèle à son passé, confiante en son avenir, la nation observe encore avec sérénité le pacte séculaire qui l'unit à la monarchie. Elle acclame le Roi comme le gardien sûr de la loi constitutionnelle qui régénère, à ses yeux, des institutions étroitement liées à ses destinées. Elle a voulu une Révolution qui réformât les abus, et, quand la réforme si ardemment souhaitée est scellée du consentement royal, elle croit achevée l'œuvre de ses représentants et frémit de reconnaissance [1].

par l'Assemblée nationale et acceptée par moi, et à faire exécuter les lois. »

[1] Il y eut pourtant des mécontents, royalistes irréductibles, qui trouvèrent comme le colonel de Fersen, du Royal-Suède, la cérémonie « ridicule, indécente et par conséquent pas importante », ou qui la chansonnèrent sur un ton de gauloiserie ironique : témoin cette chanson trouvée dans le dossier du tribunal révolutionnaire concernant M. Quatresols de Marolles. (Paul Gaulot. *Récits des Grands jours de l'Histoire*, Henri Gauthier, éditeur).

Air : Ah ! Le bel oiseau vraiment !

Refrain.

Oh ! Queu superbe serment !
Comm' ça t'on en verra guère.
Oh ! Queu superbe serment,
S'il n'y eût eu ni pluie ni vent !

I

Figurez-vous le Champ de Mars,
Qu'est bien plus grand qu'not' cimetière ;
Il était tout plein d'soudards
Qu'avaient quasi l'air de guerre.

Oh ! Queu superbe serment...

II

Malgré été, pluie et le vent,
On vit défiler l's armées ;
Je m'disais, en les regardant :
Oh ! Bon Dieu ! que d'poules mouillées !

Oh ! Queu superbe serment...

Il apparaît pourtant déjà que la paix sociale ne survivra pas au décor éphémère de son apothéose. Cet immuable attachement à l'ancien régime déplaît à la minorité puissante qui s'applique à guider l'opinion dans la voie de la révolte à outrance. Prud'homme, dans ses *Révolutions de Paris,* fait éclater son dépit dans de lamentables critiques pleines d'aigreur, où la cour, les députés, les généraux et le peuple lui-même sont tour à tour mal-traités :

« Après la messe, écrit-il le 17 juillet, dix mille hommes se sont élancés vers La Fayette ; les uns lui baisaient le visage, les autres les mains, d'autres

Suite de la note 1, page 146.

III

Fallait voir nos députés
Dont quelques-uns faisaient la moue,
C'étaient de vrais culs crottés,
Qui se traînaient dans la boue.

Oh ! Queu superbe serment...

IV

Il y a t'un' chos' cependant
Qui m'afflige et qui m'oppresse :
Ça fait du tort au serment ;
C'est l'boiteux qu'a dit la messe !

Oh ! Queu superbe serment...

V

Ils disaient que ce jur'ment
N'était pas de bonne trempe :
Ça s'rait dommage vraiment
Si c'n'était que de la détrempe.

Oh ! Queu superbe serment...

VI

Oh ! Queu superbe serment !
Comm' ça sera biau en estampe !
Oh ! Le superbe serment !
Là n'y aura plus ni pluie ni vent.

l'habit ; ce ne fut qu'avec beaucoup de peine qu'il parvint à remonter à cheval ; alors tout fut baisé, ses cuisses, ses bottes, les harnais du cheval et le cheval lui-même... Un moment après, l'Assemblée nationale prêta le serment ; on cria : « Vive le Roi ! » Quelques voix essayèrent : « Vive l'Assemblée nationale ! » Soit erreur, soit dessein formé, ces cris furent étouffés... L'ensemble était vraiment frappant, mais les détails !... Un peuple qui ne voit, dans notre fête, que M. de La Fayette, puis le Roi, et qui ne se voit point lui-même ; des députés qui dansent pour braver la pluie, d'autres qui tuent à coups d'épée les chiens qui passent dans les rues ; des Français qui reçoivent des bannières *blanches*, qui souffrent un drapeau *blanc* sur le trône ; un Roi qui essuie à la chasse les pluies les plus abondantes, et qui ne marche pas, parce qu'il pleut, au milieu des représentants de la nation délibérante et armée, qui ne prend pas la peine d'aller de son trône à l'autel pour donner à un peuple, qui lui alloue vingt-cinq millions malgré sa détresse, la satisfaction de l'y voir prêter serment ; les sciences, les arts, les métiers, le courage civique, la vertu sans honneurs, sans récompense dans ce beau jour ; les vainqueurs de la Bastille ignorés[1], et pas un mot, pas un seul hommage à la mémoire de ceux qui, à

---

[1] Des récompenses exceptionnelles avaient été réclamées en faveur des *Volontaires de la Bastille ;* on avait décidé qu'ils recevraient un uniforme particulier et un sabre d'honneur et qu'une place leur serait réservée à la cérémonie. Mais, devant les réclamations jalouses des gardes-françaises et des gardes non soldées, les Volontaires de la Bastille renoncèrent d'eux-mêmes à toute distinction et déclarèrent qu'ils ne voulaient plus désormais être séparés de la garde nationale.

pareil jour, périrent sous les murs de cette horrible forteresse ; un président de l'Assemblée nationale courtisan, et qui permet à un autre courtisan de donner à la cour la misérable petite satisfaction de le dérober aux yeux du public en se mettant devant lui ; des maréchaux de France et des lieutenants généraux qui ont l'insolence de prendre le pas sur des soldats et des sergents qui ont dix et douze ans de service de plus qu'eux ; mille petites ruses pour exciter des acclamations serviles, et pour faire oublier *la Nation* dans un moment où Elle était tout...

Au total, il est incertain si cette Fédération fait avancer ou retarder la Révolution et l'esprit public... »

L'incertitude est de courte durée : les soldats s'attardent dans la capitale, se laissent séduire par les déclamations des démagogues et deviennent les serviteurs aveugles de la plus déprimante tyrannie. D'actives correspondances s'établissent entre les régiments et les députés jacobins [1], et l'émeute, organisée, a ses inspirateurs, ses chefs, ses agents qui la répandent dans les corps restés jusque-là fidèles à la discipline. « Le carnaval aimable » du Champ-de-Mars ne dure qu'un jour !

Un autre effet non moins désastreux de la Fédération est le retentissement déplorable qu'ont, dans toute l'Europe, les tentatives de prosélytisme poli-

---

[1] Bouillé rapporte dans ses mémoires qu'il intercepta un grand nombre de lettres écrites par des membres de l'Assemblée aux soldats qui étaient à la tête des insurrections des différents régiments.

tique exercées à cette occasion sur les sujets étrangers. Il s'est formé à Paris un comité révolutionnaire d'étrangers appartenant à vingt et une nations différentes. Le 19 juin, le Prussien Cloots a conduit à la barre de l'Assemblée une députation de ce comité pour solliciter la faveur d'assister à la Fédération, et a pris la parole en ces termes :

« La trompette qui sonna la résurrection d'un grand peuple a retenti aux quatre coins du monde et réveillé les peuples ensevelis dans un long esclavage ; ce tableau ravissant donne des soucis amers aux despotes et de justes espérances aux nations asservies... Les triomphateurs de Rome se plaisaient à traîner les peuples vaincus liés à leurs chars ; vous, Messieurs, vous verrez dans votre cortège des hommes libres dont la patrie est dans les fers, dont la patrie sera libre un jour par l'influence de vos lois philosophiques. Nos vœux et nos hommages seront des liens qui nous attacheront à vos chars de triomphe...

« Vous avez reconnu que la souveraineté réside dans le peuple : or, le peuple est partout sous le joug de dictateurs qui se disent souverains, en dépit de vos principes. On usurpe la dictature, mais la souveraineté est inviolable et *les ambassadeurs des tyrans ne pourraient honorer votre fête auguste* comme la plupart d'entre nous, dont la mission est avouée tacitement par nos compatriotes, souverains opprimés [1]... »

Pour donner à ces déclarations une éclatante

---

[1] Archives parlementaires. Séance de l'Assemblée du 19 juin 1790.

publicité, l'Assemblée a décrété qu'elles seraient imprimées et reproduites *in extenso* au procès-verbal de la séance, avec la réponse non moins incendiaire du président[1].

Le refus systématique des égards dus aux gouvernements étrangers est devenu un dogme de la Révolution ; il n'est pas d'atteintes à la dignité morale des États, à leur personnalité, à leur indépendance, que la politique subversive de la Constituante n'encourage. Publicistes, littérateurs et poètes[2] prêchent la fraternité universelle, l'affran-

[1] Le président de Bonnay avait répondu : « La France, voulant acquitter aujourd'hui la dette de l'Europe, vous donne des leçons de liberté et vous engage à les propager dans votre pays... »

[2] Marie-Joseph Chénier avait composé pour la fête de la fédération une hymne dont nous extrayons les stances suivantes :

> Soleil qui, parcourant ta route accoutumée,
> Donnes, ravis le jour et règle les saisons,
> Qui, versant des torrents de lumière enflammée,
>   Mûris nos fertiles moissons ;
>
> Feu pur, œil éternel, âme et ressort du monde,
> Puisses-tu des Français admirer la splendeur !
> Puisses-tu ne rien voir, dans ta course féconde,
>   Qui soit égal à leur grandeur !
>
> Malheur au despotisme ! Et que l'Europe entière,
> Du sang des oppresseurs engraissant ses sillons,
> Soit pour notre déesse un vaste sanctuaire,
>   Qui dure autant que tes rayons.
>
> Que des siècles trompés le long crime s'expie !
> Le ciel pour être libre a fait l'humanité ;
> Ainsi que le tyran, l'esclave est un impie
>   Rebelle à la divinité.

Une autre poésie de circonstance, chantée au club de 1789, contenait ce couplet :

> La loge de la liberté
> S'élève avec activité ;
> Maint tyran s'en désole.
> Peuples divers, mêmes leçons
> Vous rendront frères et maçons :
> C'est ce qui nous console !

chissement des peuples, la conquête des droits de l'homme pour l'humanité entière, en outrageant et calomniant des pouvoirs que la courtoisie internationale commandait de respecter.

La violence et l'iniquité appellent les représailles. La déclaration de Pilnitz, toute injustifiable qu'elle soit, n'est pas moins excusable devant l'histoire que l'appel à l'insurrection adressé par la Convention à tous les peuples après l'insolent manifeste de Brunswick !

CHAPITRE VI

L'INSURRECTION DE NANCY

I

On s'était embrassé et l'on avait juré, le 14 juillet, devant l'Autel de la Patrie : mais la fête avait
eu la durée d'un feu de joie. Après avoir rempli le
Champ-de-Mars de leur délire de fraternité débor-
dante, gardes nationales, soldats et électeurs se
retrouvent, la cérémonie terminée, ce qu'ils étaient
auparavant, ce que « les ont faits des siècles de sujé-
tion administrative et un siècle de littérature politique ». Dans leurs embrassades ils n'ont oublié ni
leurs rancunes, ni leurs préjugés, ni leurs défiances.
Enfermés longtemps dans l'ignorance des choses
publiques, dans l'obscurité complète de leur soumission, les voilà jetés subitement en pleine
lumière : elle les aveugle, elle les rend fous. Et il
n'y a plus aucun frein pour les retenir !

Bien plus ! On leur crie tous les jours depuis un an « que les gendarmes et les propriétaires sont leurs seuls ennemis ». L'Assemblée elle-même a proclamé expressément « le droit de révolte » dans sa constitution écrite : elle l'a formulé dans la Déclaration des Droits de l'homme. En adoptant ce nouveau principe, exprimé en termes vagues, elle a voulu justifier son adhésion à l'acte de violence du 14 juillet 1789 et à ceux qui en ont été la conséquence. Mais elle a faussé en cela l'esprit de la nation : elle a élevé à la hauteur d'un devoir social la violation d'une règle permanente et absolue, indispensable à toutes les formes de la souveraineté. Elle a substitué en fait, dans le gouvernement de la société, l'esprit de violence à l'esprit de paix, et elle s'est persuadée et a persuadé aux autres qu'on pouvait user de ce prétendu droit, selon son imagination, pour renverser par la force toute autorité établie.

Dès lors, comment s'étonner que la passion populaire aboutisse au meurtre ? C'est la conséquence fatale de « l'esprit de révolte » qui, d'après l'assemblée, peut envahir la société ; c'est le développement normal d'une constitution qui, sous prétexte de renouveler les administrations, les détruit toutes peu à peu, ou les rend impuissantes. La marche est progressive : à mesure que l'autorité disparaît, la populace, abandonnée à son instinct brutal, devient plus excitable et plus violente; à mesure que le pouvoir central s'effondre, « le club intronisé devient plus despotique » ; à mesure que l'Assemblée couvre de son inaction les meurtriers, la jacquerie se multiplie et renaît.

Il semble même que cette fête de la Fédération « ait empoisonné les troupes, et que les soldats aient rapporté de la capitale toutes les semences de corruption [1]. » Ils vont les répandre un peu partout dans l'armée. Ils ont formé des comités ; ils ont des députés chargés de réclamer auprès des supérieurs. Les demandes ont d'abord été modérées, sinon justes : on les leur a accordées. Elles deviennent bientôt exorbitantes : on les leur refuse. Mais ne leur a-t-on pas appris à renverser tous les obstacles ? Aussi les voilà qui prennent les armes, consignent leurs officiers, transportent les drapeaux à leurs casernes, placent des sentinelles chez leur colonel, ouvrent les caisses des trésoriers et s'en distribuent l'argent. « Pour quiconque connaît l'esprit du soldat, écrit le marquis de Bouillé, empruntant un passage de Tacite, un indice fait prévoir que l'orage sera violent et ne se calmera pas : on n'entend aucun cri séparé, aucune voix prédominante. Tous éclatent, tous se taisent à la fois, avec un accord si parfait, si constant qu'on le croirait commandé [2]. »

Et sur qui s'abat-il, cet orage, « par une grêle continue de violences et de spoliations » ? Sur les derniers défenseurs de l'autorité impuissante, sur le corps des officiers. Les coups de la populace ont

[1] Mémoires du marquis de Bouillé.

[2] Mémoires du marquis de Bouillé : « Id militares animas altius conjectantibus præcipuum judicium magni atque implacabilis motus, quod neque disjecti vel paucorum instinctu sed pariter adescerent, pariter silerent ; tanta aequalitate et constantia ut regi crederes. » (*Tacite*, livre Ier des Annales).

frappé d'abord les têtes les plus inoffensives de la noblesse. Écrasée et meurtrie, celle-ci ne subsiste plus que dans l'armée : c'est là qu'on va la poursuivre et continuer l'œuvre de destruction.

Mieux vaudrait, pour les officiers, vivre sous un despote d'Orient, car « il n'est pas, comme la populace, toujours fou ni toujours furieux ». Ils ont pourtant été stoïques dans leur patience; ils ne se sont jamais défendus et n'ont jamais provoqué; ils ont supporté les pires injures de « chenapans sous l'uniforme », et cela, avec la perspective d'être massacrés comme M. de Voisins ou M. de Belzunce. Mais ils sont membres d'une classe proscrite ; ils sont chefs d'une force armée : voilà leurs deux crimes. Il serait préférable, comme le proposait Mirabeau, de licencier l'armée du Roi et d'en former une sur les principes de la Révolution, car, pour eux, le métier n'est plus possible. Et, si beaucoup restent jusqu'au bout fidèles à leur mission, c'est qu'ils conservent dans leur cœur le sentiment du dévouement poussé jusqu'au sacrifice, c'est qu'ils veulent, en soldats, n'abandonner leur poste de combat que pour monter à l'échafaud.

Car ils ne peuvent même plus avoir recours à l'Assemblée : celle-ci, au contraire, semble vouloir les compromettre davantage pour les perdre. Elle décrète que « les chefs et officiers de troupe s'engageront par écrit, sous leur parole d'honneur, à obéir fidèlement et inviolablement à la Constitution et de n'exécuter aucun ordre qui pourrait y être contraire ». Ils ont déjà prêté plusieurs fois le serment à la constitution, mais il faut diminuer leur considération, augmenter la méfiance des soldats, essayer de détacher ceux-ci de leurs chefs. « La nouvelle promesse demandée aux officiers, écrit La Fayette lui-même à M. de Bouillé, est une assez mauvaise mesure... Il a fallu parer à la fureur du licenciement qui se répandait d'un bout du royaume à l'autre, faire agréer le système des camps, rendre l'engagement des officiers commun à tous les fonctionnaires publics, et après cela il est resté une formule de promesses qui n'est pas particulièrement déplaisante à l'armée, puisqu'elle s'étend à tous les états, mais qui en elle-même ne convient pas à la dignité du peuple français et à la lassitude où nous devons tous être des serments[1]. » Et La Fayette compte sur le patriotisme des officiers pour « qu'ils se réunissent dans la disposition que les bons citoyens souhaitent ardemment ». C'est la tactique adoptée : les désordres proviennent toujours des « mauvaises dispositions » des officiers ; ils en sont seuls responsables, et c'est de leur sagesse que l'on attend le retour de l'ordre.

Comme s'écriera La Tour du Pin, le 6 août, à l'Assemblée : « Aujourd'hui, le soldat n'a plus ni juges, ni lois : rendez-lui l'un et l'autre... Messieurs, hâtez-vous d'accourir au secours de votre patrie : c'est de vous seuls qu'elle attend son salut[2]. » Mais l'aveuglement des députés est trop complet. A travers leur munificence de mots creux et sonores, ils

---

[1] Lettre de La Fayette au marquis de Bouillé. Mémoires de Bouillé.

[2] Archives parlementaires. Séance de l'Assemblée du 6 août 1790.

ne peuvent plus entendre les quelques paroles de bon sens qui sont de nature à les éclairer. Constructeurs d'une nouvelle société, ils bâtissent au milieu des ruines, sans voir que les fondements de leur construction s'écroulent au fur et à mesure de leur élévation, et qu'en même temps le flot révolutionnaire emporte les derniers vestiges de l'édifice qu'ils ont voulu remplacer.

L'insurrection de Nancy n'est qu'un épisode de cette dissolution sociale. Mais il en est un des plus tragiques et des plus tristes.

II

Nancy avait été, au début de la Révolution, une des villes les plus calmes du royaume : rien n'avait encore troublé sa tranquillité. Les régiments qui composaient la garnison étaient, suivant le maréchal de Broglie, « le modèle de toutes les troupes de ligne par leur discipline et leur instruction[1] ». La municipalité elle-même comprenait une majorité « d'hommes vertueux et droits, dignes de la confiance de tous ». Malheureusement, la garde nationale avait eu pendant quelque temps à sa tête un commandant « aussi inepte qu'ambitieux », M. de la Valette. Voulant jouer son rôle dans la grande tragédie nationale qui commençait, celui-ci chercha à se créer un parti dans le peuple, à grouper autour de lui un certain nombre de « partisans ». Et comme

---

[1] Ces troupes avaient été réunies au camp de Frescati, commandé par le maréchal de Broglie.

quelques compagnies de la garde nationale lui opposaient de la résistance, il porta leur effectif de
cinquante à soixante-quinze hommes, « en les infec-
tant de tout ce qu'il y avait de plus suspect parmi
les citoyens de la ville ». C'était pour lui l'étin-
celle qui devait faire éclater l'incendie. On ne tarda
pas à en voir jaillir les premières flammes.

Dans le courant d'avril, les gardes nationales
de Nancy veulent faire une fédération générale
avec les gardes nationales des environs. De province en province l'ébranlement de fraternité s'est
propagé, et à Nancy, comme dans le reste de la
France, l'idylle de la félicité publique doit se jouer
au milieu des cris d'allégresse, étranges prémices
des émeutes futures ! Le commandant de la garde
nationale écrit donc dans toutes les villes voisines,
pour les engager à « envoyer à Nancy, le 18 avril,
les gardes nationales voulant prendre part à la
fédération générale ». La municipalité fait remarquer que cette date est trop rapprochée pour que
l'on ait le temps d'approvisionner la ville. Elle est
aussitôt accusée de despotisme, et les représentants de la populace, les partisans de M. de la
Valette, se rassemblent dans une des salles de
l'Hôtel de Ville pour demander la convocation des
districts. « La salle est remplie de soldats du régiment du Roi et de quelques cavaliers de Mestre de
Camp ». C'est là qu'ils vont apprendre les principes
de la discipline nouvelle ! Les motions violentes se
succèdent : on a élu comme président un crâne,
qui sait signifier la volonté des électeurs à la municipalité. Celle-ci siège au-dessus de l'assemblée

populaire. Elle entend les « huées indécentes et atroces » des délégués du peuple : esclave, elle ne peut qu'obéir ; elle consent à la convocation des districts.

La fédération générale a lieu le 19 avril sur la côte sainte-Geneviève. Un bataillon du régiment du Roi, trois cents Suisses et un escadron de cavalerie s'y rendent avec leurs drapeaux et leurs étendards. Soldats et citoyens se promettent de rester à jamais unis ; en redevenant égaux, ils sont redevenus frères, et l'union de leurs volontés et de leurs intelligences va ramener l'âge d'or!

Dès lors, cette union se scelle chaque jour davantage. Le club des *Amis de la Constitution* invite les soldats à ses assemblées : là, on les endoctrine, on les « chauffe » ; on leur apprend leur rôle dans la pièce que l'on va jouer. Des grenadiers du régiment du Roi forment à leur tour un comité : ils ne sont pas les plus nombreux, mais ils sont les plus turbulents. Ils ont divisé le régiment en deux partis ; ils profitent de la division. Quelques-uns de leurs camarades ayant eu une dispute dans un cabaret avec des adversaires, ils proposent de chasser ceux-ci du corps : en attendant, ils les gardent à vue dans la prison de leur quartier. M. de Noue, commandant de la place, et les officiers supérieurs donnent l'ordre « de remettre l'affaire à la décision du ministre ». Mais les soldats ne veulent pas de cet accommodement. Ils se rendent chez M. de Noue, lui parlent avec « la plus grande insolence », puis se disposent à forcer la prison. Les officiers s'y portent « résolus à faire le sacri-

fice de leur vie plutôt que souffrir un pareil attentat ». Tout le régiment prend les armes, et le
colonel annonce aux soldats que les prisonniers
seront conduits à la Tour, où ils resteront jusqu'à
la décision du ministre. Le ton de fermeté qui
accompagne cet ordre en impose aux plus violents.
Les grenadiers se taisent. Leur comité a affirmé
sa force, c'est tout ce qu'il voulait ; à partir de ce
moment, c'est lui qui commande le régiment. Sa
propagande devient cynique. « Tous les dimanches
il organise des conférences, dans les bois des environs de Nancy, auxquelles assistent soldats et
électeurs. » Dans ces réunions, ceux-ci unissent
leurs volontés, leurs espérances illimitées ; et, dans
leur cerveau d'illuminés, « toutes les indignations
leur semblent légitimes » !

A la fin de juillet, un soir, la retraite battue,
M. Montluc, capitaine du poste de la rue Royale,
s'aperçoit que le nommé Bourguignon, grenadier,
s'éloigne trop de son emplacement de faction. Il
lui en fait l'observation. Le grenadier lui répond
« qu'il se trouve fort bien où il est ». M. Montluc
rend compte de l'incident à l'état-major de la place
et ordonne au sergent de garde de mettre Bourguignon en prison. Mais, à l'arrivée de celui-ci au
quartier, la compagnie entière des grenadiers s'oppose à son incarcération. Le colonel, M. de Balivières, avertit M. de Noue, qui, le lendemain,
« suspend la compagnie de grenadiers de toutes
ses fonctions militaires ». Quelques jours après,
c'est encore le tour du régiment de monter la garde.
Le commandant de la garnison donne naturellement

l'ordre aux Suisses de Châteauvieux et aux cavaliers de Mestre de Camp de la prendre à la place du régiment du Roi. Mais tel n'est pas le désir des grenadiers de ce régiment : forts de l'appui de la populace, ils se présentent en armes à l'heure de la *parade* et forcent le tambour à battre l'assemblée. S'il s'y refuse, il sera pendu ! Deux sergents sont bâtonnés pour n'avoir pas voulu conduire leurs hommes au rassemblement. Quant à l'officier de garde, il est averti « qu'on le fera marcher de force ».

Aussitôt, la municipalité requiert M. de Noue de suspendre son ordre de la veille. Le général obéit, et les grenadiers, forts de ce premier succès, entourent leur colonel et l'obligent à donner des cartouches. Ils en remplissent leur giberne, en déposent dans les chambres, puis se rendent à leur poste en triomphateurs, entourés d'une foule de peuple et de gardes nationaux qui applaudissent à leur victoire.

Peu de jours après ces tristes incidents, le 6 août, La Tour du Pin monte à la tribune de l'Assemblée pour y lire un « mémoire relatif à l'insubordination qui se manifeste dans plusieurs corps de l'armée ». — « Il n'est plus de pouvoirs dans l'armée qui ne soit méconnu, s'écrie-t-il. Le mal empire et se propage à chaque instant : ce n'est plus un corps particulier qui délibère; ce sont sept régiments où chacun fournit trois députés ! Les plaies profondes que firent à l'Empire romain de semblables excès, les maux occasionnés chez un peuple voisin, dans le siècle dernier, par de pareilles associations de soldats enthousiastes et factieux sont autant d'effrayants avis que vous donne l'histoire. Représentants des Français, hâtez-vous d'opposer la masse de leurs bonnes volontés à ce torrent d'insurrections militaires ; n'attendez pas que de nouveaux orages viennent le grossir. Peut-être alors les plus fortes digues seraient insuffisantes pour arrêter sa furie [1]. »

M. Emmery [2], à son tour, parle, au nom du comité militaire, des « troubles qui règnent dans la plupart des corps de troupe ». — « Messieurs, dit-il, il n'y a plus de subordination, plus de discipline, je dirai presque qu'il n'y a plus d'armée; car, qu'est-ce qu'une armée sans discipline? Les soldats, sous prétexte d'injustices qui n'ont pas été commises et qui, à coup sûr, n'ont pas été vérifiées, attaquent leurs officiers et les forcent à se reconnaître leurs débiteurs; ils leur font souscrire des engagements. Empressés de jouir d'un meilleur sort, ils ont pensé que la promesse des nouvelles lois abrogeait déjà les anciennes. Il faut que l'Assemblée appuie de son autorité les lois existantes. »

Et, au milieu des applaudissements de l'Assemblée, M. Emmery donne lecture du projet de décret du 6 août. Ce décret, adopté presque sans discussion, contient huit articles dont les principaux peuvent se résumer ainsi : — « Désormais il doit être informé de toute sédition, de tout mouvement concerté qui auront lieu dans les corps contre l'ordre

---

[1] Archives parlementaires. Séance du 6 août 1790.

[2] M. Emmery, député du tiers état du bailliage de Metz.

et au préjudice de la discipline; le procès sera fait aux instigateurs de ces séditions, et, par le jugement à intervenir, ils seront déclarés déchus pour jamais du titre de citoyen actif et traîtres à la Patrie. » — « Les officiers doivent traiter les soldats avec justice, et ceux-ci doivent, de leur côté, respect dans tous les cas. » — « Tout officier et soldat peut, après avoir obéi, faire parvenir *directement* ses plaintes aux supérieurs et à l'Assemblée; mais il n'est permis sous aucun prétexte, dans les affaires qui n'intéressent que la police intérieure des corps et la discipline, d'appeler l'intervention, soit des municipalités, soit des autres corps administratifs. » — « Enfin le Roi nommera des inspecteurs extraordinaires pour procéder à la vérification des comptes du régiment depuis six ans et faire droit sur toutes plaintes qui pourront être portées relavement à la comptabilité. »

Ce décret n'est en réalité qu'un craintif compromis entre l'inaction absolue et la répression qui s'impose, une timide affirmation de l'autorité nécessaire aux chefs, avant tout un manifeste politique où l'on invite le soldat citoyen à faire valoir ses réclamations, à faire entendre ses plaintes. Le principe de l'autorité, dans tout corps hiérarchisé, ne se discute pas; il s'affirme. De son application dépend sa puissance. Du moment que l'on demande au subordonné d'accepter, de contrôler l'autorité, on l'incite par là-même à la discuter, à la limiter. En la subissant, il va se souvenir que c'est lui en quelque sorte qui l'a faite et qu'elle est née sous sa main. « On lui donne la tentation de la souveraineté ; pourquoi ne lui en donnerait-on pas l'exercice ? » Pourquoi ne choisirait-il pas ses chefs, et pourquoi ne s'élirait-il pas lui-même chef ? Dans leur cerveau surchauffé de sophismes, comment les soldats pourraient-il interpréter autrement les imprudentes affirmations des représentants du peuple ? On leur a trop appris à haïr et à suspecter ; on a proclamé trop haut leur propre puissance. Du moment que l'Assemblée décrète qu'ils vérifieront les comptes de leur régiment avec les officiers, c'est qu'évidemment ceux-ci ne leur ont pas donné les allocations auxquelles ils avaient droit. La déduction est fatale : l'idée de suspicion est trop intense en eux pour qu'ils ne lui subordonnent pas toutes les autres et qu'ils ne voient pas son développement et sa justification dans tous les décrets de l'Assemblée.

III

Et, comme toujours, l'idée émise, propagée, l'on passe aussitôt à son application brutale. — Le 8 août, les grenadiers du régiment du Roi, de Nancy, expriment à M. de Balivières « le désir » de faire l'exercice. Immédiatement l'ordre en est donné, et, le lendemain, les quatre bataillons sortent du quartier et se rendent dans la prairie. Mais ce désir d'exercice n'est que le prétexte de leur rassemblement. La manœuvre terminée, le régiment rentre à la caserne, et les grenadiers placent deux sentinelles à la grille du quartier avec ordre de « ne pas laisser sortir les chefs ». Effectivement, l'on s'empare d'eux et on les conduit devant le comité présidé par le nommé Pomier. C'est lui, simple grenadier, qui va juger ses officiers : quelle gloire et quelle vengeance ! Du haut du piédestal que lui ont élevé les faiblesses d'une Assemblée désemparée et les cris de haine d'une populace déchaînée, il présente aux officiers supérieurs de son corps un mémoire des *récriminations* des soldats.

A quatre heures du soir, il envoie plusieurs hommes chez M. de Messimieux, trésorier, chevalier de Saint-Louis. Celui-ci est un vieillard autant respectable par ses vertus que par ses cinquante-six ans de service : mais il est suspect, il est proscrit publiquement, et, aux yeux de gens effarés dans le désordre, un accusé est un coupable. On lui ordonne de se rendre au quartier ; on y apporte ses livres de compte ; on lui demande des détails remontant à vingt-trois ans. Or les livres du quartier-maître n'en contiennent que depuis 1776 ! Dans les ténèbres de cervelles rustiques on ne peut arrêter les ravages du soupçon. On prend pour un refus l'impossibilité où il se trouve de montrer ce qui n'existe plus, et le président Pomier dit sentencieusement à ses collègues : « Ne trouvez-vous pas juste que M. de Messimieux soit mis en prison ? » L'approbation est générale : M. de Messimieux est aussitôt incarcéré. Quant aux officiers, ils ne peuvent quitter le quartier qu'à quatre heures du matin; pendant ce temps ils n'ont pu « pourvoir à leurs besoins qu'accompagnés de quatre grenadiers leur tenant la baïonnette dans les reins ». Ils ne sortent d'ailleurs

qu'en jurant de revenir, le lendemain 10 août,
terminer la reddition des comptes.

La séance a lieu en effet, le 10 août, à trois heures
de l'après-midi. Spectacle étrange, où l'homme
semble être revenu à l'état primitif, où l'instinct
alarmé de ses haines paraît seul le guider, où, dans
son esprit borné, les suggestions violentes, à la fois
sanguinaires et stupides, règnent et commandent.
Un jeune officier, M. de La Tour du Pin [1], se présente
pour sortir de la salle : il est couché en joue par un
grenadier qui lui refuse la porte. Celui-ci explique
d'ailleurs sa conduite : « Nous nous servirons de
nos officiers quand nous en aurons besoin, dit-il ;
mais, en agissant ainsi, nous avancerons nos
affaires. » — Pendant la séance, quelques officiers
de l'état-major apportent à M. de Balivières une
lettre de M. de Noue. M. de Balivières, après en
avoir donné lecture, la déchire. Les soldats en
ramassent les morceaux et tentent de la reconstituer, car, évidemment, leur colonel ne leur a pas
tout lu ! Leurs efforts sont vains. Aussitôt ils obligent M. de Balivières à écrire à M. de Noue pour lui
dire qu'il n'a pas reçu son premier billet et le prier
de lui en envoyer un second. Les grenadiers s'emparent de ce dernier dès son arrivée. Ils le lisent à
haute voix ; il contient cette phrase : « Je vous
engage à réprimer avec plus d'énergie une licence
qui peut dégénérer en brigandage. » Voilà ce qu'ils
attendaient : dans leur imagination malade, ils se
croient traités de brigands ; leur amour-propre

---

[1] René, marquis de La Tour du Pin-Montauban, né en 1772,
maréchal de camp en 1814, pair de France, mort en 1837.

est blessé ; leur dictature semble être méconnue ! Ils doivent l'affirmer de nouveau, et, en maîtres tout-puissants, ils obligent les officiers à leur faire des excuses publiques et à leur donner cinquante mille écus en espèces, soit soixante-treize livres à chacun. Maintenant, ils sont heureux et fiers : ils ont la force et l'argent, ils ont exigé tribut et humiliation !

Dans une armée en décomposition, la révolte est une gangrène ; les parties saines sont tour à tour infectées au contact des parties malades : « les abcès, gros et petits, répandus un peu partout, finissent par se réunir pour former une plaie unique et purulente, douloureuse et inguérissable. » Ainsi, à Nancy, les Suisses étaient, jusqu'alors, restés dans le devoir. Mais ils fréquentaient trop les soldats du régiment du Roi. A leur contact, le mal s'est déclaré. Eux aussi veulent suivre les traces de leurs instigateurs, arrêter leurs chefs et demander des comptes. Malheureusement pour eux, le complot est découvert : deux grenadiers, porteurs du projet écrit, sont arrêtés, passent en conseil de guerre, et sont condamnés à « être rasés, conduits en prison et chassés du corps ».

La sentence est juste, même douce. Mais elle atteint les clubs de soldats dans leur autorité, dans leur force : la populace ne saurait la ratifier, et c'est elle qui est toute-puissante ; elle est débridée, elle agit. Tous les hommes du régiment du Roi et du Mestre de Camp-Général-Cavalerie se portent au quartier des Suisses, accompagnés de plusieurs milliers de citoyens. On reproche aux grenadiers leur lâcheté, on leur crie de se venger sur leurs officiers ; on les entraîne : machinalement, par crainte, ils suivent. Et, à quatre heures du soir, on enfonce les portes des prisons à coups de hache, l'on délivre les deux grenadiers, et on les promène dans toute la ville, au milieu des bravos de la populace.

C'est un premier succès pour l'émeute : il faut maintenant le transformer en triomphe, et donner à cette victoire de la force sur la justice une consécration solennelle.

Aussitôt les soldats de la garnison délibèrent pour faire réhabiliter les deux prisonniers. On les habille, on leur met une fausse queue à la place des cheveux qu'on leur a coupés ; on donne l'ordre au tambour de garde de battre l'assemblée, et, au milieu d'une foule ivre de joie, Suisses, soldats du régiment du Roi, cavaliers du Mestre de Camp et gardes nationaux accompagnent triomphalement au quartier les deux victimes de la tyrannie des chefs, les réhabilités de l'émeute, consacrés martyrs par les soldats-citoyens ! Les deux bataillons forment le carré, et, devant les drapeaux réunis, le lieutenant-colonel de Mérian prononce par deux fois, en allemand d'abord, en français ensuite, la formule de réhabilitation.

Dès lors, tout est sous la main de la multitude : le triomphe dont elle vient de jouir, les acclamations dont elle s'enivre la précipitent, l'aiguillonnent de plus en plus. On accompagne les Suisses dans toutes les rues ; les cabarets sont remplis de soldats ; on arrête les voitures ; on s'y promène en allumant des torches aux portières : « la nuit se passe dans la débauche la plus honteuse. » La fête se termine dans l'orgie!

Et, au milieu des fumées de l'ivresse, le sentiment bestial se réveille : on veut finir la journée en répandant un peu de sang. Il y a au régiment des Suisses un major, M. de Salis, universellement détesté. Sa vie a déjà couru les plus grands dangers. Le comité a décidé de s'emparer de lui et « de le faire mourir ». A deux heures du matin, « une foule de soldats, parmi lesquels beaucoup de cavaliers », se précipite dans sa maison, gardée seulement par quatre grenadiers : on cherche dans tous les coins; on fouille partout ; on ne trouve personne. Par bonheur pour eux, M. de Salis et sa femme, prévenus à temps, se sont cachés dans un tambour, au-dessus d'un lit, « endroit où ils ne peuvent se tenir que courbés, et où ils restèrent trente heures sans boire ni manger ». Mais, à défaut des maîtres, les forcenés s'emparent des domestiques : les plus enragés parlent « d'arracher le cœur du major, de lui manger le foie, de le découper par morceaux ». Au lever du jour seulement, repus, tous se retirent. Juges, puis bourreaux! Que leur faut-il de plus ?

Il leur faut une consécration encore plus monstrueuse de leur toute-puissance, une humiliation encore plus cruelle de leurs chefs! « Lorsqu'une bête sauvage est déchaînée, ses coups deviennent de plus en plus violents. »

Le jeudi 12, la municipalité reçoit pendant la nuit le décret de l'Assemblée nationale relatif au rétablissement de la discipline. L'ordre est aussitôt

donné aux différents régiments de prendre les armes
pour entendre la lecture du décret. Les cavaliers
du Mestre de Camp montent à cheval en murmurant.
Le régiment du Roi, les armes chargées, vient se
former en bataille sur la place Royale, ayant à son
premier rang l'un des Suisses, réhabilité la veille.
Le régiment des Suisses se masse sur la terrasse de
la Pépinière.

Dès lors la parade commence, et les officiers
doivent y assister impassibles, esclaves de leurs
hommes ! Plusieurs soldats par compagnie sortent
du rang, sans ordre, et retournent au quartier. Ils
vont chercher l'autre Suisse, l'autre triomphateur de
la journée. Ils le ramènent, précédé d'une musique,
escorté d'un grand nombre de gardes nationaux,
et parcourent avec lui le front des troupes : les
étendards s'inclinent à son passage.

Cette entrée en scène terminée, la pièce commence ! Obéissant à un mot d'ordre, les troupes
s'écrient qu'elles veulent M. de Noue. Elles désirent
qu'il vienne leur faire des excuses, s'humilier devant
elles, s'abaisser devant leur puissance. Deux heures
durant, le général refuse. Les cris redoublent :
« Si ce bougre-là ne descend pas, disent les grenadiers, il n'y a qu'à l'aller jeter par la fenêtre et
le recevoir sur les baïonnettes ! » La foule applaudit
et la musique du régiment du Roi entonne l'air :
« *On va lui percer le flanc !* »

Pour éviter de plus grands désordres, M. de Noue
se rend sur la place, escorté de plusieurs membres
de la municipalité et du directoire du département :
« Soldats, s'écrie-t-il, qu'exigez-vous de moi ? » Le

sieur Pomier, président du comité, l'âme de la révolte, s'avance et donne lecture de la lettre qu'a écrite le général à M. de Balivières. Il annonce que les soldats se trouvent insultés par le mot de *brigandage* contenu dans cette lettre, et qu'ils exigent une réparation publique. Et Pomier, se redressant, ajoute même : « Vous tremblez, Monsieur ; c'est moi qui ai répondu de vous. » — M. de Noue passe devant le front des grenadiers et leur dit : « Vous m'accusez d'avoir des torts vis-à-vis de vous : consultez vous vous-mêmes ; soyez mes juges ainsi que les vôtres. J'ai commandé longtemps le régiment, et je me suis toujours fait un honneur d'être à votre tête. Voudriez-vous me laisser des regrets ? Rentrez dans votre devoir ; obéissez à la loi et montrez-vous dignes du nom de soldats français. Si vous croyez que je vous dois des excuses, je vous en fais. » Aussitôt le bruit court de bouche en bouche que le général a fait des excuses. Il s'est humilié ; quel triomphe ! Et pour consommer l'humiliation, on l'oblige à défiler devant le front des troupes.

Une heure après, M. de Noue procède à la promulgation du décret de l'Assemblée nationale. Leçon profonde pour cette Assemblée qui célèbre bien haut le grand sens, la magnanimité, la justice du peuple dont elle émane, lui accorde toutes les vertus, lui reconnaît tous les droits et lui confère tous les pouvoirs ! Le nouveau souverain qu'elle a érigé la dépasse, et, quand elle vient à lui parler timidement de discipline, il lui répond par la proclamation de sa puissance destructive et sans frein, la mise en pratique d'une anarchie nouvelle et formidable, sur laquelle nulle main n'a de prise, et qui s'exerce uniformément dans toutes les institutions du pays. « L'idylle de bonheur » conçue par les députés de la nation tourne au drame. Ils ont préféré en croire la théorie de leurs livres, la phraséologie de leurs discours, plutôt que l'expérience de leurs yeux : « Puisse leur rêve, exclu du présent, se réfugier dans l'avenir ! »

IV

En attendant, le pouvoir appartient aux rassemblements, et il suffit, pour provoquer ceux-ci, d'un bruit perçu, d'une idée émise. Ce même jour, 12 août, les Suisses forment leur comité, et choisissent comme président un nommé Cérisier. Ce comité, ayant naturellement pour but la violence, se compose des plus exaltés, des plus enclins à la licence, et, dans la bande, « chaque individu lui-même descend encore jusque dans la férocité de ses plus vils bas-fonds ». On décide de se faire délivrer de l'argent par les officiers, et de ne laisser sortir ceux-ci du quartier que lorsqu'ils auront donné les sommes demandées. Les capitaines des Suisses restent ainsi prisonniers toute la nuit. Maltraités, pouvant craindre à chaque instant d'être égorgés, on ne peut exprimer, écrit un témoin oculaire [1], ce qu'ils eurent à souffrir. C'est que

---

[1] Ce témoin oculaire est officier au régiment du Mestre de Camp-Général-Cavalerie, le capitaine De Léonard, qui publia en 1790 une très intéressante « relation exacte et impartiale de ce

l'ivrognerie, le spectacle de la destruction font leur œuvre, et « l'animal primitif apparaît sous l'émeutier ». On apporte pourtant aux soldats les mille louis en or réclamés par eux et empruntés au général de Vaubécourt. Mais il leur faut encore mille écus : leur soif est éveillée, ils veulent se rassasier! On finit par les leur donner. Satisfaits alors des 27 000 livres, ils accordent la liberté aux officiers, et vont dépenser cet argent, courageusement gagné, dans la débauche la plus scandaleuse.

La fièvre vient au contact des enfiévrés. A leur tour les régiments du Roi et de Mestre de Camp demandent communication de leurs comptes, moyen détourné pour obtenir coûte que coûte de l'argent. En conséquence, le 14 août, les cavaliers se rassemblent au manège, entourent leurs officiers et exposent leurs revendications. Au préalable ils chargent leurs armes ; c'est la précaution usuelle ! Les membres du conseil leur font en vain des observations sur l'illégalité de leurs demandes. Mais que leur importe la loi, puisqu'ils peuvent l'abolir! Leur colère est exaspérée par la résistance.

Le lendemain, 15 août, ils tiennent une nouvelle assemblée. On leur promet inutilement de solliciter du Roi l'envoi d'un inspecteur extraordinaire qui les écoutera et leur rendra justice. On leur demande à quoi ils veulent en venir. « Nous voulons, disent-ils, être payés du montant des objets que vous con-

---

qui s'est passé à Nancy ». Cet officier a reproduit dans sa relation, au sujet de ces événements, les procès-verbaux établis dans les divers régiments.

naissez. » Leurs réclamations remontent à 1764 !
« Mais, avec quoi voulez-vous être payés, s'écrient
les officiers? Voulez-vous notre propre argent? »
— « Le vôtre ou tout autre, répondent-ils. » On
leur apporte la caisse du régiment ; elle est presque
vide. Rien ne peut les calmer ; les freins, intérieurs
ou extérieurs, n'existent plus pour les retenir.
« De l'argent! » voilà ce qu'ils hurlent : avec de
l'argent, ils seront bien plus puissants encore! Et
accablés de fatigue, incapables de lutter plus longtemps contre une telle sauvagerie déchaînée, après
dix heures de séance, les officiers signent aux
soldats des billets en leur nom personnel [1].

Mais les billets ne leur suffisent pas encore ; il
leur faut le métal ; ils veulent l'entendre sonner, le
voir reluire. L'appât du lucre les enivre ; l'action
commencée les entraîne, les précipite. Il est question de forcer les officiers à aller sous escorte chez
les juifs pour se procurer l'argent. Un brave citoyen,
M. Poupillier, offre 12 000 francs en espèces,
24 000 en assignats. La réponse est toujours la
même : « Non, non, de la monnaie, tout..., ce
soir..., à présent... » M. Saladin, membre de la
municipalité, essaie à son tour de calmer les forcenés : « Il fait un discours propre à ramener des
cœurs moins endurcis ; il représente les droits des
citoyens violés, les premiers devoirs du soldat
oubliés, et la nécessité où il est d'informer l'Assemblée nationale d'un si grand désordre. Il est interrompu par les cris : de l'argent..., de l'argent...,

---

[1] Procès-verbal du régiment du Mestre de Camp.

ou sinon... [1] » Les convoitises sont allumées : « Les passions de la cervelle s'allient à celles de l'estomac ; » il faut leur obéir, car elles sont libres ; bien plus, elles sont souveraines. Pour acheter la liberté des officiers, la municipalité promet aux soldats de fournir les fonds nécessaires. A dix heures du soir M. de Nozan leur remet enfin la somme demandée, au milieu des cris de délire des cavaliers, heureux de satisfaire à la fois leur soif d'argent et leur besoin de domination.

Après cette séance, qui dura seize heures, les officiers du Mestre de Camp, membres du conseil d'administration du régiment, envoient au ministre une adresse conçue en ces termes : « Nous attendons avec la plus grande soumission les ordres du Roi, que nous vous prions de nous faire passer, sur la conduite qui nous reste à tenir ; l'honneur de le servir et de verser pour lui jusqu'à la dernière goutte de notre sang fut toujours le plus ardent de nos vœux et le terme de nos désirs... Heureux si nous pouvions le faire d'une manière utile pour la patrie et honorable pour nous. Si, *dans la subversion de toute discipline qu'a remplacé le brigandage armé*, les lois ne pouvaient s'appesantir sur les coupables, nous demandons qu'après avoir manifesté notre dévouement à nos devoirs, notre amour pour le Roi et notre soumission aux lois, il nous soit permis d'abandonner des emplois dans lesquels nous sommes évidemment inutiles [1]. »

Le même soir, les grenadiers portent en triomphe

---

[1] Adresse au ministre terminant le procès-verbal des officiers du Mestre de Camp.

Pomier, leur idole, un des vainqueurs de la journée. Ne vient-il pas d'envoyer huit soldats armés chez M. de Balivières et de l'obliger à lui remettre les clefs de la caisse du régiment[1]? On le récompense en l'envoyant à l'Assemblée nationale avec sept de ses collègues. Là, il pourra demander à l'autorité constituée la sanction de ses attentats et faire donner à la victoire de l'émeute une apparence de légalité. La loi vivante ne doit-elle pas abolir la loi écrite, et une minorité de factieux violenter l'Assemblée et faire ce qu'il lui plaît et quand il lui plaît?

Car, en réalité, ce sont quelques meneurs qui dirigent la bande. Ils ont fait appel aux sentiments les plus vils, mais les plus sauvages : ils ont ressuscité le reste de barbarie qui était au fond de chaque individu, et c'est l'animal qui apparaît maintenant, attiré par l'appât des jouissances immédiates, talonné par les désirs les plus brutaux, par des besoins d'autant plus puissants qu'ils sont nouveaux. Il n'y a qu'à voir ce que font les cavaliers du Mestre de Camp, les 16 et 17 août. Ils ont chacun cinq louis et trente sous; ils les dépensent en grands seigneurs. « Ils sont continuellement dans des voitures avec des filles, se promènent par groupes dans les rues le sabre à la main, et épouvantent tout le monde. » C'est qu'on ne dit pas impunément aux hommes que le millénium est accompli. Ils veulent en jouir de suite, et leurs espérances illimitées deviennent autant de réalités.

[1] Procès-verbal de la municipalité.

L'Assemblée s'inquiète pourtant d'un tel déchaînement de passions désordonnées, et, le lendemain
16 août, M. Emmery, rapporteur du comité militaire, rend compte en séance « de l'insubordination de la garnison de Nancy ». — « Toutes les
lettres que j'ai reçues, dit-il, annoncent l'insurrection la plus décidée dans les régiments du Roi,
du Mestre de Camp-Cavalerie et Châteauvieux-
Suisse ». Il donne lecture d'une lettre de M. Denove,
officier général commandant en Lorraine, à M. de
La Tour du Pin, en date du 14 août.

« Demain, écrit M. Denove, on doit couronner
un commandant de la garnison, le conduire dans
un char, faire suivre ce triomphe par les officiers ;
on ajoute même qu'on les obligera à traîner ce
char... Je m'attends à être maltraité ; ma position
est cruelle, mais je ne céderai pas, mais je ne
quitterai pas mon poste. Le régiment de Mestre de
Camp suit l'exemple du régiment du Roi. En trente-
six heures celui de Châteauvieux-Suisse a pris le
même chemin. »

« Ainsi, s'écrie M. Emmery, la garnison entière
a rompu les liens de la subordination ; elle s'est
attaché le peuple en répandant beaucoup d'argent.
Les commandants civils et militaires n'ont nul
moyen pour arrêter l'insurrection. La ville de Nancy
est exposée aux plus grands désordres... Le ministre
et les députés de Nancy conviennent qu'un décret
est nécessaire ; tout presse ; tout brûle ; il y aurait
le plus grand danger dans le plus léger retard[1]. »

---

[1] Discours d'Emmery à l'Assemblée nationale. Séance du 16 août
1790. Archives parlementaires.

Et l'orateur donne lecture du décret daté du 16 août et adopté à l'unanimité.

« La violation à main armée par les troupes, y est-il dit, est un crime de lèse-nation au premier chef. Ceux qui ont excité la rébellion de la garnison de Nancy doivent être poursuivis et punis comme coupables de ce crime à la requête du ministère public.

« En conséquence, l'Assemblée ordonne :

« 1° A son procureur au bailliage de Nancy, de rendre plainte contre toute personne soupçonnée d'avoir été instigateur ou participant de la rébellion.

« 2° Aux juges du bailliage, d'ordonner l'intervention d'une force militaire tirée des garnisons et des gardes nationales des départements voisins pour agir aux ordres de tel officier général qu'il plaira à Sa Majesté de commettre à l'effet d'appuyer le présent décret, de faire en sorte que force reste à la justice et que la sûreté et la liberté des citoyens soient efficacement protégées contre quiconque chercherait à y porter atteinte : à l'effet de quoi cet officier général sera autorisé à casser et licencier les régiments de la garnison de Nancy, dans le cas où ils ne rentreraient pas immédiatement dans l'ordre, ou s'ils tentaient d'opposer la moindre résistance au châtiment des principaux coupables [1]. »

Ainsi, l'Assemblée est obligée de faire appel à la force légale pour réprimer la force illégale et brutale dont elle a brisé les entraves ! Mais n'est-

---

[1] Décret de l'Assemblée nationale en date du 16 août 1790. Archives parlementaires.

elle pas captive de son origine? Son pouvoir, ne le tient-elle pas des coups de main de la rue? N'est-ce pas l'émeute qui a été le piédestal de sa puissance? Comment renierait-elle sa première alliée? Aussi, elle ne blâme que par décence : comme l'écrit de Montlausier, « quand il s'agit de réprimer les insurrections, elle est sans cœur et sans force ». Emmery a soin de spécifier que « le décret, en imposant aux soldats, laisse une voie ouverte à la résipiscence et aux remords ». Dernière illusion que celle de croire qu'un appel tardif à la raison va suffire pour réprimer un déchaînement aussi violent « des instincts permanents de l'homme »!

Le décret de l'Assemblée arrive à Nancy le 18 août. Dès le lendemain il est imprimé et distribué aux soldats. Avant de le leur lire publiquement on veut connaître leurs dispositions : on leur parle de clémence, de conciliation; on les engage, par la douceur, à se soumettre au décret. On décide de le leur en donner connaissance dans les chambrées, par crainte d'un rassemblement général des troupes. Un modèle de rétractation [1] leur est pré-

---

[1] Déclaration du régiment du Roi revenu à résipiscence, lue, par M. de Broglie, à la séance de l'Assemblée du 25 août 1790. Cette déclaration est datée du 20 août:

« Nous soussignés, grenadiers, chasseurs et soldats du régiment du Roi, ayant reçu une députation en forme de la garde nationale de Nancy, laquelle nous a représenté les suites fâcheuses dans lesquelles nous aurions pu tomber, supplions l'Assemblée nationale, le Roi et nos chefs, d'oublier les fautes que nous avons pu commettre. Nous promettons obéissance à la discipline et à nos chefs, respect et soumission aux décrets de l'Assemblée nationale acceptés et sanctionnés par le Roi. Nous prions la garde nationale de réclamer nos députés arrêtés à Paris, et de demander à l'Assemblée nationale et au Roi indulgence pour nous et pour eux. »

Archives parlementaires, tome XVIII. Séance du 25 août 1790.

senté en même temps. Le 21 au soir, M. Pescheloche, capitaine aide-major de la garde parisienne,
arrive de Paris avec les sieurs Flaux et Beugnets,
les deux députés du régiment du Roi qui étaient
partis de Nancy, le 15, pour se rendre à l'Assemblée. Aussitôt arrivés, ces députés sont portés en
triomphe dans toute la ville ; « les femmes se
battent à qui les embrassera ; ils manquent d'être
étouffés de ces caresses ». Leur venue est le signal
d'une détente générale. Suivis de M. Pescheloche,
ils se rendent aux quartiers des trois régiments ; ils
affermissent les soldats dans leurs bonnes dispositions ; ceux-ci promettent de rentrer dans l'ordre,
de signer la rétractation. Comme à Paris, un même
élan de fraternité semble devoir faire renaître la
paix : la victoire est remportée ; la joie paraît
revivre avec la tranquillité. Mais celle-ci ne devait
avoir que la durée d'un rêve !

V

Le 24 août, M. de Malseigne arrive à Nancy : il
est nommé par le Roi pour l'audition des comptes
des trois régiments de la garnison. Cela suffit pour
le rendre suspect ; et, du soupçon à l'accusation, il
n'y a qu'un pas.

A deux heures de l'après-midi il se rend au quartier des Suisses. Il trouve ceux-ci dans un état d'exaltation extrême. Il leur affirme « qu'il reviendra
le lendemain matin, qu'il examinera leurs réclama-

tions dans le plus grand détail, leur promettant d'y faire droit si elles sont fondées ».

Le lendemain en effet, à la même heure, il arrive dans la cour du quartier. Les Suisses, sans armes, forment le carré ; il pénètre au centre, et, s'adressant aux soldats, il leur dit : « J'ai alloué à vos députés quelques articles ; mais il en est un important et trop délicat, concernant votre solde, et qui renverserait la capitulation entre la France et vos souverains, sur lequel je ne puis prononcer en dernier ressort. Je propose donc à vos députés de faire un mémoire qu'ils adresseront au Roi ou au comité militaire, ou d'envoyer à l'Assemblée une députation de soldats, auxquels je donnerai des lettres de créance. »

Mais, dans des cerveaux échauffés, l'imagination prévaut sur le raisonnement : quoi qu'il fasse, quoi qu'il dise, aux yeux des Suisses tout est suspect en M. de Malseigne. Il est un chef, donc un ennemi. On le traite d'« aristocrate », on l'accuse de comploter avec l'étranger ; le soupçon devient une conviction, une croyance, dans laquelle germent bientôt la haine, le désir de vengeance, les pensées les plus meurtrières. « M. de Malseigne veut se retirer : la sentinelle, placée à la porte du quartier, lui dit : « Vous ne sortirez pas. » Et, comme il insiste, elle lui appuie sa baïonnette sur la poitrine. Il fait trois pas en arrière, met l'épée à la main et blesse la sentinelle. Un grenadier vient sur lui, le sabre levé : il pare le coup et blesse le grenadier. D'autres soldats arrivent; l'épée de M. de Malseigne se casse : il en arrache une à une personne placée

près de lui ; il se fait jour à travers toute cette sol-
datesque[1] » et se rend chez M. de Noue.

Dès lors, l'émeute est lancée. Les soldats sont
furieux d'avoir manqué leur victime ; ils bousculent
les officiers, jettent à terre un capitaine, le baron
de X..., vieillard âgé de soixante-dix ans, et se
précipitent chez M. de Noue. Heureusement, des
gardes nationaux et quelques hommes du régiment
du Roi se réunissent pour tenter de ramener un
peu d'ordre : huit officiers se portent à l'entrée de
l'escalier ; des cavaliers gardent toutes les issues.

Devant cette opposition, sur laquelle ils ne
comptaient pas, les Suisses vont chercher des ren-
forts dans la populace. Comme toujours, cinquante
forcenés font la loi aux indifférents, aux timides,
et les entraînent. Un nommé Masson, menuisier,
va de groupe en groupe, échauffant les esprits ; il
crie « qu'il faut pendre sur-le-champ le général »,
et donne comme raison « qu'un soldat du régiment
de Saintonges, ayant couché en joue son général à
Strasbourg, a été traduit devant un conseil de
guerre et condamné à avoir le poing coupé et à
être pendu ; que, les hommes étant égaux, il ne
doit y avoir aucune différence entre le général et le
soldat, et que, pour cette raison, il le faut pendre
le premier pour avoir mis l'épée à la main contre
un Suisse ».

M. de Malseigne est l'otage désigné pour assou-
vir tant de haines. Il n'a plus en perspective qu'une

---

[1] Lettre de La Tour du Pin à l'Assemblée nationale. Séance du
28 août 1790. Cette lettre est renvoyée aux comités militaire et des
rapports. — Archives parlementaires, tome XVIII.

mort atroce, comme celles de M. de Rully, à Bastia, de M. de la Rochetailler à Saint-Étienne, et de tant d'autres.

Le général veut pourtant se rendre à la municipalité. Il descend, entouré d'une soixantaine d'officiers de la garnison et d'une forte escorte de la garde citoyenne de Nancy, du régiment du Roi et du Mestre de Camp. On l'accueille sur son passage par les cris de : « A la lanterne ! » Mais l'émeute recule devant la force : la fidélité des deux autres régiments déroute les Suisses.

Arrivé à la municipalité, M. de Malseigne raconte ce qui s'est passé. Trois soldats suisses déposent en sa faveur, et se rendent auprès de leurs camarades, accompagnés de M. de Gouvernet[1]. Celui-ci promet aux soldats de Châteauvieux d'appuyer auprès de son père toutes les demandes justes qu'ils pourront faire ; mais rien ne peut calmer la fureur des Suisses. Ils envoient un homme par compagnie écouter « les représentations » de M. de Malseigne. Le général leur renouvelle ses propositions ; M. de Gouvernet jure d'accompagner lui-même leurs députés à l'Assemblée ; M. de Noue essaye de faire appel à leur patriotisme, au sentiment de leurs devoirs ; il les engage à réfléchir, à revenir le lendemain plus raisonnables à la municipalité...

Persévérance vraiment héroïque de ces officiers,

[1] Frédéric-Séraphin de La Tour du Pin-Gouvernet, né en 1759. Ambassadeur. Pair de France sous le titre de marquis de La Tour du Pin. Décédé en 1837. — En août 1790, il était colonel, aide de camp de son père. Il fut ensuite attaché au marquis de Bouillé.

qui ne veulent pas désespérer de ramener à la
raison des soldats égarés par les sophismes destructeurs d'une Assemblée qui a brisé tous les freins
de l'ordre et de la discipline ! Martyrs de leurs
devoirs de chefs, ils veulent encore résister au flot
débordant de l'anarchie. Fidèles à leur poste jusqu'au bout, ils accumulent sur eux la haine qu'inspire alors toute force constituée. Ils savent qu'ils
tiennent entre leurs mains les derniers vestiges de
l'ordre ; pour les conserver, ils se laissent frapper
sans répondre ; meurtris par la populace, bafoués
par leurs hommes, ils essaient une dernière fois
de ressaisir un pouvoir qui s'effondre de partout.

Le lendemain, 26 août, M. de Malseigne se rend
de nouveau à la municipalité et annonce qu'il a
donné l'ordre au régiment de Châteauvieux de
partir pour Sarrelouis. Mais les Suisses, naturellement, ne veulent pas se soumettre ; ils se répandent dans la ville ; ils réclament à grands cris de
l'argent, probablement pour payer leurs orgies de
la veille [1].

Là-dessus arrivent à Nancy de nombreux détachements des gardes nationales des environs. Le
27, à deux heures du matin, plus de deux mille
gardes nationaux étrangers remplissent la ville.
D'où viennent-ils ? Personne ne le sait. Ni le département, ni la municipalité n'ont donné d'ordres
à cet égard. Ils sont envoyés par M. Delmotte,
aide de camp de M. de La Fayette, lequel, voyant

[1] Procès-verbal de la municipalité.

la fermentation de la garnison, a pris sur lui de les convoquer [1].

Aussitôt arrivés, ces gardes nationaux sont accaparés par les soldats de la garnison. Ceux-ci leur « payent à boire, leur affirment qu'il leur est dû des sommes immenses, soutiennent que leurs réclamations sont justes, et qu'ils ne sauraient se figurer que des frères d'armes qui se sont confédérés avec eux le 14 juillet appuient le refus que l'on fait de les satisfaire ».

« Nous avons été constamment assaillis, disent les gardes nationaux de Lunéville dans un imprimé, par une infinité de citoyens de Nancy et de soldats

______

[1] Lettres adressées à toutes les gardes nationales du département.

A. *Lettre de La Fayette.*

Messieurs, l'Assemblée nationale ayant appris la coupable conduite de la garnison de Nancy et sentant les funestes conséquences de pareils excès, on a pris pour les réprimer les mesures contenues dans le Décret que j'ai l'honneur de vous envoyer, afin de vous mettre à portée de prévoir les ordres que vous pourrez recevoir.

Permettez, Messieurs, à celui de vos frères d'armes que vous avez chargé ici d'exprimer votre dévouement pour la Constitution et l'ordre public, de présenter à votre fermeté cette occasion comme une des plus importantes pour consolider la liberté, qui se fonde sur le respect des lois, et pour assurer la tranquillité générale.

Signé : La Fayette.

B. *Lettre de M. Delmotte, aide de camp de M. de La Fayette.*

« Messieurs, j'ai l'honneur de vous adresser une lettre de M. de La Fayette relativement au Décret de l'Assemblée nationale sur ce qui est arrivé à Nancy. Les régiments paraissent être revenus de leur égarement. M. de Malseigne, officier général employé à Nancy, vient de donner l'ordre qu'il a reçu de faire partir *demain* 27 le régiment de Châteauvieux. Dans le cas où ce régiment refuserait de partir, il sera nécessaire de déployer des forces qui puissent faciliter l'exécution du décret de l'Assemblée nationale. MM. les gardes nationales de France ont déjà fait beaucoup pour le rétablissement de l'ordre ; un nouvel effort est encore nécessaire. M. de La Fayette m'a chargé de prier ses frères d'armes de venir se joindre à ceux de Nancy ; il l'attend de leur patriotisme et de l'amitié qu'ils veulent bien lui porter. J'ai l'honneur d'inviter le plus grand nombre de volontaires possible à partir sur-le-champ pour se rendre à Nancy.

Signé : Delmotte.

de la garnison, qui, après nous avoir demandé ce que nous venions faire, nous disaient : « Vous n'avez pas à ramener à l'ordre la garnison qui n'a jamais manqué à son devoir ; vous devez vous apercevoir que le soldat est tranquille, que le calme règne dans la ville ; mais vous aurez bientôt à combattre un traître qui, sous prétexte d'être venu dans cette ville faire exécuter un décret de l'Assemblée, abuse de sa commission pour, de concert avec M. de Bouillé, opérer une contre-révolution. Ces deux généraux feignent d'avoir besoin ici de beaucoup de troupes ; ils saisissent cette occasion pour dégarnir les frontières et faciliter l'entrée de l'armée étrangère ; leur trame commence à transpirer, et, dans peu, vous en serez aussi convaincus que toute la ville. »

Aussitôt lancé, le mot de « contre-révolution » produit son effet. Tous les prétendus crimes qui s'y rattachent, fruits d'une imagination déréglée, deviennent autant de réalités. La certitude remplace le soupçon : la conspiration des « aristocrates » éclate maintenant aux yeux de tous avec la force de l'évidence. Chacun ne voit plus autour de soi que bourreau pour le supplicier, meurtrier pour l'égorger. On annonce déjà l'approche des armées étrangères : un peu plus, on proclamerait la patrie en danger !

Les gardes nationaux ne sont que trop disposés à entrer dans les vues des soldats : leurs officiers affectent de croire à la véracité des accusations des Suisses. Un M. Perrin, de Lunéville, soutient hautement dans les rues que M. de Malseigne, pour deux millions, a vendu les carabiniers au roi de Hongrie ! L'imagination travaille : la trahison des « aristocrates » s'affirme !

Quelques citoyens, les plus exaltés, se réunissent dans une salle près de l'Hôtel de Ville. On y retrouve ce M. Blaise, médecin, le même qui a présidé la séance illégale qui se tint le 18 avril pour forcer les officiers municipaux à convoquer les districts, et un nommé Genaudet, avocat. Cette petite assemblée demande la réunion des sections et la convocation du conseil général de la commune.

Les gardes nationaux étrangers, de leur côté, font groupe avec les soldats de la garnison ; ils appuient leurs prétentions. On les a appelés pour concourir à l'exécution des décrets ; les voilà qui protègent les émeutiers ! Toute la nuit du vendredi 27 se passe au milieu de l'effervescence générale.

Le lendemain, 28, M. de Malseigne se rend à la municipalité pour essayer encore une fois de rappeler à la raison le comité des Suisses. Celui-ci ne veut rien entendre. « Les soldats deviennent de plus en plus hardis : certains sont enragés. » Ils sentent que toute autorité est entre leurs mains : leur moyen d'action est l'intimidation. Ils sont les plus forts ; ils veulent être les maîtres. Ils entrevoient la victoire, et cela les enivre.

M. de Malseigne fait en vain circuler dans la ville un imprimé adressé « aux amis de la constitution, de la justice et de l'ordre[1] ». Cet écrit,

---

[1] Aux amis de la constitution, de la justice et de l'ordre :

« Le général, chargé de l'exécution des décrets de l'Assemblée des 6, 7 et 16 de ce mois et de la vérification des comptes de Châ-

répandu de tous côtés, ne produit aucune impression.
Les soldats se portent en foule sur la place royale.
« Les Suisses sont particulièrement surexcités;
ils forment des groupes menaçants avec les soldats
du régiment du Roi, et en veulent à la vie du général. » M. de Malseigne sort à une heure de l'Hôtel
de Ville. Il se rend à son hôtel, à pied, menacé,
insulté, poursuivi par les imprécations de trois ou
quatre mille individus. Un Suisse propose « d'arrêter le général ». La motion est adoptée avec
enthousiasme; il sera l'otage tant désiré, le symbole vivant de la victoire ! Le cri de « Aux Armes ! »
retentit dans toute la ville.

M. de Malseigne comprend alors qu'il n'a plus
qu'à quitter Nancy pour éviter de plus grands
désordres. Aussitôt arrivé à son hôtel, il monte à
cheval, demande seulement, pour l'accompagner,

teauvieux, croit devoir donner avis qu'il a alloué certaines répé-
titions faites par les soldats de ce régiment ; mais il est un point
trop délicat et trop important concernant leur solde, qui innove-
rait à la capitulation faite entre la France et la Suisse, et que ce
général n'a cru devoir décider en dernier ressort. Voulant le soumettre au jugement de l'Assemblée, il a proposé aux soldats du
régiment de Châteauvieux d'envoyer à cette Assemblée un mémoire,
qu'il appuierait de son attache et de sa recommandation, ou des
députés à leur choix, qu'il chargerait de ses lettres de créance.

M. de Gouvernet, fils de M. de La Tour du Pin, ministre de la
Guerre, a même offert d'accompagner ces députés et de les présenter.

On a enfin proposé aux soldats de Châteauvieux de déposer,
jusqu'à un décret définitif, en mains tierces, soit à la municipalité ou chez des banquiers, la somme qu'ils prétendent leur être
due. Ce régiment a fait toute espèce de refus à ces offres, malgré
la médiation du département, de la municipalité et du conseil de
la garde citoyenne. Il a fait plus : il n'a pas voulu reconnaître
et il a été jusqu'à nier la décision faite au nom du Roi par
M. le comte d'Affry, administrateur général des Suisses et Grisons,
et faisant les fonctions de leur colonel-général. »

quatre cavaliers et un officier de carabiniers de ses amis. Afin de n'éveiller aucun soupçon, il ne fait point mettre de pistolets aux fontes de la selle de son cheval. Et, alors que les soldats de la garnison sont au quartier, délibérant sur les moyens à employer pour son arrestation, M. de Malseigne traverse la ville au pas, et se présente à la porte Saint-Nicolas. On ne fait aucune difficulté pour le laisser sortir. Dès qu'il ne craint plus d'être vu, il prend le galop et se rend à Lunéville. Il veut se mettre à la tête des carabiniers dont il a été major-général, et réunir les forces nécessaires pour faire exécuter les décrets de l'Assemblée.

Il ne lui reste donc plus qu'à recourir à la force armée pour réprimer l'émeute triomphante. Ainsi apparaît encore une fois l'inanité de l'œuvre d'une Assemblée qui a tout détruit dans l'ordre civil comme dans l'ordre militaire, qui a institué légalement la désorganisation, et qui s'étonne maintenant que ses décrets ne rencontrent plus qu'une résistance ouverte, que leur exécution soit désormais impossible ! La voilà obligée de recourir aux derniers vestiges restés instacts de l'instrument qu'elle a voulu anéantir, à l'épée qu'elle a voulu briser. Malheureusement, il est trop tard : car, c'est contre l'armée en révolte qu'elle va faire marcher l'armée disciplinée, une force organisée contre une force qui a été organisée. N'est-il pas à craindre qu'au contact l'une ne contamine l'autre, et que les soldats de Lunéville ne viennent grossir les rangs de ceux de Nancy !

VI

La nouvelle de l'évasion de M. de Malseigne se répand dans la ville un quart d'heure après son départ. Elle se propage rapidement parmi les soldats et finit de les rendre furieux. Leur victime leur échappe : il leur en faut une autre ! M. de Noue semble tout indiqué. On se précipite chez lui ; il dîne ; on l'arrache de sa table ; « on le tire par les joues, par les oreilles » ; on lui déchire ses habits et on le traîne ainsi sur la terrasse de la Pépinière, qui était déjà une promenade publique. Là, une vingtaine d'officiers du régiment du Roi, voyant le danger que court leur général, essaient de le délivrer : « Ils mettent l'épée à la main et fondent sur la multitude des soldats, sans blesser personne, ne cherchant qu'à imposer. » Mais une bande de cavaliers à cheval charge à son tour sur le petit groupe des officiers, et ceux-ci, piétinés, sont obligés de s'enfuir dans toutes les directions. « M. de Saint-Sauveur a les deux poignets fendus à coups de sabre. M. de Bailly, MM. de Beaumont et de la Potherie sont grièvement atteints à la tête. »

La joie des soldats touche au délire : les voilà qui viennent de livrer une bataille en règle contre leurs chefs ! La sensation de leur force, les cris d'encouragement de la populace, la vue du sang, tout cela les enivre. Et ils tiennent toujours leur victime ; ils en profitent ; ils la maltraitent, ils la mutilent. Sur la place royale, ils la donnent en spectacle ; chacun veut lui donner son coup de poing, son coup de pied. Ils s'étourdissent mutuellement de rage et de triomphe. Arrivés au quartier, ils déshabillent leur général, lui font endosser une casaque de toile de prisonnier et le coiffent d'un bonnet de police. Ils l'introduisent dans un cachot souterrain, l'asile des malfaiteurs, et le préviennent qu'en attendant que l'on décide du genre de sa mort il pourra manger du pain de munition et boire son urine, s'il a soif.

Voilà à quoi aboutit la dictature, proclamée légale, du peuple souverain, à la renaissance de la barbarie, à la satisfaction des instincts les plus sauvages, ici à un massacre de prêtres, là au supplice d'un général otage de ses soldats !

Pendant que l'on traînait en prison M. de Noue, la populace a enfoncé les portes de l'arsenal. Aussitôt les gens sans aveu, ceux qui entretiennent les émeutes et qui ont tout à gagner par elles, les malfaiteurs, les criminels, tous se précipitent sur les armes, et vont prêter main-forte aux soldats. Cette foule bizarre de cavaliers, de fantassins et de chenapans se donnant le bras, s'embrassant, se disant frères, se porte chez M. de Saint-Sauveur : elle le sait blessé ; son imagination sanguinaire pourra expérimenter sur lui quelque nouveau moyen de torture. On le trouve dans son lit; ses blessures saignent encore. On l'enlève; on le jette tout nu dans un fiacre, et on le conduit en prison. M. de Bailly, grièvement blessé, a le même sort.

Un capitaine du régiment de Châteauvieux, un vieillard, M. Isselin, est reconnu par des Suisses

au moment où il veut franchir les portes de la ville.
On le conduit aussitôt devant l'hôtel de la municipalité ; « on lui ôte son habit et sa perruque ; après
mille outrages, on va lui donner la mort, quand
un capitaine de la garde nationale nommé Hœner,
imprimeur ordinaire du Roi, s'élance au milieu
des bourreaux : « Malheureux, leur crie-t-il, voulez-vous perdre votre honneur dans le sang d'un
vieillard ! Barbares ! » Ces paroles ralentissent un
peu la fureur des assassins. Mais un nommé Carème
se précipite pour étrangler M. Isselin : Hæner le
saisit au collet. « Tu es perdu, lui crie-t-il, s'il
arrive quelque chose à cet homme respectable ! »
Carème, effrayé, se retire. La vie de M. Isselin est
ainsi sauvée par l'intrépide Hæner. » Mais si on
renonce à le tuer immédiatement, « on veut du moins
le traduire en jugement. On l'injurie, on lui donne
des coups; on lui demande de dénoncer les crimes
qu'il a commis ». Un nommé Pain, perruquier de
la rue des Quatre-Églises, se montre parmi les plus
acharnés.

On traîne ainsi M. Isselin à la municipalité. Là,
les Suisses le réclament, « voulant, disent-ils, s'en
faire justice dans leur quartier ». Ils demandent sa
tête; ils veulent voir couler son sang. Un garde
national, Rambunoi, cherche à le sauver en proposant de le conduire à la Conciergerie. Les soldats
y consentent, persuadés qu'ils pourront le reprendre
le lendemain. Il y resta six jours, et ne dut ainsi
pour la seconde fois son salut qu'à l'initiative de ce
garde national.

Vers les six heures du soir, un grenadier du

régiment du Roi et deux cavaliers du Mestre de Camp apportent la nouvelle que les quarante cavaliers qui sont partis les premiers à la poursuite de M. de Malseigne ont été massacrés par les carabiniers! Aussitôt on n'entend qu'un cri dans toute la ville : « Il faut voler au secours de nos frères qu'on assassine ! » Tout le régiment du Mestre de Camp monte à cheval. Les officiers prennent la tête, voulant éviter à tout prix un conflit avec les carabiniers. Trois bataillons du régiment du Roi suivent de près. Là, les soldats ordonnent à douze de leurs officiers de les commander. Les Suisses n'en choisissent que quatre. M. de Balivières est obligé de prendre la direction du détachement. Cette petite armée, à laquelle s'est jointe une partie des gardes nationales, arrive à Dombasle à neuf heures du soir.

C'est alors que M. de Bouillé se décide à rassembler ses troupes et à marcher sur Nancy.

CHAPITRE VII

M. DE BOUILLÉ A NANCY
LA FIN DU MINISTÈRE DU COMTE
DE LA TOUR DU PIN

I. M. de Bouillé à Metz. — II. M. de Bouillé concentre ses troupes : arrestation de M. de Malseigne. — III. Les séances du 31 août et du 1ᵉʳ septembre à l'Assemblée. — IV. M. de Bouillé maître de l'insurrection. — V. Jugements sur M. de Bouillé. — VI. Premières attaques contre La Tour du Pin. — VII. Démission du comte de La Tour du Pin.

I

M. de Bouillé avait déjà réprimé l'insurrection de Metz qui avait éclaté dès les premiers jours du mois d'août.

Là, comme à Nancy, les soldats commencent par réclamer de l'argent. Le premier régiment qui prend les armes est un régiment allemand, Salm-Salm. M. de Bouillé tente d'abord de haranguer les soldats : il ne peut rien obtenir d'eux. Ceux-ci s'écrient qu'il leur faut la caisse et les drapeaux, et ils se rendent en foule chez le colonel pour s'en emparer. M. de Bouillé, avec quelques officiers, court, l'épée à la main, devant la porte de la maison pour en défendre l'entrée. De là il envoie l'ordre à un régiment de dragons de monter à

cheval. Les dragons s'y refusent ; les autres corps
de la garnison approuvent et encouragent les
Allemands. Ceux-ci crient qu'il leur faut de l'argent ou du sang ; il mettent en joue M. de Bouillé,
mais les bas-officiers relèvent leurs armes. La municipalité vient enfin au secours du général dont la
position devenait de plus en plus critique. Le maire
réussit à calmer les soldats. « Mais ces scènes,
écrit le marquis de Bouillé, se répètent successivement dans tous les régiments de la garnison, et il
m'est impossible de m'y opposer [1]. »

C'est que l'origine du mal est partout la même ;
elle réside dans cette œuvre destructive de l'Assemblée qui a « institué » l'anarchie légale dont les
semences ont été jetées à poignée dans les cerveaux
des milliers de soldats qui sont venus à Paris se
fédérer. Fédérés, ils le sont par la communauté de
leurs passions, par l'union de leurs instincts alarmés ! On sait les entretenir d'ailleurs dans cette
surexcitation mentale : « J'ai intercepté beaucoup
de lettres, dit M. de Bouillé dans ses Mémoires,
écrites par des membres de l'Assemblée, tous jacobins, aux soldats des différents régiments qui sont
à la tête des insurrections ; ceux-ci leur rendent
compte et reçoivent leurs instructions. » — Et
il ajoute : « C'est que, pour attacher désormais
l'armée à la constitution, il faut la corrompre,
détacher les soldats des officiers, y répandre
l'insubordination, la plonger peut-être dans l'insurrection et la licence. »

[1] Mémoires du marquis de Bouillé.

Pourtant, à Metz, les autorités municipales et les bourgeois sont effrayés des suites qui peuvent résulter de la licence effrénée de dix mille hommes qui ne reconnaissent plus ni chefs, ni lois, ni discipline, ni autorité. Ils se réunissent à M. de Bouillé pour arrêter le désordre. Les gardes nationaux offrent leurs services et parviennent à ramener un peu de calme dans la garnison. Les officiers reprennent quelque autorité. Le Roi écrit lui-même à M. de Bouillé, à la date du 20 août : « Vous avez donné, Monsieur, une nouvelle preuve de votre zèle et des sentiments qui vous animent en ne profitant pas du congé que je vous avais envoyé [1], dans les circonstances où vous l'avez reçu. J'ai appris avec une véritable peine les dangers auxquels vous a exposé la prolongation de votre séjour à Metz ; je n'ai point été surpris de la fermeté dont vous avez donné de nouvelles preuves dans cette occasion, mais j'ai du plaisir à vous témoigner ma reconnaissance et ma satisfaction de votre conduite [2]. »

En même temps, M. de La Fayette écrit à M. de Bouillé : « Vous avez appris, mon cher cousin, les décrets unanimes de l'Assemblée nationale sur l'insurrection de Nancy. M. de La Tour du Pin vous adresse les ordres du Roi. Desmottes, mon aide de camp, qui en est porteur, vous donnera les détails qui pourront vous intéresser. Je ne vous dirai donc que quelques mots. Voici le moment où nous pour-

---

[1] M. de Bouillé allait partir pour les eaux quand l'insurrection éclata à Metz. Il renonça aussitôt à son congé.

[2] Lettre du Roi, datée de Saint-Cloud (le 20 août), au marquis de Bouillé. Mémoires de M. de Bouillé.

rons commencer l'établissement de l'ordre constitutionnel qui doit remplacer l'anarchie révolutionnaire. Ne nous décourageons pas ; espérons qu'en
nous unissant de toutes nos forces pour l'établissement de la constitution, en nous raidissant contre
toutes les difficultés intérieures, nous assurerons à
la fois la liberté et l'ordre public.

Le décret de Nancy est bon : l'exécution doit
être entière et nerveuse... » et, après avoir annoncé
que M. de Malseigne était chargé de l'exécution de
ce décret et qu'il attendrait les ordres de M. de
Bouillé à Lunéville, M. de La Fayette termine ainsi :
« Il me semble, mon cher cousin, que nous devons
frapper un coup imposant pour toute l'armée, et
arrêter par un exemple le débandement général
qui se prépare. Si M. de Malseigne ne trouve pas
cette besogne trop difficile, les dispositions qu'on
va faire sont bien suffisantes ; mais, *dans le cas
d'une grande résistance*, et surtout *d'un accord
entre les garnisons*, il faut que les moyens se com-
binent pour sauver la patrie d'un tel danger, et je
demande d'y marcher avec le titre de votre aide
de camp. Ce qui est bien important est de ne pas
manquer son coup, et de disposer nos mesures de
manière à ce que les succès ne soient pas douteux.

« De tout mon cœur je me joins à vous, parce que
je suis sûr que vous servirez notre constitution, et
que j'ai autant besoin que vous de l'établissement
de l'ordre public [1]. »

Ainsi, l'un des principaux chefs de la Révolution,

[1] Lettre de M. de La Fayette au marquis de Bouillé. Date incer-
taine. Mémoires de M. de Bouillé.

l'un des plus fervents soutiens de l'Assemblée finit
par s'apercevoir « qu'à moins d'une armée bien
commandée, comme l'a écrit Taine, obéissante et
partout présente, on ne fait pas de grande transfor-
mation sociale. » La Fayette voudrait remettre l'ordre dans une société où tout est bouleversé. Malheureusement l'Assemblée, qu'il défend pourtant, n'a
rien créé de stable pour remplacer ce qu'elle a
détruit. Ce n'est pas en vain que l'on démolit brutalement l'œuvre de plusieurs siècles. Toute hiérarchie maintenant a disparu. Sur le corps social
l'opération a été trop brutale ; elle a coupé trop de
liens séculaires ; pour les faire revivre il est trop
tard. L'hémorragie a été trop abondante ; on ne l'a
pas arrêtée à temps, et le corps, privé de sang, entre
en décomposition.

La Fayette a voulu conserver une autorité qui le
rendait tout-puissant. Cela, il n'a pu le faire qu'en
la mettant parfois au service du parti vainqueur.
C'est l'erreur qu'il commence à redouter, la faute
dont il se repentira plus tard. Pour empêcher « le
dernier coup » que les jacobins porteront à la
royauté, son effort sera trop tardif ; il succombera à son tour, abandonné par son armée, prêt
à être livré à ces mêmes factieux qu'il aura servis par imprudence, qu'il aura ménagés par une
timide circonspection. Au moment où, revenant de
ses illusions, il voudra défendre la monarchie, il
sera obligé, et ce sera la condamnation de son
système, de s'enfuir de sa patrie.

II

Aussitôt après avoir reçu ces deux lettres du Roi et de La Fayette, M. de Bouillé trouve à Metz l'ordre de réunir sous son commandement les troupes de la Lorraine, de l'Alsace, de la Franche-Comté et de la Champagne, ce qui lui fait une armée de 90 bataillons et de 104 escadrons[1]. « Presque toutes ces troupes, écrit-il, sont livrées au désordre et à la licence ; l'infanterie française, généralement, est en insurrection : il ne reste que l'infanterie étrangère sur laquelle on puisse compter ; encore quelques régiments sont-ils déjà corrompus. Mais une grande partie de la cavalerie est restée dans l'ordre, a conservé sa discipline ainsi que son attachement et sa fidélité au Roi, soit que, composée d'une meilleure espèce d'hommes, de paysans et de gens de campagne, les cavaliers soient moins portés au libertinage, soit que, répandue et divisée dans les petites villes, dans les bourgs et dans les villages, cette partie de l'armée soit moins exposée à la séduction[2]. »

Dans les 90 bataillons qu'il a sous ses ordres, M. de Bouillé ne peut donc compter que sur

---

[1] Le reste de l'armée française était divisé en trois parties : M. de Rochambeau commandait l'armée du Nord, composée des troupes de la Flandre française, de la Picardie et de la Normandie. Celle du Sud était commandée par le maréchal de Mailly. L'autre, des côtes de l'Océan, à l'exception de la Flandre, de la Picardie et de la Normandie, devait être commandée par un quatrième général qui n'était pas encore désigné.

[2] Mémoires du marquis de Bouillé.

20 bataillons allemands ou suisses; mais, sur les 104 escadrons, 60 [1] au moins sont encore fidèles au Roi. Aussitôt qu'il est en possession de son commandement, il demande à M. de La Tour du Pin, « qui est dans les mêmes principes et a les mêmes vues que lui », un ordre pour faire marcher les troupes à sa volonté. Le ministre lui répond par une lettre en date du 24 août, qui montre toute la confiance qu'il a en M. de Bouillé.

« Sa Majesté, écrit La Tour du Pin, est sensible au nouveau sacrifice que vous lui faites de vos projets. Elle attend de votre zèle pour son service et de votre attachement pour sa personne que vous tiendrez dans la position où Elle s'est plue à vous mettre, jusqu'à ce qu'il soit prouvé, ainsi qu'à Elle, qu'*il n'y a plus aucun moyen de vous y soutenir ; vous savez combien vous me trouverez disposé à seconder vos efforts.*

« Sans les considérations les plus majeures, je me serais empressé de vous *envoyer les ordres en blanc que vous mandez*, et *mon entière confiance en vous m'y aurait porté ;* je mande à mon fils les motifs qui m'ont arrêté, et j'espère que vous les approuverez.

« Si je conçois l'urgente nécessité de briser l'esprit d'insurrection par des mouvements de troupe fréquents, d'autres considérations, tout aussi majeures, me forcent à vous recommander d'apporter la plus grande circonspection dans l'usage de ce moyen. Tâchez de vous assurer, autant que possible, de

---

[1] Dont 27 de hussards allemands.

l'exécution de vos ordres avant de tenter d'en donner, car le pire de tout serait de les voir compromis. Il me semble qu'une mesure bonne et sûre à prendre est d'établir, entre vous et les administrateurs des départements dans lesquels vous commandez les troupes, une confiance réciproque en vous concertant avec eux ; c'est actuellement la marche unique à suivre, et, si ce moyen vous manque, je ne vois plus de ressources.

« Le Roi approuve que vous ayez envoyé M. de Malseigne seul à Nancy, Sa Majesté désirant que la force ne soit employée que lorsque, à l'extrémité, les départements se trouveront forcés à la requérir [1]. »

M. de Gouvernet, fils du ministre, porteur de cette lettre, annonce en même femps à M. de Bouillé, de la part de son père, qu'il va avoir dans son commandement « une vingtaine de mille hommes des meilleurs régiments, composés en grande partie d'étrangers, dont il pourra se servir utilement, et auxquels il pourra en rallier d'autres, pour former le noyau d'une armée plus considérable ».

Aussitôt M. de Bouillé rassemble ses troupes sur les bords de la Seille. Il prend comme points d'appui trois petites places, Marsal, Vic et Moyenvic ; « elles n'ont qu'une faible population, exigent de médiocres garnisons, et la première, entourée de marais, est très forte ». De là il possède toutes les prairies des rives de la Seille pour faire

---

[1] Archives du ministre de la Guerre. Lettre de M. de La Tour du Pin à M. de Bouillé, en date du 24 août 1790. Cette lettre est reproduite dans les Mémoires de M. de Bouillé.

manœuvrer sa cavalerie ; il est placé entre l'Alsace, la Lorraine et les Évêchés ; il a une entrée en Franche-Comté et l'autre en Bourgogne. Il s'assure de Bitche et de Phalsbourg, « petites forteresses excellentes qu'un bataillon suffit pour garder, et où il n'y a ni peuple, ni bourgeoisie ». Ces places le rendent maître de la partie des Vosges qui sépare la basse Alsace de la Lorraine et des Évêchés. De même il occupe Montmédy qui lui assure une communication avec le Luxembourg.

Comme nous l'avons vu, dès qu'il apprend le départ de Nancy de M. de Malseigne, M. de Bouillé rassemble des troupes pour marcher contre cette ville. Mais il ne peut compter sur celles de la garnison de Metz et des garnisons voisines, car « l'esprit d'insubordination agite toute l'infanterie française, et il sait que les soldats ont promis à ceux du régiment du Roi de ne point agir contre eux dans le cas où on le leur ordonnerait ». Il envoie l'ordre de faire marcher quelques bataillons suisses et allemands, quelques régiments de cavalerie, et il parvient à faire sortir de Metz un train d'artillerie de huit pièces de canon. Lui-même part de Metz secrètement le 28 août et arrive le même jour à Toul, où il trouve un bataillon suisse et un régiment de cavalerie.

M. de La Tour du Pin écrit aussitôt au président de l'Assemblée nationale, pour lui faire part de la décision de M. de Bouillé. La lettre est lue à la séance du 29 août. Elle rappelle d'abord les violences provoquées à Nancy par l'arrivée de M. de Malseigne et se termine ainsi : « D'après tant de fautes multipliées et aggravées les unes par les autres, M. de Bouillé s'est décidé à employer les moyens de force que les décrets de l'Assemblée et les ordres du Roi mettaient à sa disposition ; il a fait requérir les gardes nationales des départements voisins et a ordonné à plusieurs régiments de se rendre à des cantonnements qui leur ont été fixés autour de Nancy ; les forces doivent y être réunies le 30 de ce mois. M. de Bouillé commencera le 31 ou le 1er septembre à en faire usage pour assurer l'exécution des décrets de l'Assemblée et des ordres du Roi et pour sévir, s'il y a lieu, contre les coupables et leurs fauteurs[1]. »

Le compte rendu de la séance mentionne « qu'un profond silence régna quelque temps dans l'Assemblée après cette lecture » et que l'abbé Gouttes[2] ajouta : « Messieurs, dès que M. le général de Bouillé exécute nos décrets, il faut attendre l'exécution des dispositions qu'il a prises dans ce but et passer à l'ordre du jour », ce qui fut adopté sans protestation.

Mais, en arrivant à Toul, M. de Bouillé apprend que M. de Malseigne est prisonnier des soldats à Nancy. Que s'est-il passé ?

La garnison de Nancy, arrivée à Lunéville, a exigé le retour de M. de Malseigne. Celui-ci a promis, comptant sur la fidélité de ses carabiniers. Ces derniers ont même livré, le 29, un petit combat

---

[1] Archives parlementaires, tome XVIII. Séance de l'Assemblée du 29 août 1790. Lettre de La Tour du Pin au président de l'Assemblée.

[2] Abbé Gouttes, député du clergé de la sénéchaussée de Béziers.

à l'arrière-garde des rebelles qui se retiraient en désordre sur la ville.

Mais, pendant la nuit du 29 au 30, plusieurs citoyens de Lunéville se rendent au camp des carabiniers, à Croismare, sous prétexte d'apporter des vivres. Parmi eux se trouvent beaucoup de soldats de la garnison de Nancy déguisés en gardes nationaux. Il s'agit pour eux de séduire les carabiniers. Toutes les accusations qu'une imagination déréglée peut enfanter reparaissent de nouveau : c'est toujours le même langage, les mêmes mots appris dans le même dictionnaire ; et, comme ils pénètrent dans les mêmes cerveaux malades, ils produisent le même effet dissolvant. Ils sont les dernières flammes qui font éclater la machine, où tout bout déjà, haines et passions !

Ces gardes nationaux racontent aux carabiniers que le général est un traitre, qu'ils en ont les preuves écrites ; qu'il n'est venu à Nancy que pour opérer une contre-révolution, et qu'il n'a pas pu montrer ses pouvoirs. Bien plus, ils ajoutent qu'il a vendu les carabiniers au roi de Hongrie pour un million, et qu'une armée de 40 000 Autrichiens est en marche pour l'aider dans ses projets. Tout en parlant, ils s'échauffent, deviennent de plus en plus pressants. « Le salut de la France est entre vos mains, finissent-ils par leur dire. Arrêtez M. de Malseigne ; livrez-le à la municipalité de Lunéville : elle a des preuves non équivoques de sa trahison : Nous l'avons vu, de nos propres yeux, lui, général, tuer de deux coups de pistolets les deux carabiniers qui étaient à ses côtés. »

Il n'en fallait pas tant pour gagner à la sédition des hommes chez qui le soupçon était à l'état d'idée fixe. Dès que M. de Malseigne sort du château, il est entouré par deux escadrons qui l'arrêtent. Tout en l'injuriant, on le conduit à travers la ville. Un nommé Violet, vétéran, qui a été député à Paris pour la Fédération du 14 juillet, lui reproche avec aigreur d'avoir vendu les carabiniers pour un million, et ajoute qu'il faut qu'il soit un grand coquin pour avoir fait une pareille action, ce à quoi le général ne peut s'empêcher de répondre : « Vous ! Un million ! Ce serait payer bigrement cher de grands jean-f... ! » A la municipalité, les insultes redoublent. Deux régiments sont requis pour former l'escorte jusqu'à Nancy ; le départ est fixé pour le 30 à neuf heures du matin.

A Nancy, la joie est universelle ; les soldats se livrent à des transports ; ils se consultent sur la manière dont ils feront périr leur victime. Les uns veulent qu'on la pende, d'autres qu'elle soit rouée ; d'autres proposent de l'écarteler. M. de Malseigne arrive à midi dans la ville. Rien de plus triste que l'entrée de ce général dans sa garnison, prisonnier des ses soldats ! L'odieux s'y joint au carnavalesque ! Son cortège est celui d'un mardi gras diabolique, où l'on rit et l'on boit avant de tuer. La musique du régiment du Roi, qui le précède, joue : *On va lui percer le flanc, oh ! que nous allons rire !* Sur la place royale la foule se met à chanter : *Malborough s'en va t'en guerre, ne sait s'il reviendra !* On le promène partout, en l'accablant d'injures. Devant l'Hôtel de Ville on crie : *A la lanterne !* On

le donne en spectacle dans toutes les rues. De la
municipalité on va au quartier du régiment du Roi.
Là, on l'enferme dans un cachot où ont été dépo-
sées toutes les ordures de la ville.

Un cavalier du Mestre-de-Camp se présente
devant chaque compagnie du régiment du Roi et
demande : « Voulez-vous qu'il soit pendu sur le
champ ? » La moitié des compagnies répond oui.
Mais un nommé Renard, colon de la Martinique,
avocat au Parlement de Paris, pénètre dans la cour
du quartier et, s'adressant aux grenadiers, leur
dit : « Vous tenez M. de Malseigne ; il ne peut vous
échapper ; il est coupable, il mérite certainement
la mort ; mais, pour que son supplice soit utile à
la patrie, il faut qu'il soit légal. » M. Renard est
écouté ; on l'applaudit. Le général est conduit à
la prison de la ville, toujours escorté d'une foule
furieuse. « Il faut convenir, lui dit un grenadier,
que tu étais bien cuirassé et plastronné, car je t'ai
tiré au moins quatre coups de fusil qui ont dû
porter sur ta poitrine. »

Les soldats demandent au geôlier le cachot le
plus noir. M. de Malseigne y est enfermé. Une
fenêtre, défendue par des barreaux de fer, donne
à ceux qui le gardent la possibilité de voir tous
ses mouvements. Derrière cette fenêtre, quatre
hommes le couchent en joue pour le tuer, dans le
cas où il semblerait vouloir se tuer lui-même. Un
garde national, nommé Carême, ne cesse de lui
répéter, en lui montrant deux pistolets : « *Voilà
pour toi !* »

Forts maintenant de toute la puissance que leur

donne la possession de deux otages, les soldats vont préparer leur résistance aux « armées de la réaction » qui s'avancent sur Nancy. N'est-ce pas leur devoir? On leur a commenté à la façon du harangueur de place publique tous les articles de la « Déclaration ». La volonté générale est la leur : ils sont la loi vivante. On les opprime ; ils résistent et se lèvent en masse : c'est leur droit « naturel et imprescriptible » !

III

L'Assemblée commence pourtant à s'inquiéter de l'anarchie qui ravage l'armée. Dans la séance du 31 août, M. de La Tour du Pin communique une lettre de M. de Bouillé écrite de Metz en date du 29 août. La lettre rend compte d'abord des « événements bien affligeants » qui se passent à Nancy, de l'emprisonnement de MM. de Noue et de Malseigne, et se termine ainsi : « J'emploierai tous les moyens possibles pour réduire les soldats rebelles ; je crains que la municipalité de Nancy, *prisonnière*, ne me requière de ne pas marcher ; ma position est très embarrassante. Je ferai cependant ce que je croirai pour le mieux. Je pense que ce qu'il y aurait de plus avantageux serait de me faire adjoindre deux députés de l'Assemblée nationale, qui accréditeraient par leur présence la conduite des généraux et le mouvement et l'action des troupes[1]. »

[1] Lettre écrite de Metz par M. de Bouillé à M. de La Tour du Pin, en date du 29 août 1790, reproduite par le journal, le *Point*

En conséquence, le ministre de la guerre demande à l'Assemblée d'adopter la mesure que M. de Bouillé propose. Une longue discussion s'engage.

M. Prugnon [1], député de Nancy, donne lecture d'une lettre des officiers municipaux de cette ville. « La journée du 28, disent-ils, a été horrible. Les suites peuvent l'être davantage. Quoiqu'il en soit, à l'exemple de ces anciens Romains, nous avons juré de mourir dans la chaise curule pour le salut de notre cité. »

M. Emmery [2] lit les procès-verbaux de la municipalité de Nancy. « Tout menace, s'écrie-t-il, le département de la Meurthe et les départements voisins des plus affligeantes catastrophes. Ce n'est pas assez de faire des décrets : vous en avez rendu ; ils sont méprisés : il faut les faire exécuter ; il faut annoncer de la confiance à celui qui sera chargé de se conformer aux ordres donnés par le Roi. J'ai accusé M. de Bouillé, lorsqu'il a refusé de prêter serment à la constitution ; je l'ai accusé, parce que je savais qu'une fois son serment fait, il l'accomplirait ou mourrait à la peine. La même raison qui fondait mon accusation légitime aujourd'hui ma confiance et doit assurer la vôtre. M. de Bouillé a prêté son serment ; il l'a renouvelé. Il est homme d'honneur et je réponds de sa fidélité à le remplir.

du jour (tome XIII, p. 398). Le *Moniteur* n'en cite que des extraits.

[1] Prugnon, député du tiers état du bailliage de Nancy.

[2] Emmery, député du tiers état du bailliage de Metz : rapporteur du comité militaire.

Fiez-vous sur la bravoure de ce général, sur la valeur de la garde nationale de Metz ! Je vous présente le projet de décret suivant :

L'Assemblée nationale déclare : « 1° que sa confiance est entière dans les mesures prises par le Roi pour le rétablissement de la paix à Nancy ; 2° qu'elle approuve tout ce qu'a fait et fera le général, M. de Bouillé, en exécution des décrets de l'Assemblée ; 3° que les personnes qui se joindront aux soldats rebelles seront comme eux dans le cas d'être poursuivies par la force armée. »

M. de la Rochefoucauld[1] soutient le projet. M. Cottin[2] déclare qu'il constitue une proclamation de guerre civile.

M. Salles[3] prétend que « les faits énoncés dans les procès-verbaux sont exagérés et que la municipalité de Nancy professe les sentiments les plus contraires à l'ordre public ».

A ces mots, M. Régnier[4] supplie que l'on entende les députés de la garde nationale de Nancy.

Ceux-ci, MM. André et Henry, sont introduits. Ils racontent à leur façon les troubles de la ville, prétendent que « l'attachement que les soldats donnaient à la Révolution faisait appesantir sur eux la discipline et déployer la sévérité des chefs ». Suivant eux, « l'officier général qui a été envoyé à Nancy, au lieu d'user de douceur, n'a employé que

---

[1] De la Rochefoucauld, député de la noblesse de la ville de Paris.

[2] Cottin, député du tiers état de la sénéchaussée de Nantes.

[3] Salles, député du district de Nancy.

[4] Régnier, député du tiers état du bailliage de Nancy.

la rudesse[1] ». Ils parlent avec cette même passion qui, ailleurs, sait provoquer le soupçon et attiser la haine.

L'abbé Coster[2] met en doute les faits allégués par les sieurs André et Henry. Il demande que l'on prenne « des mesures fortes et promptes, dût-on ne pas s'astreindre aux règles rigoureuses de la justice ». Mais la gauche de l'Assemblée couvre sa voix.

M. de La Fayette dit que « M. de Bouillé a besoin du témoignage de l'approbation de l'Assemblée, et

[1] Il est facile de démontrer l'altération des faits dans le discours prononcé par M. André devant l'Assemblée.

1° « Nous venons, dit-il, réclamer la liberté des huit députés du régiment du Roi ; ils étaient partis avec le consentement libre de leurs chefs et avec un passe-port de la municipalité ». — Or, le sieur Pomier, dont nous avons vu le rôle, et ses collègues s'étaient présentés insolemment chez M. de Balivières et lui avaient *signifié* de leur donner des congés et d'obtenir pour eux des passe-ports de la municipalité.

2° « J'ai à soumettre, ajoute-t-il, les pétitions et les réclamations des différents corps. » Or aucun régiment ne l'en avait chargé. Lui et son collègue Henry avaient sollicité avec instance cette mission. Ils devaient même partir au nombre de quatre, dont le Dr Blaise. Mais la quête n'ayant pas rendu suffisamment, le Dr Blaise et son camarade étaient restés à Nancy. D'autre part qu'auraient eu à demander les soldats ? Ils avaient en poche tout l'argent qu'ils avaient volé.

3° Le sieur André dit encore qu'il fut de ceux qui engagèrent le conseil d'administration de la garde nationale à solliciter le retard de l'exécution du décret du 16 août. La raison en est facile à saisir. D'après ce décret, l'Assemblée ordonnait au procureur du Roi au bailliage de Nancy de rendre plainte contre toute personne, de quelque grade, état et condition qu'elle fût, et aux juges du bailliage de procéder sur ladite plainte concernant le jugement des crimes de lèse-nation. Or plusieurs citoyens devaient être compromis dans cette procédure. Le bruit public en désignait un grand nombre. Il était donc de l'intérêt des coupables de demander une suspension pour la procédure qui allait commencer.

[2] Abbé Coster, député du clergé du bailliage de Verdun.

qu'on doit le lui donner ». « — Je le réclame pour lui, ajoute-t-il, pour les troupes obéissantes et pour les gardes nationales, qui, créées par la liberté, mourront pour elle et courront toujours là où les appellera la défense de la constitution et de la loi. »

Robespierre attaque violemment le projet de décret et surtout le choix de M. de Bouillé. « On vous garantit, s'écrie-t-il, le patriotisme de ce général, et longtemps il a refusé de remplir son devoir de citoyen. Pourquoi ne douterait-on pas de la sincérité de son repentir? Il n'y a pas de garantie individuelle du caractère moral d'un homme, quand il s'agit du salut public. Je demande que quatre députés de l'Assemblée soient envoyés avec la mission *de vérifier* les faits, et de *suspendre ou de diriger les mesures militaires.* »

Barnave [1] appuie les déclarations de Robespierre : « Il est urgent, dit-il, de rétablir l'ordre à Nancy et de faire cesser les malheurs qui nous affligent; il faut y procéder d'une manière efficace et qui rende le succès aussi probable que la sagesse humaine puisse le prévoir. Je pense donc qu'il faut rédiger à l'instant une proclamation dans laquelle l'Assemblée nationale annoncera avec fermeté qu'elle veut punir tous les coupables, de quelque grade qu'ils soient; qu'elle scrutera toutes les causes; que, pour obtenir justice, que, pour assurer la punition des coupables, il faut rentrer dans l'ordre; qu'elle examinera tous les droits, tous les intérêts, quand chacun sera à son poste; que, jus-

---

[1] Barnave, député du tiers état du Dauphiné.

qu'à sa décision, on ne fera de mal à personne, et que tous les soldats et citoyens seront sous la sauvegarde de la nation. »

La motion de M. Barnave est adoptée presque à l'unanimité. L'Assemblée décrète qu'il sera rédigé le soir même une proclamation « tendant à ramener à la subordination et à faire rentrer dans le devoir les régiments en garnison à Nancy », et que cette proclamation sera portée par deux commissaires nommés par le Roi.

A la séance du lendemain, 1er septembre, le président de l'Assemblée, « au milieu du plus profond silence », donne lecture d'une nouvelle lettre du ministre de la guerre. « Par une lettre du 30 août, écrit-il, dont M. de Bouillé a chargé pour moi M. Pecheloche[1] à son passage à Toul, ce général me mande que les troupes qu'il a rassemblées paraissent dans les meilleures dispositions pour faire exécuter les décrets de l'Assemblée, mais qu'il apprend que les carabiniers viennent tout à coup de livrer M. de Malseigne à la garnison de Nancy.

« M. de Bouillé craint qu'une pareille nouvelle n'influe infiniment sur l'esprit des troupes qui sont avec lui. Il leur a fait lire, dans la matinée du 30, une proclamation qu'il m'envoie. Dans la matinée du 31, il a dû réunir les troupes avec les gardes nationales à Frouard, sur la route de Pont-à-Mousson, leur lire le décret de l'Assemblée, et voir, d'après leurs dispositions mutuelles, s'il peut

[1] Pecheloche, aide-major de la garde nationale parisienne, envoyé en mission à Nancy.

espérer l'exécution du décret ou renvoyer les troupes dans leurs garnisons respectives. »

Le président donne ensuite lecture d'un extrait de la proclamation de M. de Bouillé : « La Nation, la Loi et le Roi. — Nous, François, Charles, Amour de Bouillé. La garnison de Nancy ayant désobéi au décret de l'Assemblée nationale du 6 août, ayant usé de violences contre ses officiers et contre l'officier général chargé des ordres du Roi, le régiment Châteauvieux ayant surtout rompu tous les liens de la discipline et de l'obéissance ; des cavaliers de Mestre de Camp ayant poursuivi M. de Malseigne le sabre à la main, etc… Étant nécessaire de réprimer de pareils excès, en vertu d'un décret de l'Assemblée nationale du 16 août, qui ordonne d'employer tous les moyens de la force armée, ordonnons aux troupes de marcher à l'heure qui sera indiquée, pour contraindre par la force les soldats rebelles aux lois ; invitons les gardes nationales de Nancy, les bons citoyens et les soldats fidèles de se réunir à nous. »

Aussitôt après la lecture de cette proclamation, M. Pecheloche, officier de la garde nationale parisienne, s'avance à la barre. Parti, le 19 août, avec deux des huit soldats députés par le régiment du Roi afin de tranquilliser la garnison de Nancy, il raconte, sans les commenter, les tristes événements dont il a été le spectateur. Sa déposition semble d'une impartialité absolue et mériterait d'être citée tout entière : elle montre jusqu'à quel degré de surexcitation peut arriver une foule, ayant même des habitudes de discipline, lorsque le ressort

moteur qui la dirige se rompt et que les rouages ne
fonctionnent plus. A force de respirer l'air méphi-
tique de la haine et du soupçon, elle finit par
devenir hallucinée, par avoir des visions de fan-
tômes sinistres et grotesques qui l'énervent, qui
la rendent folle : « On crie à la trahison dans
toutes les rues, dit M. de Pecheloche; on dit que
les ennemis sont sur la frontière qui est dégarnie,
que M. de Malseigne les a rejoints, qu'il vient avec
les carabiniers. On part; il faisait nuit; on voit des
arbres sur lesquels on tire, parce qu'on les prend
pour des carabiniers [1]. »

L'Assemblée et les spectateurs applaudissent à
plusieurs reprises la déposition de M. Pecheloche.
Aussitôt M. Barnave donne lecture de la proclamation ajournée la veille par l'Assemblée. Cette
proclamation est ce que furent les précédentes.
Remplie d'abstractions creuses, sans arguments
précis, sans faits probants, elle contient d'abord,
laborieusement exprimée, l'expression de l'étonnement de l'Assemblée à la première nouvelle des
désordres et la justification de l'emploi tardif de la
force. « Et si, rebelles à la voix de l'honneur et de
la patrie, ajoute-t-elle, il en était qui pussent
résister à ces paternelles invitations, le salut public
exige et l'Assemblée nationale veut que toutes les
forces protectrices des lois soient employées pour
les réduire. »

Malouet [2] demande en vain que la proclamation

---

[1] Archives parlementaires. Séance du 1er septembre 1790.

[2] Malouet, député du tiers état de la sénéchaussée de Riom.

contienne une approbation formelle de la conduite de M. de Bouillé. Créée pour légiférer, l'Assemblée subordonne les faits à sa théorie, et celle-ci la dispense de toute discussion. M. de Montlosier[1] le lui dit nettement : « Cette proclamation n'est pas de nature à faire rentrer les troupes dans le devoir, ni à les ramener à la discipline. » Mais qu'importe à des hommes qui dissertent en chambre, comme des rhétoriciens, sur des actes qu'ils considèrent de très loin et du haut de leur infaillibilité !

IV

Heureusement pour eux, M. de Bouillé n'attend pas leurs décrets pour prendre ses dispositions. Le 30 au matin, de Toul, où il se trouve avec une partie de son armée, il fait parvenir à Nancy la proclamation lue à l'Assemblée le 1er septembre. Dans la nuit du 30 au 31, ayant appris l'arrestation de M. de Malseigne, il écrit à M. de Noue : « Monsieur, je suis arrivé, en vertu d'un décret de l'Assemblée nationale, pour rétablir l'ordre dans la ville de Nancy et la discipline parmi les troupes de cette ville. Si les soldats, honteux de tant d'excès, veulent donner un acte de repentir, le premier témoignage que j'en demande est la délivrance de M. de Malseigne, à qui j'ordonne de venir me joindre sur la route de Pont-à-Mousson, où je serai

---

[1] De Montlosier, député de la noblesse de la sénéchaussée de Riom.

à la tête de mes troupes, demain, 31, à dix heures
du matin ; je ferai ensuite connaître mes ordres
ultérieurs. Sinon, je rallierai aux troupes fidèles
tous les bons citoyens de gardes nationales, et ces
soldats traîtres à la patrie verront la nation entière
marcher contre eux pour punir leur rébellion et les
forcer d'obéir à la Loi et au Roi. »

Cette lettre est communiquée au conseil général
assemblé à sept heures du matin. On l'imprime et
on la répand à profusion dans la ville. Les soldats
consentent à ce que leurs députés se joignent à
ceux de la municipalité et se rendent auprès de
M. de Bouillé pour entendre ses propositions.

Celui-ci rassemble toute son armée à Frouard,
à deux lieues de Nancy : il en passe la revue et
« trouve la plus grande ardeur parmi les soldats,
qui ne demandent qu'à faire exécuter les décrets de
l'Assemblée dont on vient de leur donner lecture ».
A onze heures et demie, les députations de la garnison, de la municipalité et du département se
rendent au quartier général. M. de Bouillé les reçoit
à la tête de ses troupes : « Je n'écouterai aucune
proposition, leur dit-il, avant que mes conditions
ne soient remplies. Un général ne traite jamais avec
des rebelles. J'ordonne que la garnison de Nancy
sorte de la ville les armes basses, qu'elle se mette
en bataille dans la plaine, qu'elle me rende sur-le-
champ MM. de Noue et de Malseigne ; je veux de
plus qu'on me remette sur-le-champ quatre des
principaux mutins de chaque régiment, pour les
envoyer à l'Assemblée nationale et y être jugés
suivant la rigueur des lois. En outre, je vous préviens

que si la garnison persiste dans son opiniâtreté,
j'entrerai dans Nancy les armes à la main, deux
heures après le retour de votre députation, et je
passerai au fil de l'épée tous ceux qui seront trouvés les armes à la main. »

« Les officiers municipaux gardent le silence
et paraissent consternés. Mais les autres élèvent la
voix avec insolence, témoignent leur mépris pour
de tels ordres et proposent des conditions[1]. » Les
grenadiers français ne peuvent contenir leur fureur.
« Un soldat du régiment suisse, Vigier, adressant
la parole à la députation, s'écrie : « Nous rougis-
sons aujourd'hui des revers de notre uniforme,
parce qu'ils sont à peu près les mêmes que ceux des
brigands qui vous accompagnent (en désignant les
soldats de Châteauvieux); eux seuls les ont souillés;
déjà nous avons retourné les revers pour n'avoir
rien de commun avec de pareils rebelles ; il faut
les pendre[2] ».

« Je renvoie la députation, écrit le marquis de
Bouillé dans ses mémoires, en annonçant mes dispositions, les mêmes que celles des troupes. Quelques membres des corps administratifs s'approchent
de moi et me disent tout bas que la fureur des
rebelles est si grande contre eux qu'ils seront pendus
si je les laisse rentrer dans Nancy. Je leur ordonne
de rester avec moi, et je mets mes troupes en marche
l'instant d'après pour attaquer les rebelles, s'ils
persistent dans leur obstination. »

[1] Mémoires du marquis de Bouillé.
[2] Second procès-verbal dressé par la municipalité de Nancy.

A deux heures et demie, l'avant-garde de M. de
Bouillé est à une demi-lieue des portes de la ville.
Celles-ci sont défendues chacune par un fort détachement. M. de Lort, capitaine au régiment du
Roi, est avec M. des Illes à la porte Stainville, par
où l'on présume que l'armée du général entrera.
Le plan de celui-ci, en cas de résistance de la part
des soldats de la garnison, est de diviser ses troupes en deux colonnes, de tenter en même temps
deux fausses attaques, l'une à la porte Stainville,
l'autre à la porte Stanislas, puis de faire brèche dans
le mur de la Pépinière et de s'emparer de la terrasse de la Pépinière d'où il dominera les quartiers
du régiment du Roi et des Suisses.

Entre temps, la garnison de Nancy décide de
livrer à M. de Bouillé MM. de Noue et de Malseigne. On fait sortir M. de Malseigne de son
cachot; on le jette en voiture, non sans peine, car
la foule menace de le tuer. Elle veut garder son
otage, le trophée vivant de ses victoires! Couché
en joue plusieurs fois, il ne doit sa vie qu'à M. de
Vigneron, grand maître des eaux et forêts, qui
relève à temps le fusil d'un grenadier. Il arrive
enfin auprès de M. de Bouillé. « Les deux généraux s'embrassent, écrit un témoin oculaire[1], et
leur entrevue fait verser des larmes d'attendrisse-
ment à tous les spectateurs ».

« Dès lors, écrit M. de Bouillé, je regarde cette
affaire comme finie, d'après l'assurance que m'en
ont donnée les députés de la ville et des troupes,

---

[1] De Léonard, officier au régiment du Mestre-de-Camp-Général
Cavalerie.

et je suspends la marche des miennes. Je n'attends, pour entrer dans la ville et en prendre possession, que la sortie de la garnison, et je m'applaudis d'être sorti heureusement d'une position aussi dangereuse. »

A ce moment, la tête d'une des colonnes atteint la porte Stainville. Les Suisses, qui forment l'avant-garde, se prennent de querelle avec la populace armée qui défend cette porte : celle-ci a placé à l'entrée plusieurs pièces de canon chargées ; elle veut y mettre le feu. Un jeune officier du régiment du Roi, nommé des Illes, l'arrête quelques instants : « Tirez sur moi, dit-il, si vous voulez vous rendre coupables d'un crime, mais que je n'en sois point le témoin ! » Il se met devant la bouche du canon ; on l'en arrache. Il s'assied sur la lumière d'un canon de 24 ; on le massacre. Les canons partent et jettent par terre cinquante à soixante hommes de l'avant-garde. « Aussitôt, les Suisses, suivis des grenadiers français, se précipitent avec furie sur les canons et s'en emparent, ainsi que de la porte Stainville. Ils entrent dans la ville et sont assaillis d'une grêle de coups de fusil qui partent des caves, des fenêtres et des toits, sans apercevoir aucun ennemi[1]. »

Le combat est donc engagé, malgré la volonté de M. de Bouillé. « Quel fut mon étonnement, écrit-il, quand j'entendis le signal d'une bataille que je m'étais efforcé d'éviter et à laquelle je ne devais plus m'attendre ! Je vole à la tête de mes

[1] Mémoires du marquis de Bouillé.

troupes, dont une partie déjà est en désordre, cul-
butée, renversée, prête à fuir. Heureusement, les
officiers du régiment du Roi, forcés par leurs soldats de rester avec eux, parviennent à leur persuader de se retirer dans la cour de leur caserne,
de s'y mettre en bataille et d'attendre qu'on les y
attaque. Cette mesure très sage sauva tout. »

A sept heures et demie, M. de Bouillé arrive
enfin à la terrasse de la Pépinière, non loin des
casernes des Suisses et du régiment du Roi. Il a
déjà perdu 40 officiers et près de 400 soldats, tués
ou blessés. Deux escadrons de hussards ont vu leur
effectif diminuer de moitié. Il est vrai qu'il a pris
douze pièces de canon et fait 500 prisonniers ! La
nuit approche : il hésite à attaquer les casernes du
régiment du Roi, quand un de ses aides de camp,
M. de Rodais, lui rend compte « qu'il a parlé aux
soldats, qu'il les a trouvés très alarmés et disposés
à se soumettre, qu'ils commencent à écouter la voix
de leurs officiers, et que, si le général paraît, il ne
doute pas de leur soumission [1] ».

« J'y cours à l'instant, seul, écrit M. de Bouillé.
Les soldats paraissent consternés en me voyant, et
veulent mettre bas les armes. Je les en empêche,
mais je leur signifie de sortir de la ville dans un
quart d'heure, et ils y consentent.

« A neuf heures du soir, toute la garnison est
partie et est en marche ; le peuple de Nancy est dis-
persé et rentré chez lui, les étrangers se sont
retirés et la ville est dans le plus grand calme. Le

---

[1] Mémoires du marquis de Bouillé.

lendemain, le département et la municipalité reprennent leurs fonctions et leur autorité : l'ordre est entièrement rétabli. Ce qu'il y a de particulier et d'heureux, c'est qu'aucune maison n'est pillée, ni brûlée, et qu'il n'y a d'habitants tués ou blessés que ceux qui ont pris les armes. »

V

« Voilà ce qu'on appelle le massacre de Nancy ! » Une demi-journée d'action efficace avait fait ce que n'avaient pu faire six mois de décrets et de proclamations. Lorsque « des bêtes féroces dévorent des hommes désarmés », ce ne sont pas des magistrats, des lois ou des exhortations qu'il faut jeter dans l'arène, mais l'arme qui permettra de les dompter, le fer qui permettra de les enchaîner ! L'alarme de l'Assemblée avait été réelle, comme le péril de la constitution. Les députés le comprennent maintenant, et ils tiennent à cette constitution comme à leur œuvre, intangible et éternelle. Encore sous l'impression de leur frayeur, rien de plus inconscient que les éloges qu'ils décernent à M. de Bouillé, dans la séance du 3 septembre. M. Prugnon, M. de Beauharnais, le duc de La Rochefoucauld-Liancourt, Alexandre de Lameth, M. Régnier, M. de Menou, M. Rœderer lisent chacun à leur tour un projet de décret. Finalement on adopte celui de M. Riquetti l'aîné, ci-devant de Mirabeau.

L'Assemblée nationale décrète :

« Que les gardes nationales qui ont marché sous

M. de Bouillé sont remerciées du patriotisme et de
la bravoure civique qu'elles ont montrés pour le
rétablissement de l'ordre à Nancy.

« Que M. Désilles est remercié pour son dévouement héroïque.

« Que le général et les troupes de ligne sont
approuvés pour avoir glorieusement rempli leur
devoir [1]... »

Le président de l'Assemblée joint une lettre personnelle à l'envoi de ce décret : « La gloire d'avoir
vengé les lois et réprimé des séditieux qui les
enfreignaient toutes, écrit-il, est au-dessus de celle
d'avoir été plusieurs fois vainqueur des ennemis de
la France ; il vous appartenait de réunir l'une et
l'autre. »

La Fayette, lui aussi, réduit au rôle de chevalier
servant de la constitution, écrit à M. de Bouillé :
« Vous êtes le sauveur de la chose publique. J'ai
partagé vos anxiétés sur la terrible situation où
nous étions prêts à tomber, et j'ai regardé l'exécution du décret de Nancy comme la crise de la constitution... A l'intérieur il y a bien encore du mouvement, et Paris fermente singulièrement depuis
quelques jours ; mais il faudra bien que nous
venions à bout de ces difficultés, qui seules à présent peuvent retarder l'établissement de l'ordre
constitutionnel. »

Quant au Roi, sa lettre laisse voir tout l'attachement profondément sincère qu'il porte au marquis
de Bouillé : « Vous avez sauvé la France le

Archives parlementaires. Séance du 3 septembre 1790.

31 août et vous avez par là montré aux autres le chemin et comme ils doivent se conduire. Vous avez acquis des droits éternels à mon estime et à mon amitié. »

Mais il faut commémorer d'une façon encore plus solennelle la mort des « bons citoyens » de Nancy, permettre à la douleur exaltée des « patriotes » de Paris d'éclater avec exubérance dans quelque cérémonie majestueuse, dans quelque carnaval funèbre : c'est toujours la seconde partie du drame, l'ivresse de la douleur après celle du sang !

A la séance de l'Assemblée du 21 septembre, Heurtault-Lamerville [1] rend compte de la cérémonie funèbre, qui a été célébrée le 20 septembre au champ de la Fédération en l'honneur des gardes nationales victimes de leur patriotisme. Au style de l'orateur, on reconnaît ce besoin de grands mots vides de sens, d'enfilades d'abstractions creuses se prolongeant à l'infini, qui caractérise l'éloquence de l'époque et qui provient d'une sensibilité maladive, d'une surexcitation constante de tous les sens, d'une tension fébrile de tous les nerfs. « L'affluence des spectateurs est immense, raconte Heurtault-Lamerville ; le plus profond silence qui règne augmente ce qu'ont de lugubre la musique et la décoration. Jamais homme n'a vu un spectacle aussi majestueux, aussi imposant, aussi puissant sur l'âme. Différent du grand jour de la Fédération, celui d'hier a comme lui le caractère bien marqué.

---

[1] Heurtault-Lamerville (vicomte), député de la noblesse du bailliage du Berry.

L'un représentait le tableau de la joie du cœur la plus exaltée; l'autre, l'affliction fraternelle.

« Nous montons à l'autel qui est au pied du mausolée, entouré de peupliers, de torches funéraires et de jeunes soldats qui semblent, autour de ce tombeau vénérable, prendre la première leçon de mourir pour la patrie. C'est alors que, dans la douleur et l'admiration, nous remarquons tous et avons retenu les quatre fidèles inscriptions qui décorent les quatre faces du monument :

« Aux mânes des braves guerriers morts à Nancy pour la défense de la Loi, le 31 août 1790.

« Ennemis de la Patrie, tremblez, ils laissent leur exemple !

« Le marbre et l'airain périront ; leur gloire est éternelle comme l'empire de la liberté !

« C'est dans ce champ qu'ils venaient de jurer d'être fidèles à la Nation, à la Loi et au Roi !

« Messieurs, en silence, et les yeux mouillés de larmes, nous descendons de l'autel. Et nous nous en éloignons, en désirant ne revoir jamais spectacle semblable [1]. »

Malheureusement, le monument funèbre ne contient que les dépouilles de ceux qui sont « morts pour la constitution ». L'on n'a pas pu y ensevelir l'anarchie, y enterrer les germes de l'indiscipline et du désordre triomphants.

Car le mal n'est pas localisé : la crise est générale, et l'affaire de Nancy en est simplement une des convulsions les plus tragiques. On peut éteindre

---

[1] Archives parlementaires. Séance du 21 septembre 1790.

l'incendie en un point ; les flammes refoulées vont dévorer ailleurs. M. de Bouillé pense pourtant qu'il est encore possible de sauver l'ordre et l'autorité. « Le Roi, écrit-il, dispose, dans l'étendue de son royaume, d'environ quarante bataillons suisses, allemands et autres étrangers, et d'environ cent escadrons qui lui sont fidèles ; les nobles et une partie des propriétaires se réuniront à lui. Il est impossible que les constitutionnels ne cherchent pas à s'appuyer du Roi, qui aurait alors un parti qu'il n'a pu avoir depuis la Révolution. Ce monarque sort donc ainsi de sa situation avilissante ; il en prend une plus relevée et il a alors des ministres capables. L'archevêque de Bordeaux, garde des Sceaux, est un homme de grand sens ; M. de Saint-Priest, ministre de l'Intérieur, a un grand caractère ; M. de La Tour du Pin est un homme vertueux, dont je peux absolument disposer. »

Le parti jacobin prend cependant de plus en plus d'influence. Il met autant d'art et d'audace dans sa conduite que le parti constitutionnel met de maladresse et de faiblesse dans la sienne. S'il est encore timide dans l'Assemblée, dans Paris il attaque ouvertement et domine : il attaque La Fayette, qui, plein de confiance dans son armée parisienne, affecte de le mépriser. Bientôt il va attaquer La Tour du Pin, qui succombera sous ses coups.

L'armée est moins sûre que jamais. Si les corps étrangers demeurent fidèles au Roi, si les troupes, dans les provinces, sont momentanément rentrées dans l'ordre, en revanche tous les régiments d'infanterie française restent profondé-

ment attachés à la Révolution : « Ils n'obéissent au
Roi que comme étant le chef, écrit M. de Bouillé,
et à leurs officiers moins qu'aux municipalités et
aux chefs des clubs qui en disposent encore davantage, mais qui, dans ce moment, ne cherchent pas
encore à les corrompre, attendant une occasion
favorable. Dans la plupart des corps, des soldats
ont des correspondances avec les principaux
membres de l'Assemblée constituante, qui entretiennent parmi eux des agents secrets auxquels ils
obéissent aveuglément et qui dirigent leur conduite. »

De nouveau, les mouvements de troupe décrétés
par le ministre de la guerre ne peuvent s'exécuter.
Le régiment de Noailles, destiné à Montauban,
refuse d'obéir. Le régiment de Vexin reçoit l'ordre
de partir de Marseille pour renforcer les garnisons
d'Antibes et de Monaco : aussitôt il demande la
suppression de cet ordre, et les districts, à une
majorité de 17 contre 7, s'opposent à son départ[1].
A Nancy même, l'on peut craindre un instant de
nouveaux désordres. M. de Bouillé « engage en
vain l'Assemblée à faire punir quelques-uns des
principaux rebelles pris les armes à la main, afin
de faire un exemple qui en impose au peuple et à
l'armée ». Il ne peut l'obtenir, et les deux commissaires, envoyés pour connaître les causes de l'insurrection, commencent leur œuvre « en faisant
beaucoup de mal par leur extrême indulgence et

---

[1] Tous ces faits sont portés à la connaissance de l'Assemblée
par des lettres de M. de La Tour du Pin. Celle-ci ne semble pas
s'en émouvoir.

par leurs démarches pour rétablir le patriotisme presque éteint dans cette ville [1] ».

A Paris, les jacobins, furieux de l'échec partiel de leurs projets, particulièrement à Nancy, « excitent la foule contre La Fayette, contre Bouillé et contre le ministre de la guerre. Celle-ci demande ces trois têtes, et La Tour du Pin a bien de la peine à garantir la sienne [2] ». L'Assemblée est dominée de plus en plus par les intrigues du duc d'Orléans et la crainte des mouvements populaires : elle nomme trois nouveaux commissaires, trois orléanistes, pour examiner une seconde fois la conduite de MM. de Bouillé et de La Tour du Pin dans l'affaire de Nancy; elle a la faiblesse de revenir ainsi sur une question déjà jugée par elle.

VII

Le 21 octobre, Gaultier-Biauzat [3] accuse La Tour du Pin, à la barre de l'Assemblée, « d'employer dans les régiments de nouvelles manœuvres pour se défaire des soldats patriotes, de ceux qui, par leur éducation, sont les plus propres à propager l'esprit de la constitution [4] ». Et, sur la proposition de ce député, La Tour du Pin reçoit l'ordre « de fournir au comité militaire un état exact de

[1] Mémoires du marquis de Bouillé.

[2] Mémoires du marquis de Bouillé.

[3] Gaultier-Biauzat, député du tiers état de la sénéchaussée de Clermont en Auvergne.

[4] Archives parlementaires. Séance du 23 octobre.

tous les congés donnés aux soldats de toutes les armes depuis le 15 juillet 1789 ».

Déjà, dans les centres jacobins, le renvoi de La Tour du Pin est décidé. Le nom de Duportail est mis en avant par La Fayette. Celui-ci essaye de reconquérir un peu de sa puissance, qui diminue de jour en jour. A la tête de ses ennemis se trouvent Mirabeau et surtout les Lameth ; « l'ambition seule les guide, ils veulent forcer La Fayette à quitter son commandement de la garde parisienne et en disposer pour eux et leurs amis. Les jacobins abandonnent pour un temps leur plan désorganisateur pour ne s'occuper qu'à détruire le héros de la constitution ». De son côté, La Fayette, « au lieu de s'attacher au monarque, ainsi qu'il l'eût dû, et d'augmenter son autorité et sa force par celle de la constitution même dont le Roi était déclaré le chef et qu'il désirait sincèrement, ne cherche qu'à le dépouiller de l'apparence de souveraineté qui lui reste, à le dégrader, à resserrer sa prison, et à lui en rendre le séjour plus insupportable et plus amer [1] ».

C'est à cette époque que le marquis de Bouillé engage Louis XVI à se mettre à la tête de son armée et à jouer le rôle de pacificateur aux yeux de la nation. Le plan semble judicieux et réfléchi : « Je n'entrevois plus qu'une seule ressource, écrit-il dans ses mémoires, non pour rétablir l'ancienne monarchie — il n'est déjà plus temps, — mais au moins pour en sauver quelques débris, rendre au

---

[1] Mémoires du marquis de Bouillé.

Roi sa liberté, une partie de sa dignité et quelques lambeaux de son autorité. Ce moyen est d'engager l'Empereur, son allié, de faire avancer quelques troupes sur la frontière. Il réclamerait les droits des princes allemands possessionnés en Alsace et en Lorraine, qui ont été violés par les décrets de l'Assemblée, ce qui servirait de prétexte aux mouvements de ces troupes. J'en aurais un pour faire rassembler une armée composée des meilleurs régiments ; je ferais envoyer une adresse par les départements des provinces pour demander à l'Assemblée que le Roi vînt se mettre à la tête de son armée, pour dissiper, par sa présence, l'esprit de licence et d'indiscipline qui règne parmi les soldats. Une fois le Roi à la tête de son armée, il est facile de lui attacher les soldats ; tous les officiers lui sont dévoués : il joue le rôle de pacificateur aux yeux de la nation. »

Louis XVI, faible et indécis, ajourne l'exécution du projet. Il entretient avec M. de Bouillé une longue correspondance dans laquelle « il ouvre son cœur sur sa situation, sur ses malheurs, sur ses intentions, qui n'ont constamment pour objet que le rétablissement de la paix et de la tranquillité de son royaume, aux dépens de son autorité et de ses jouissances personnelles ; il ne se propose d'employer la ressource des armes que quand celle de sa bonté sera épuisée [1] ».

Pouvait-on d'ailleurs compter d'une façon absolue sur la fidélité des troupes, comme semble

______

[1] Mémoires du marquis de Bouillé.

l'affirmer M. de Bouillé ? Il est permis d'en douter.
En tout cas il est certain que l'Assemblée n'aurait
jamais toléré que le Roi prît en personne le commandement de son armée.

La Tour du Pin eut problablement connaissance
des projets du marquis de Bouillé. Pourtant on n'en
trouve aucune allusion dans sa correspondance.
Depuis l'affaire de Nancy, il semble découragé et
désireux d'abandonner une tâche où il a mis toute
son âme et où tous ses efforts maintenant restent
vains. Attaqué violemment par les clubs jacobins
de Paris, combattu presque ouvertement par La
Fayette, qui cherche à se refaire dans l'armée la
popularité qu'il perd de plus en plus dans le peuple
et dans l'Assemblée, le ministre de la guerre sent
que la lutte devient désormais impossible contre
l'anarchie grandissante.

Déjà le 2 avril 1790, devant le rejet de son plan
militaire, dont nous reparlerons plus loin, il offre
au Roi sa démission. Sa lettre, écrite de sa main,
a été trouvée dans les papiers de l'armoire de fer,
au château des Tuileries.

2 avril 1790.

« J'avais pensé que le plan militaire que j'ai mis
sous les yeux de Votre Majesté était celui qui,
d'après les plus mûres réflexions, pouvait à la fois
lui donner une armée bien constituée, remplir les
vues d'économie dans lesquelles il fallait se renfermer, ménager le plus les individus en détruisant les
abus. Votre Majesté a désiré conserver tous les corps
actuels en se bornant à en diminuer la force. Je me

suis empressé d'exécuter ses ordres et je lui en ai présenté les résultats. Mais ils me paraissent entraîner de si grands inconvénients, ils me semblent si peu conformes aux principes militaires dont je fais l'étude depuis cinquante ans, ils sont surtout tellement éloignés de l'esprit public, que je croirais mal servir l'État et Votre Majesté, que la première fois je manquerais à mon respect pour Elle et à mon attachement à ses vrais intérêts en me chargeant de présenter un pareil travail.

« Une raison encore plus pressante, Sire, me détermine à demander à Votre Majesté la permission de me retirer. Le plan que j'ai proposé est public. S'il arrivait que l'Assemblée n'adoptât pas celui que Votre Majesté lui fera proposer, dans quelle position me trouverais-je ? Aussi je dois, Sire, par dévouement aux intérêts de Votre Majesté, lui donner la dernière preuve de mon zèle en la suppliant d'agréer ma démission.

« Je suis avec le plus grand respect, Sire, de Votre Majesté le très humble et très obéissant serviteur et fidèle sujet[1]. » *Signé :* La Tour du Pin.

Quelques jours après, le plan militaire du ministre est adopté par le Roi, et La Tour du Pin retire sa démission.

Le 8 octobre, il écrit une nouvelle lettre. Le ministère tout entier demande à se retirer : « ... La conviction, dit-il, que le ministère actuel ne pouvait plus rien pour le bien a seule déterminé vos ministres à proposer à Votre Majesté de les changer, et je pense

---

[1] Archives nationales.

qu'en cet état tout retard est infiniment nuisible à
la chose publique.

« J'ose espérer, Sire, que tout le temps que Votre
Majesté a bien voulu me conserver dans son ministère, Elle a daigné juger mes efforts avec bonté. J'ai
souvent été forcé d'affliger le cœur de Votre
Majesté par les tristes tableaux des insurrections
sans cesse renaissantes dans l'armée : mais j'ai la
consolation de pouvoir assurer Votre Majesté
qu'aujourd'hui presque tous les corps qui la composent rougissent de leurs égarements et sont aux
pieds de Votre Majesté pour implorer son indulgence. Si je n'ai pas toujours proposé à Votre
Majesté d'employer la fermeté si nécessaire au
maintien de l'ordre et de la discipline dans les
armées, c'est qu'une foule de circonstances se com-
binaient entre elles pour en empêcher l'emploi. Il
a fallu trop souvent se borner à remettre au temps,
à la prudence et aux mesures les plus modérées de
ramener les troupes égarées [1]. »

Et La Tour du Pin termine en suppliant le Roi
de lui permettre de se retirer.

VII

Quelques jours après l'envoi de cette lettre, le
10 novembre 1790, une députation de la commune
de Paris demande à être admise à la barre de l'Assemblée. L'orateur de la députation est Danton.

[1] Archives nationales.

« La commune de Paris, s'écrie-t-il au milieu des interruptions de la droite, plus à portée qu'aucune autre commune du royaume d'apprécier la conduite des ministres, cette commune, jalouse de remplir, au gré de tous les bons Français, les devoirs de première sentinelle de la Constitution que sa situation lui impose, s'empresse de vous apporter un vœu qu'elle croit fermement être dans le cœur de tous les ennemis du despotisme. Ce vœu, que dictent la loi suprême et le salut du peuple et dont l'accomplissement légal importe à ceux mêmes qui le provoquent par leur conduite antipatriotique, c'est le renvoi prompt, le renvoi immédiat des ministres. »

Et, « au milieu des murmures des diverses parties de la salle », Danton accuse violemment « le sieur Champion, convaincu d'avoir altéré le texte de plusieurs décrets », « le sieur Guignard, qui ne connaît d'autre patriotisme que celui qu'il a puisé dans la politique du divan ».

« Quant au troisième, s'écrie-t-il, le sieur de La Tour du Pin, incapable d'aucune action qui lui soit propre, mais ennemi de la Révolution, parce qu'il prend ses parchemins et sa vanité pour de la véritable noblesse, mais despote, parce qu'il est faible, il est coupable plus que tout autre peut-être, parce que sa maladresse ne lui permet pas de masquer ce que ses intentions ont de condamnable. Le sieur de La Tour du Pin, depuis un an, dégarnit les frontières pour surcharger les villes intérieures, pour armer les gardes nationales contre les troupes de ligne, par la seule raison qu'elles vivent en bonne intelligence avec les citoyens ; il flétrit, il opprime tous les soldats, tous les sous-officiers qui osent se dire les amis de la constitution ; il n'a pas craint de faire le premier revivre les lettres de cachet ; il a retenu pendant neuf mois dans les prisons un sous-officier contre lequel il n'y avait ni jugement, ni instructions, ni accusations; enfin, dans la capitale, sous les yeux de l'Assemblée, il a eu l'audace de faire arrêter les députés d'un régiment munis des congés de leurs officiers et des passeports de la municipalité où ils étaient en garnison. »

En conséquence de cette dénonciation, la députation de la commune de Paris « supplie l'Assemblée :

« 1° De prier le Roi de renvoyer ces ministres indignes de la confiance publique;

« 2° D'organiser une Haute-Cour nationale ou tel autre tribunal destiné à connaître des crimes de lèse-nation ;

« 3° D'ordonner que le procès soit instruit et jugé contre MM. Champion, La Tour du Pin et Guignard. »

MM. de Cazalès[1], de Montlosier[2] essaient en vain de prendre la parole. M. Chasset[3], président, remercie la députation de la commune de Paris et l'invite à assister à la séance. « L'Asemblée, dit-il, empressée de seconder, de diriger même les vues

---

[1] De Cazalès, député de la noblesse des pays et jugerie de Rivière-Verdun, Gaure, Léonac et Morestaing.

[2] De Montlosier, député de la noblesse de la sénéchaussée de Riom.

[3] Chasset, député du tiers état de la sénéchaussée du Beaujolais.

du bien public d'un Roi citoyen, pèsera dans sa sagesse, après en avoir examiné les preuves, la pétition que l'on vient de présenter[1]. »

Le lendemain étaient remises à l'Assemblée « les pièces justificatives de la dénonciation du sieur de La Tour du Pin ». Cette dénonciation comporte trois ordres de faits :

D'abord l'arrestation illégale du sieur Muscar, fourrier des grenadiers du régiment de Vivarais, « homme infiniment dangereux, écrit La Tour du Pin, qui, depuis qu'il a été enfermé dans la citadelle de Verdun, n'a cessé d'y employer toutes sortes de moyens pour exciter de nouveaux troubles dans le régiment de Vivarais ». Mais les grenadiers attestent que « Muscar a toujours réprimé les réfractaires à la discipline militaire », et les habitants de Béthune, où le régiment de Vivarais a résidé trois ans, affirment qne « la conduite de Muscar a mérité l'estime générale ».

Ensuite l'arrestation, également arbitraire, du sieur Davout (le futur duc d'Auerstaedt), alors sous-lieutenant au Royal-Champagne.

Enfin la distribution de cartouches infamantes à des cavaliers du Royal-Champagne, détestés de tous leurs camarades, à seule fin de les renvoyer dans leur pays[2].

Nous avons vu que de tels reproches, basés sur de tels faits, ne supportaient même pas l'examen.

---

[1] Archives parlementaires. Séance du 10 novembre 1790.

[2] La dénonciation du sieur de La Tour du Pin par la commune de Paris avec les preuves justificatives figure aux annexes de la séance de l'Assemblée du 10 novembre 1790. (Archives parlemen-

Six jours après la publication de cette dénonciation, le 16 novembre 1790, le président de l'Assemblée nationale donnait lecture de la lettre suivante,
signée du Roi : « Je vous prie de faire part à l'Assemblée du choix que j'ai fait de M. du Portail, pour
remplacer au département de la guerre M. de La
Tour du Pin qui m'a donné sa démission. »

Ainsi tombe, sur la dénonciation de quelques
fanatiques de clubs, le premier ministre constitutionnel de la guerre. Pendant plus d'un an, il s'est
trouvé face à face avec l'indiscipline naissante,
avec l'anarchie dans les institutions, la violence dans
les actes. Troubles, émeutes, assassinats, il a tout
réprimé, et il l'a fait avec prudence, « employant, il
l'avoue lui-même, des mesures modérées pour
ramener des troupes égarées ».

Qu'était-il, au milieu de l'effondrement de toute
autorité ? Une volonté livrée à elle-même ! Il avait
à combattre les principes et les hommes, à répondre
au verbiage et aux clameurs de l'Assemblée, à maintenir dans le devoir des soldats qui n'obéissaient
plus qu'au délégué des clubs, orateur remplissant
leur pauvre cervelle de toute l'exaltation de sa
haine. « Exposé à des dangers ignominieux, à des
outrages de tout genre, aux plus infâmes délations,
aux dénonciations d'un serviteur corrompu, on lui
demandait compte de la moindre mesure prise,
presque de ses murmures. Les municipalités lui
envoyaient des ordres par la voix de leurs députés,

taires.) Elle parut également, à la même date, sous forme d'opus-
cule imprimé à l'imprimerie de Châlon, rue du Théâtre-Français,
à Paris, et fut ainsi répandue dans la capitale.

et on lui jetait à la face les crimes de la multitude comme des jugements du ciel. »

Et pourtant il travailla sans relâche : il réussit à faire renaître un peu de confiance chez les officiers, quelque discipline chez les soldats. Il réprima les plus sanglantes insurrections. Comme il l'écrit lui-même, il croit maintenant pouvoir affirmer que presque « tous les corps rougissent de leurs égarements ». Il essaya de réorganiser l'armée sur des nouvelles bases ; il travailla sans espoir de succès, et il résista à toutes les attaques.

Mais il travaillait avec de mauvais matériaux sur une construction menaçant ruine. Dans un édifice qui s'écroule, c'est en vain que l'on essaye de consolider une poutre maîtresse ; il en faut d'autres à côté pour la soutenir, et, si les murs s'effondrent à leur tour, tout ce que l'on peut faire est inutile. « Dans toutes les divisions de l'empire, écrit un témoin [1], dans toutes les branches de l'administration, dans chaque rapport, on aperçoit la confusion des autorités, l'incertitude de l'obéissance, la dissolution de tous les freins, le vide des ressources, la déplorable complication des ressorts énervés, pas un moyen de force réelle, et, pour tout appui, des lois qui, en supposant la France peuplée d'hommes sans vices et sans passions, ont abandonné l'humanité à son indépendance originelle. » Et, au-dessus de ce désordre, le dominant et le légalisant en quelque sorte, une Assemblée omnipotente, ayant absorbé et concentré en elle

---

[1] *Mercure de France.* Article de Mallet du Pan.

tous les pouvoirs, Assemblée ivre de sa puissance,
imbue de son infaillibilité qu'elle proclame, composée d'hommes « audacieux ou pusillanimes, osant
tout lorsque la licence publique les seconde, et n'o-
sant rien faire pour la réprimer, se hâtant d'abuser
de leur autorité du moment contre les faibles pour
se faire des titres à venir de popularité, ne sachant
maintenir l'ordre qu'au prix de la tranquillité et de
la sûreté publiques, joignant la fougue des passions
à l'incapacité et à l'inexpérience. Tels sont ces
hommes, sortis du néant, vides d'idées et ivres de
prétentions, sur lesquels reposent le soin de la force,
l'intérêt de la sûreté et la base de la puissance [1] ».

Tel est l'état de choses au milieu duquel La Tour
du Pin dut « gouverner », et « gouverner » sur des
individus abandonnés à leurs passions, dans les cerveaux desquels germaient les idées les plus sauvages.
Que l'on se figure une énorme tour qui s'écroule
d'en haut et qui est sapée dans le bas par une foule
ivre de rage, et que l'on dise si, du sommet de cette
tour dont les moellons tombent d'heure en heure,
il serait facile de commander à la multitude qui
l'entoure en hurlant une formidable *Carmagnole!*
Pour juger l'homme il faut voir le décor dans lequel
s'est développée son activité. Sans doute, l'intention précède le fait et le domine ; mais aucune
action humaine, lorsqu'on l'apprécie, ne peut être
estimée en valeur absolue ; elle est forcément fonction des institutions qui l'ont provoquée et des
individus sur lesquels elle a dû s'exercer.

[1] Mallet du Pan.

ÉTAT DE L'ARMÉE DE M. DE BOUILLÉ

reconstitué d'après une relation de M. de Léonard, officier au régiment du Mestre de Camp.
Général-Cavalerie.

M. DE BOUILLÉ, général.
M. DE FRIMONT, maréchal de camp.

Aides de camp du général . . . { MM. DE GOUVERNET, fils du ministre de la Guerre.
DE CONTADE, major en second au régiment de Bourbonnais.
Louis DE BOUILLÉ, fils du général.
DE MALESSIES, ci-devant officier aux gardes.
DESMOTTES, aide de camp de M. de La Fayette.
DE RODAIS, capitaine au régiment d'Hainaut.
DE LAUBESPIN, capitaine au régiment de la Reine-Cavalerie.

Aides de camp de M. DE FRI- (MM. DE GUERRE, capitaine de dragons.
MONT . . . . { D'ARMURE, capitaine de Royal-Normandie.

M. DE VAUDOULEURS, commissaire des guerres, faisant fonction d'intendant de l'armée.
M. DE COURTOIS, grand prévôt, commandant 5 brigades de maréchaussée.

INFANTERIE

Grenadiers et chasseurs d'Auxerrois.	200 hommes.	commandés par MM. DE MENOU, lt-colonel du régiment d'Auvergne, et DE GASTON, major du régiment d'Hainaut.
— — d'Auvergnet	200 —	
— — d'Hainaut .	200 —	
2 bataillons de Castella, Suisse . .	800 —	commandés par M. DE GIRARDIER, lt-colonel.
1 bataillon de Vigier, Suisse . . .	470 —	commandé par M. PARAVICINI. major.

Gardes nationales de Pont-à-Mousson   300   — | commandés par M. ROUYER, major.

Total général de l'infanterie . . . 3020 hommes.

Huit pièces de canon, dont 2 de huit et 6 de quatre, servis par 50 canonniers, commandés par M. DESCRIENES, capitaine.

CAVALERIE

3 escadrons de Royal-Normandie .	340 hommes.	commandés par	M. DE LA CHAIZE, lt-colonel.
2 — Royal-Allemand . .	240 —	—	— M. MANDEL, major.
2 — Hussards de Lauzun.	200 —	—	— M. DE MALZEN, major.
Détachement de Royal-Dragons . .	200 —	—	— M. DE CHOISEUL, colonel.
— Monsieur-Dragons .	200 —	—	— M. DE DAMAS, colonel.
— Condé-Dragons . .	200 —	—	— M. DE JAUCOURT, colonel.
— Chasseurs d'Hainaut	100 —	—	— M. DE MONTAULD, capitaine.
Total de la cavalerie	1480 chevaux.		

ÉTAT DES MORTS ET BLESSÉS DE L'ARMÉE DE M. DE BOUILLÉ

d'après une relation de M. de Léonard, officier au régiment du Mestre de camp-Général-Cavalerie.

ÉTAT-MAJOR

M. DESMOTTES, aide de camp de M. DE LA FAYETTE, blessé au genou.

M. DE LAUBESPIN, capitaine au régiment de la Reine-Cavalerie, grièvement blessé à la porte Stainville.

RÉGIMENTS FRANÇAIS

On ignore le nombre des blessés. On ne croit pas qu'il y ait eu des tués.

RÉGIMENT SUISSE DE VIGIER

M. Charles Shuphauwer, de Fribourg, officier de grenadiers, commandant les volontaires de l'armée, tué.

M. Jean-Louis Marcet, de Genève, sous-lieutenant, tué.

M. Constantin de Reiff, de Fribourg, commandant de bataillon, cheval tué sous lui et blessé dans sa chute.

M. Georges-Célestin, comte de Thurn, de l'abbaye de Saint-Galle, commandant de bataillon, blessé par des hussards qui lui ont passé sur le corps.

M. Charles Pavillard, d'Yverdun, capitaine de grenadiers, le pied traversé d'un coup de feu, grièvement blessé.

M. Louis, chevalier de Paravicini-Capelli, du pays des Grisons, capitaine, forte contusion à la jambe droite.

M. Emmanuel Dufour, de Goumoens, terre médiate, lieutenant. Un coup de feu à la joue, blessé.

M. Jean-Conrard de Peyer, de Schaffhausen, capitaine, l'œil emporté d'un coup de feu, grièvement blessé.

M. François-Guillaume Reiset, de la principauté de Porrentruy, lieutenant, le bras traversé d'une balle, grièvement blessé.

M. Descottes de la Barge, sous-aide-major, blessé au visage.

M. Pecand, porte-drapeau, coup de feu au visage, blessé.

Officiers et soldats { tués. . . . 23
{ blessés. . . 38

Total. 61

RÉGIMENT DE CASTELLA

M. Varnold, capitaine, tué.

M. Dubois, cadet-gentilhomme, mort de ses blessures.

M. Muller, lieutenant, blessé.

M. Dubois, officier, blessé.

Total. 25

ROYAL-LIÉGEOIS

M. de Brisis, mort de ses blessures.
M. d'Artigni, capitaine en second, blessé.
M. de Flor, lieutenant en premier, blessé.
M. de Casteret, lieutenant en second, blessé.
M. Divory, sous-lieutenant, blessé.

Officiers et soldats { tués. . . . 2
blessés. . . 5

Total. 7

RÉGIMENT DE LAUZUN-HUSSARDS

M. Usdosky, capitaine, tué.
M. Dubey, lieutenant, tué
M. Bruno, blessé mortellement.
M. de Mac-Mahon, colonel en second, une balle au genou, une jambe foulée.

Officiers et soldats { tués. . . . 18
blessés. . . 26 dont 18 grièvement.

Total. 44

Chevaux { tués. . . . 10
blessés. . . 52, dont 1 échaudé d'huile bouillante.

ROYAL-NORMANDIE-CAVALERIE

M. d'Angeville, officier, blessé.

M. d'Apremont, officier, blessé.

M. des Iles, officier, blessé grièvement de 4 coups de feu.

Officiers et cavaliers { tués. . . . 2 / blessés. . . 5

Total. 7

GARDES-NATIONALES DE METZ ET DE TOUL

M. de Vigneulle, commandant de la garde nationale de Metz, tué.

M. de Gouvion, commandant de la garde nationale de Toul, tué.

Gardes nationales { tués. . . . 8 / blessés. . . 16

Total. 24

ARMÉE DES REBELLES

Régiment du Roi { tués. . . . 8 / blessés. . . 12

Régiment suisse de Châteauvieux { tués. . . 5 / blessés. 8

Mestre de Camp-Cavalerie. { tués. . . . 4 / blessés. . . 8

Bourgeois tués du côté des rebelles : 12.

Total général. . { tués. . . . 110 / blessés. . . 154.

Le brouillon d'une note du Roi, trouvée dans les papiers de l'armoire de fer et datée du 9 novembre [1], permet de connaître les sentiments de Louis XVI envers le ministre qui s'en va. « Je vous l'ai déjà dit, Monsieur, écrit le Roi, c'est avec regret que j'accepte votre démission, et c'est avec une vraie sensibilité que je vois s'éloigner de moi un bon et ancien serviteur, qui a donné des preuves de fidélité et d'attachement pour ma personne et *pour le service de la patrie* que je n'oublierai jamais. Je veux dans ce moment vous donner une marque de mon estime et de ma bienveillance en vous donnant l'assurance de vous employer, dans votre grade, dans une des divisions de l'armée. Je vous verrai avec plaisir continuer une carrière où vous vous êtes déjà distingué. Ne doutez jamais, Monsieur, de toute mon estime pour vous. »

Cette lettre fut-elle envoyée au ministre? Tout permet de le croire. En tout cas elle exprime la vrai pensée du Roi, qui voit partir les uns après les autres ses meilleurs serviteurs, ses auxiliaires les plus dévoués. C'est la dissolution par en haut et par en bas! Au milieu du torrent grandissant des idées destructives, que pouvait être maintenant La Tour du Pin? Un mendiant des faveurs de la populace, ou un otage entre les mains de celle-ci!

---

[1] Archives nationales. Cette note est surchargée de ratures qui ne sont pas de la main du Roi.

LES RÉFORMES MILITAIRES

CHAPITRE PREMIER

RECRUTEMENT DE L'ARMÉE

I. L'œuvre de réorganisation de La Tour du Pin. — II. Les modes de
recrutement à la veille de la Révolution. — III. Proposition de
Dubois-Crancé. La conscription. — IV. L'enrôlement volon-
taire. — V. Décret du 16 décembre 1789 : Sa discussion. —
VI. Lettre de protestation du régiment d'Auvergne. Réponses de
Dubois-Crancé et du président de l'Assemblée.

I

On raconte que les peuples de l'antiquité, lorsqu'ils élevaient un temple sur l'emplacement d'un
autre temple, avaient soin d'introduire dans la
construction du nouvel édifice les matériaux ou
une colonne au moins de l'ancien, afin qu'il y eût
quelque chose de vieux et de sacré dans le moderne,
et que le souvenir lui-même, fruste et grossier, eut
son culte et son prestige parmi les œuvres de
génie du sanctuaire nouveau. L'homme est partout
l'homme : sa nature sensible a partout les mêmes
instincts. Une action improvisée n'a jamais l'aisance
d'une routine ancienne ; et ce n'est pas à la légère
que l'on peut remplacer les vieux cadres d'une
grande organisation par de nouveaux, qui doivent
être appropriés et durables.

La tradition est une force, dans l'institution militaire plus que dans toute autre, car elle s'appuie sur la réalité vécue, sur une action dont les effets sont connus. On ne bouleverse pas inconsidérément une armée qui tient sa puissance d'un passé de plusieurs siècles de gloire : on ne la détruit pas brutalement. On procède par tâtonnements : on laisse filtrer en elle, goutte à goutte, quelques-uns des principes nouveaux, les bons, et on la modifie peu à peu en ayant soin de ne pas blesser ses habitudes, en examinant les matériaux nouveaux que l'on introduit, en estimant leur résistance, en analysant leur composition, en faisant parmi eux un choix judicieux et irrévocable. Sur des réalités vivantes l'on ne procède pas par déduction, et ce ne sont pas deux ou trois axiomes de philosophie politique qui peuvent venir à bout d'une constitution déjà ancienne.

La Tour du Pin devait à la fois démolir et bâtir : il voulut le faire avec discernement. Pour cela il lui fallait du courage et de la pratique; il possédait l'un et l'autre. Mais ici encore, avant de connaître l'œuvre et de la juger, il faut voir rapidement les circonstances qui vont l'entraver ou la faciliter, le milieu dans lequel elle va être tentée.

Quand La Tour du Pin arrive au pouvoir, l'armée, nous l'avons vu, commence déjà à s'effondrer sous le souffle dissolvant des utopies révolutionnaires. Elle offre ce douloureux spectacle, unique peut-être dans notre histoire, d'associations criminelles ouvertement fondées sur l'aversion de toute autorité, et la disparition du pouvoir traditionnel de la royauté, dont les moindres actes, taxés d'oppression tyrannique, sont l'objet du contrôle le plus humiliant, offre le champ libre aux pires revendications. D'une voix affaiblie par la douleur et l'impuissance, le Roi fait entendre par intervalles la désolante expression d'un désespoir à peine contenu. Ses légitimes objurgations, l'appel généreux à la concorde qu'il adresse à l'antique loyauté du soldat, sont accueillis par les uns avec une irréductible méfiance, par d'autres déjà avec le mépris ou l'injure.

L'Assemblée, tribunal d'appel que les révoltés viennent implorer sans répit, reçoit avec sensibilité les doléances les moins justifiées. Troublée par les hommages d'admiration et de reconnaissance qu'elle reçoit chaque jour des députations admises à sa barre, elle couvre ou pardonne les fautes qu'elle devrait réprimer. Elle oublie que si parfois l'on déshonore la justice en n'y joignant pas de la douceur et des égards, la fermeté aussi est nécessaire pour forcer l'obéissance et étouffer la sédition.

La faiblesse est un encouragement au crime, et le crime appelle le châtiment. A Nancy par exemple, l'un et l'autre furent le fruit de la coupable condescendance de l'Assemblée.

Les hommes qui la composent, éblouis plutôt qu'éclairés par la vision attirante d'une fraternité et d'une égalité sociales incompatibles avec la conservation des États, veulent, en des temps troublés, imposer une législation par la seule force des sentiments de justice et de vérité qui la dictent, en auréolant l'autorité d'une indulgente sollicitude, exempte de toute contrainte. Fatale illusion, qui a peut-être enrichi nos institutions de lois sages et durables, mais qui a conduit en même temps notre pays à l'anarchie sanglante de la Terreur !

Comment, dans ces conditions de gouvernement, un ministre peut-il avoir l'indépendance et la force nécessaires pour réformer une institution, rappeler à une armée dévoyée la conscience de ses devoirs les plus essentiels ? Il n'est investi d'aucun pouvoir réel, et il a beau, dès le début, s'incliner sincèrement devant les idées libérales dont sa haute situation est le gage, à toute velléité d'initiative il est entravé par une indéfinissable responsabilité.

Et pourtant La Tour du Pin se mit au travail dès le premier jour. Rien ne le rebuta dans son œuvre de réorganisation. Ses plans et ses décrets sont innombrables. Pour les classer, en dégager l'idée maîtresse, nous allons les étudier en suivant autant que possible un ordre rationnel et chronologique.

Nous verrons d'abord le *recrutement* de l'armée (décret du 16 décembre 1789), — puis *la loi du 28 février* 1790 fixant les prérogatives de l'exécutif et celles du pouvoir constituant. — Nous étudierons ensuite les décrets du mois d'août 1790 concernant l'*incorporation*, — l'organisation des armes spéciales, *génie* et *artillerie*, — et les règles de l'*avancement* des officiers, déterminé par de nombreuses lois. — Nous terminerons en résumant ce que fit La Tour du Pin pour parachever son œuvre, donner une âme à cette armée nouvelle et maintenir le lien qui seul pouvait assurer sa vitalité : autrement dit nous analyserons les décrets sur la *discipline*.

II

Plus de trois siècles se sont écoulés depuis que Charles VII a reconnu la nécessité de constituer une force militaire régulièrement entretenue et bien hiérarchisée ; mais ce serait méconnaître l'histoire que d'attribuer à l'autorité seule de ce monarque les belles institutions qui marquèrent les dernières années de son règne. Sans l'explosion universelle du sentiment national que sut provoquer la grande héroïne, les compagnies d'ordonnance et les francs-archers n'eussent jamais pu être substitués aux bandes turbulentes et indisciplinées des Grandes Compagnies.

C'est ce sentiment national qu'il nous faut aussi interroger pour juger impartialement les transformations que le nouvel ordre politique va provoquer dans la composition et l'organisation de l'armée. Les abstractions des philosophes ont étreint les consciences dans des maximes inflexibles, soulevé les esprits et préparé toutes les destructions. On veut une armée suffisamment forte pour repousser l'ennemi des frontières et défendre les libertés à l'intérieur, mais soustraite à l'influence de l'ancienne hiérarchie qui n'inspire plus que méfiance et inquiétude. On veut une armée de citoyens animés tous individuellement du plus pur esprit de patriotisme, incapables de devenir les instruments aveugles d'un parti, soumise à l'autorité indiscutable de la nation, dominant de son insaisissable personnalité toutes les convoitises et toutes les aspirations. S'affranchir à la fois des règles antiques de l'obéissance et s'organiser militairement pour défendre cette émancipation, tel est, dans sa choquante simplicité, le problème insoluble que les esprits généreux de 1789, abusés par l'excès même de l'enthousiasme révolutionnaire, entrevoient comme l'accomplissement des destinées du peuple [1].

Toutes les feuilles politiques de l'époque [2], les mémoires adressés aux représentants du pays, les cahiers des bailliages témoignent de ces chimériques dispositions. Ainsi s'explique la création des milices bourgeoises, qui s'organisent dès le mois de juillet dans toutes les provinces, pacifiquement dans quelques villes, au prix des plus graves désordres dans d'autres. Elles rendent des services indiscutables sur certains points du territoire, quand elles ne se départissent pas du rôle élémentaire de police qui leur est dévolu, mais leur principe reste inapplicable à la constitution d'une armée nationale. « En voulant des troupes citoyennes on leur fait

---

[1] « Egaré par la possession d'un pouvoir dont il ne pouvait mesurer l'étendue, l'esprit humain prenait les faits établis, les idées anciennes dans un dédain et une aversion illégitimes, aversion qui l'a conduit à l'erreur et à la tyrannie ». Guizot. — *Histoire de la civilisation en Europe*.

[2] « Un homme est un citoyen qui porte les armes pour sa seule défense ; un soldat vend sa liberté pour être l'esclave de celui qui le paie : un corps puissant et purement militaire est dangereux dans une cité ;... pour être bien gardé, il faut se garder soi-même ;... ce ne sont pas des régiments qu'ils faut créer, c'est simplement une milice bourgeoise ; ce ne sont pas des soldats qu'il faut former, ce sont des hommes libres, des citoyens ». *Révolutions de Paris dédiées à la Nation* (Prud'homme) n° 3.

perdre l'esprit qui leur est propre [1] », et l'on fait naître en elles les germes pernicieux de l'indiscipline et de la révolte.

Il n'y a pas d'armée sans servitude et la force brutale des armes s'accommode peu des principes d'une philosophie dont la liberté est la base et la fraternité le but. Au nom de la liberté, le soldat s'insurge contre le chef ; au nom de la fraternité, il embrasse souvent le parti du désordre.

Mais, quand s'élève devant l'Assemblée nationale, suivant le vœu des populations, la discussion des projets de constitution militaire nécessitée par les menaces de guerre que provoque la Révolution naissante, il s'y trouve plus de cent officiers, occupant pour la plupart des grades élevés, et dont la parole autorisée sait presque toujours imposer à leurs collègues des avis empreints de la plus haute sagesse. Aussi voyons-nous, dans cette époque troublée où les principes de vie et de grandeur de l'armée semblent s'effondrer sous le flot révolutionnaire, notre législation militaire s'enrichir, par un heureux contraste, de prescriptions sages et équitables, dont nous ressentons aujourd'hui encore les bienfaits.

C'est l'œuvre combinée du comité militaire et de La Tour du Pin, « le premier ministre de la guerre, disait le marquis de Bouthillier, qui soit parvenu à mettre à fin le travail important sur les rapports nécessaires de l'ordre civil à l'ordre militaire [2] ».

[1] Vicomte de Mirabeau. Archives parlementaires. (Séance du 1er octobre 1789).

[2] De Bouthillier. *Idem.* Séance du 19 novembre 1789.

La question du recrutement est la première préoccupation de l'Assemblée nationale ; elle donne lieu à de longs et intéressants débats pendant les séances du 19 novembre, des 12, 15 et 16 décembre 1789.

Deux modes de recrutement étaient en vigueur à la veille de la Révolution, l'*engagement volontaire* à prix d'argent pour les troupes réglées, le *tirage au sort* dans les paroisses pour les troupes ou milices provinciales destinées, en cas d'urgence, à renforcer les premières.

Les abus scandaleux du racolage, dont l'origine remonte au commencement du xvi⁰ siècle, étaient universellement reconnus. Bouthillier, dont on ne peut taxer les arguments d'exagération calculée, en fait, à la séance du 19 novembre, le triste tableau : « Les recruteurs, peu délicats sur le choix des moyens pourvu qu'ils procurent des hommes, favorisent le libertinage par les engagements conditionnels qu'ils se permettent. Ils emploient la fraude, souvent la violence, toujours la séduction. Répandus en grand nombre, surtout dans les grandes villes, ils y trafiquent ouvertement des hommes, ils en établissent un commerce entre eux, et cette manière de travailler, également immorale et fâcheuse pour les villes dans lesquelles ils sont établis, devient en même temps très dispendieuse pour les régiments qui les emploient et pour l'État qui les paye. »

Ainsi, plus d'un quart de siècle après les sages prescriptions du maréchal de Belle-Isle et du duc de Choiseul sur l'enrôlement, on est réduit à cons-

tater l'inefficacité des précautions réglementées par
les ordonnances pour éviter les méprises et les
supercheries, et à considérer comme illusoire la
surveillance des intendants de province.

Cependant le recrutement des troupes réglées ne
fait guère l'objet des « doléances, plaintes ou remon-
trances » des cahiers, tandis qu'il en est fort peu où
la suppression de la milice ne soit pas énergiquement réclamée comme l'impôt le plus lourd et le
plus désastreux. On a voulu voir dans l'expression
unanime de ce vœu une simple protestation contre
les exemptions multipliées à l'infini et les inéga-
lités consacrées par le titre IV de l'ordonnance du
1er décembre 1774[1]; elle est surtout la manifestation d'une profonde répugnance de l'esprit public à
reconnaître comme une dette envers l'État l'obligation du service personnel. Le devoir strict du
citoyen semble borné « à la protection immédiate
du rempart qui le couvre, des frontières voisines
de son foyer », mais il paraît injuste « d'exiger du
citoyen d'Antibes et de Perpignan de se porter au
secours de celui de Brest et de Dunkerque, ou
d'aller défendre les intérêts de la France sur les
rives de l'Elbe ou dans les mers des Indes[2]... »
Contribuer à l'entretien de l'armée, soit volontai-
rement de sa personne, soit obligatoirement de sa
fortune sous la forme d'imposition, tel est, suivant

---

[1] Albert Duruy. *L'armée nationale en* 1789. Paris Calmann-Lévy,
1888.

[2] « Il faudrait cent fois mieux, déclarait le duc de Liancourt à
la tribune, vivre à Constantinople ou au Maroc que dans l'État
où de pareilles lois seraient en vigueur. »

le sens populaire, le moyen le plus équitable de concilier les droits de l'homme avec les obligations nées du contrat social.

Le patriotisme n'en est pas moins vivace dans toutes les classes de la société. Sous les plis de l'étendard fleurdelisé, comme plus tard à l'ombre du drapeau tricolore, le volontaire, qui formait le cœur et l'ossature la plus résistante de l'armée de l'ancien régime, n'eut pas toujours seul l'honneur du sacrifice : le sang généreux des grenadiers miliciens qui arrosa les plaines de Mons, d'Anvers, de Raucoux, de Lawfeld, de Berg op Zoom, atteste que ceux-là aussi savaient mourir loin de leurs remparts qui « le cœur glacé et d'une main tremblante consultaient l'urne fatale et tombaient sans connaissance entre les bras de leurs parents éplorés [1] » !

L'aversion pour le service personnel et pour les guerres lointaines, que l'on constate à toutes les pages de l'histoire de l'ancienne France et particulièrement lors du rétablissement des milices sous Louis XIV et sous Louis XV, ne peut donc s'expliquer par une coupable indifférence à l'égard des destinées glorieuses du pays ; elle n'est pas chez le paysan (car c'est le paysan surtout qu'atteint l'enrôlement forcé) la négation de l'esprit de dévouement à la cause commune ; elle est seulement inséparable, à l'époque que nous étudions, d'un profond attachement au berceau de la famille. Si l'expression de « patrie » a encore, dans le langage du

[1] Dubois de Crancé. Archives parlementaires. Séance de l'Assemblée du 12 décembre 1789.

xviiie siècle, sa signification étymologique la plus
touchante[1], c'est aussi cet amour étroit et passionné du foyer qui sait, à l'heure du danger, éclairer et guider nos armées au delà des frontières.

III

Quoi qu'il en soit, deux principes se trouvent en
présence à l'Assemblée lorsque celle-ci veut jeter
les fondements de la nouvelle constitution militaire.
La majorité du comité, par l'organe du lieutenant
général marquis de Bouthillier, du brigadier baron
de Wimpfen, du capitaine Bureaux de Puzy, auxquels s'adjoignent le maréchal de camp comte de
Custine, le colonel vicomte de Mirabeau, le duc de
Liancourt, le colonel duc de Biron, le colonel
vicomte de Noailles, le colonel vicomte de Toulongeon, propose, suivant le plan ministériel, le maintien du mode de recrutement en vigueur, amélioré
par des dispositions de détail susceptibles d'en prévenir les abus. La minorité, représentée par le
maréchal de camp baron de Menou, se prononce
pour la conscription ou service personnel, auquel
chaque citoyen peut être effectivement contraint
s'il ne fournit un « remplaçant avoué ».

Dubois de Crancé, exagérant l'opinion de la minorité, s'élève même énergiquement contre le remplacement et présente un projet qui participe à la

---

[1] Ainsi, le cahier d'instruction de la noblesse de Vermandois
émet le vœu « qu'il soit permis à tout officier, pour se rapprocher
de sa *patrie*, de permuter avec quelque officier que ce soit, à
grade égal et au même rang. »

fois de l'enrôlement volontaire et du recrutement forcé ; ses conclusions sont les suivantes :

« 1° Les troupes réglées, destinées à couvrir les frontières et à se porter partout où l'exige la défense du pays, comprendront 150 000 hommes. Elles seront formées par engagements volontaires, chaque régiment d'infanterie ou de cavalerie étant affecté à un ou plusieurs départements qui constitueront la région de recrutement des officiers et soldats.

« 2° Des milices provinciales, à l'effectif de 150 000 hommes également et composées de célibataires de dix-huit à vingt ans, formeront une armée de seconde ligne qui doublera la première, quand les circonstances l'exigeront, en la renforçant au centre même de leur formation. Dans les villes, elles seront assujetties à un rassemblement armé par semaine pendant l'été ; dans les villages, six hommes seulement seront choisis annuellement pour y exercer la police en place de la maréchaussée.

« 3° Une garde nationale, sorte de réserve formée de tous les citoyens en état de porter les armes, ne comprendra pas moins de 1 200 000 hommes, toujours armés, « prêts à défendre leur foyer et leur « liberté envers et contre tous ». La garde nationale nommera les officiers de la milice et se rassemblera une fois par an pour recevoir le serment des jeunes gens devenus citoyens actifs. »

Ce plan est manifestement conçu dans le but de réduire les prérogatives du pouvoir, d'émanciper la nation, suivant l'expression déjà consacrée, du joug du despotisme. Il sacrifie l'intérêt de l'armée à des

préoccupations politiques ; il arme les provinces et
les municipalités en leur offrant des éléments de
résistance à l'autorité suprême ou à la loi ; il prépare
des luttes intestines dans les villes et les campagnes ;
il est enfin contraire au sentiment public.

D'ailleurs Dubois de Crancé discute moins qu'il
ne combat. En dépit d'une éloquence réelle que ter-
nissent les violents emportements de son langage,
les dangers dont son projet contient le principe lui
assurent l'opposition des moins clairvoyants. Aussi
la discussion s'engage-t-elle uniquement, très soutenue des deux côtés, entre les partisans de l'enrôlement volontaire à prix d'argent, au moins en ce qui
concerne les troupes réglées, et ceux de la conscription mitigée par le remplacement.

Ces derniers énumèrent les avantages de leur
système :

Sa mise à exécution ne semble pas devoir présenter de sérieuses difficultés : une législation sage,
procédant de l'emploi de registres publics tenus par
les municipalités et les assemblées provinciales,
permettra de n'enrôler pendant la paix que les
citoyens nécessaires et d'accroître à volonté les
effectifs en cas de guerre.

La considération est rendue au métier des armes,
puisque toutes les classes sont appelées à l'exercer.

En réduisant de huit années à quatre la durée du
service militaire, cet impôt sera plus facilement
accepté par les populations et l'on verra diminuer
le nombre des désertions [1]. Cette durée est d'ailleurs

---

[1] On évaluait en 1789 à 3 000 environ le nombre des désertions
annuelles.

suffisante ; car, en supposant dix ans de guerre sur les vingt ou vingt-deux pendant lesquels chaque individu pourra être tenu de servir, il ne sera vraisemblablement pas appelé deux fois.

On économisera les trois millions de dépenses annuelles qu'exigent les enrôlements volontaires.

En convoquant les célibataires seuls, ou tout au moins tous les célibataires avant les hommes mariés, on incitera les jeunes gens peu enclins au service à se marier, et le pays comme l'armée tirera grand profit de cette mesure.

Enfin, en accordant la faculté du remplacement à ceux « que leurs affaires, leurs habitudes et leur genre de vie même rendent peu aptes et peu disposés au service militaire », on élimine de l'armée des éléments plus propres à l'affaiblir qu'à la fortifier, et l'on concilie, dans la mesure du possible, le respect de la liberté individuelle avec l'obligation imposée à tout Français de contribuer de son sang ou de sa fortune à la défense de la patrie.

IV

Les partisans de l'engagement volontaire à prix d'argent formulent de la façon suivante les inconvénients de la conscription :

La répartition de l'effectif entre les provinces proportionnellement à leur population n'a pas le caractère d'équité qu'elle semble présenter à première vue : ainsi le Nord, où le septième des hommes manque d'aptitudes physiques, se trouvera

plus chargé que le Midi où le cinquième seulement
est incapable de porter les armes.

Toutes les provinces n'ont pas l'esprit également
militaire. « Les seize généralités du Nord, sur une
population de 14 641 285 âmes, fournissent à l'armée, par enrôlements volontaires, 98 018 hommes,
c'est-à-dire un homme sur 149, tandis que les
quinze généralités du Midi, sur une population de
10 420 598 âmes, n'en fournissent que 37 248, c'est-à-
dire un sur 279... Les arts, le commerce et l'agri-
culture ont pris, dans chacune de ces provinces, le
niveau de la quantité de bras qu'elles ont à y employer. Si on oblige ces généralités du Nord et du
Midi à fournir chacune, en raison de leur population respective, les 135 346 Français qui composent
l'armée, les seize provinces du Nord seront chargées de 18 988 hommes qu'elles ne pourront pas occuper et qui, portés par leur inclination au service
militaire, iront en chercher chez les puissances
voisines... Les quinze provinces du Midi, au contraire, obligées de fournir un nombre d'hommes
excédant de beaucoup la proportion ordinaire, éprou-
veront un déficit considérable dans leurs travaux[1]. »
L'Alsace par exemple, qui, sur une population de
654 881 âmes, donne 10 657 soldats, n'en donnera
que 5 339 pour le service personnel. La généralité
d'Auch au contraire, avec 887 731 âmes, sera obligée de donner 5 683 soldats, quand elle n'en fournit,
par engagements volontaires, que 1 413.

« La conscription est incompatible avec la tran-

---

[1] De Bouthillier. Archives parlementaires. Séance de l'Assemblée du 19 novembre 1789.

quillité, la liberté, les droits de l'homme et du citoyen, l'utilité publique, notre esprit national et toutes nos manières d'être morales et politiques. » Mérite-t-il un châtiment, la ruine ou le déshonneur, le citoyen qui, « dans un langage plein de candeur et de raison » manifesterait ainsi sa répugnance au service : « Je suis né faible et timide; n'exigez pas de moi que je sois fort et brave. Je puis tenir utilement dans la société une autre place que celle que vous me destinez; je saurai y servir mon pays avec probité, avec exactitude, avec désintéressement, avec zèle; ne m'arrachez donc pas à des fonctions paisibles que je puis exercer avec succès pour me charger d'un emploi auquel je n'ai nulle aptitude, pour m'ordonner des efforts qui me sont impossibles[1]. »

Le recrutement à prix d'argent n'enlève pas aux campagnes ceux qui y travaillent et se plaisent à y travailler; il n'appelle à l'armée que les bonnes volontés; il est une ressource aux ouvriers sans travail et sans domicile fixe. S'il donne lieu à de regrettables abus, il est possible d'y remédier en plaçant les recruteurs sous l'autorité des municipalités, en les soumettant à une réglementation minutieuse, en leur interdisant le séjour dans les grandes villes, où l'enrôlement sera assuré par les soins de la police.

Est-il certain que le système de la représentation améliorera la composition de l'armée? On y rencontrera toujours les mêmes hommes, mais, au

[1] Bureaux de Puzy. Archives parlementaires. Séance de l'Assemblée du 15 décembre 1789.

lieu de recevoir une prime fixe, ils mettront leurs services aux enchères; en apparence, le Trésor public sera soulagé ; en réalité les sommes payées par les particuliers et les charges du pays seront plus considérables.

« Il ne faut pas attribuer aux enrôlements volontaires des défauts qui ne viennent pas d'eux... Ce ne sont point les enrôlements qui produisent dans les armées la désertion qui les mine, la dépravation qui les énerve, l'indifférence ou le dégoût qui les paralyse, l'indiscipline qui les détruit. Ces vices, qui infectent tant d'armées recrutées par les enrôlements volontaires, existent indépendamment du principe d'après lequel elles sont formées : il importe donc moins de détruire ce mode de leur formation que de perfectionner leur régime [1]. »

On rendra la considération au soldat en s'intéressant à sa situation morale et matérielle, en lui facilitant l'accès aux divers grades, en l'autorisant, sous certaines conditions, à contracter mariage[2], en accordant des congés dans des cas bien déterminés, en renonçant à « l'instabilité tourmentante de la discipline et des exercices, à l'arbitraire et à la dureté des châtiments [3] ».

S'il arrive, avec le mode actuel de recrutement, que des régiments ont leur effectif incomplet, c'est qu'ils sont payés de toute leur masse, indépendam-

---

[1] Bureaux de Puzy. Archives parlementaires. Séance de l'Assemblée du 16 décembre 1789.

[2] Comte de Custine. Réflexions sur l'établissement des milices. Annexes à la séance de l'Assemblée du 12 décembre 1789.

[3] Duc de Liancourt. Archives parlementaires. Séance de l'Assemblée du 15 décembre 1789.

ment du nombre d'hommes qu'ils entretiennent, et qu'ils ont intérêt à recevoir le moins de soldats possible.

En Prusse et dans les états de l'Empereur, les armées sont recrutées par la conscription ; mais ces pays sont soumis au régime du « despotisme » ; la surveillance y est « inquisitrice », et il existe de nombreuses dispenses du service, déterminées par l'arbitraire du monarque. En Hongrie, le projet de l'établissement de la conscription a excité de tels mouvement, que l'Empereur a été contraint d'y renoncer.

Certes, si nous voulons nous garder de juger les choses d'autrefois avec nos idées d'aujourd'hui, nous devons reconnaître à cette argumentation un grand mérite de bon sens et de sincérité[1]. Les hommes qui l'exposent n'engagent en rien l'ave-

---

[1] Le colonel Jung n'a pas voulu le reconnaître. Dans son ouvrage sur Dubois Crancé (Paris 1884), où il fait œuvre de panégyriste passionné et non d'historien, il déclare qu'en proclamant hautement cet axiome, « tout citoyen soldat et tout soldat citoyen, ou il n'y aura pas de constitution », Dubois Crancé fit non seulement acte de patriotisme, mais surtout preuve de logique et de saine politique. Nous ne pouvons nous ranger à cette opinion. Si l'Assemblée, contrairement à la volonté clairement exprimée de tous les bailliages, avait adopté le projet du député de Vitry, la révolte que la royauté, forte et indiscutée, n'avait pu naguère prévenir, fut devenue générale.

Le 10 mars 1793, pour l'exécution du décret de la Convention ordonnant une levée de 300 000 hommes, la Vendée tout entière se soulevait au son du tocsin de plus de six cents villages. En proclamant la conscription dès 1789, on eut évité, dit le colonel Jung, l'insurrection vendéenne, car « la réquisition, cette mesure de salut public, n'eût pu être exploitée pour soulever les masses inconscientes et ignorantes de l'Ouest et du Centre ». L'enrôlement forcé aurait-il été moins exploité quatre années plus tôt, quand l'émigration n'avait pas encore privé la royauté chancelante de ses meilleurs appuis ?

nir, mais ils sentent vivement que, pour imposer le
service personnel, il faudra changer les habitudes
et les préjugés du pays[1], qu'une pareille révolution
dans les mœurs est lente, et qu'un nouvel ordre de
sentiments ne peut s'établir dans les esprits qu'avec
le secours du temps[2]. Les législations guident,
sanctionnent et fortifient les transformations des
idées ; elles ne peuvent les produire ni les imposer.

V

Aussi la discussion, dont nous venons de tracer
à grands traits la physionomie, ne peut-elle ni
fonder la conscription, ni consacrer l'ancien tirage
au sort des troupes provinciales, et aboutit-elle, le
16 décembre, au décret suivant :

« Les troupes françaises, de quelque arme
qu'elles soient, autres que les milices et les gardes
nationales seront recrutées par engagements volontaires. »

Ce décret est incomplet. Mais il satisfait la
majorité de l'Assemblée, comme celle de la nation,
sans éteindre les espérances des novateurs ; il est
rendu à l'unanimité.

La garde nationale dispense des milices ; celles-
ci sont supprimées en septembre 1791.

Quant à la conscription, elle est instituée par la

---

[1] De Bouthillier. Archives parlementaires. Séance de l'Assemblée du 19 novembre 1789.

[2] Duc de Liancourt. Archives parlementaires. Séance de l'Assemblée du 15 décembre 1789.

loi du 19 fructidor an **VI**, sous l'empire de l'urgente nécessité de créer de gros bataillons plus que dans l'intérêt même de la composition de l'armée.

Aucun principe nouveau n'est donc introduit dans l'organisation de l'armée, et la ratification du *statu quo* ne peut être accueillie qu'avec indifférence par les troupes régulières. Mais un incident, survenu au cours de la discussion, pendant la séance du 12 décembre, va donner à ces débats un grand retentissement et provoquer au sein de l'armée la plus vive émotion.

Dubois de Crancé, qui s'était arrogé les prérogatives de la noblesse pour entrer dans les Mousquetaires du Roi, et dont les titres furent ensuite jugés insuffisants par ses camarades, a emporté de ce corps privilégié, où son amour-propre a subi de cruelles atteintes, un profond ressentiment contre la noblesse et les officiers. Il ne cesse, à la Constituante, de leur témoigner les marques de son dédain et de sa rancune, en se vengeant de ses humiliations passées par les attaques les plus mortifiantes. L'exposé de ses vues sur le recrutement lui en fournit une première occasion, et l'ardeur de sa fougueuse polémique l'entraîne à couvrir du même opprobre et l'officier et le soldat : « Vous désirez, dit-il, jouir de votre liberté et de tous les droits de citoyens sous l'empire des lois, et nos troupes sont gouvernées par un régime despotique... L'indécente vexation des recrues est le seul moyen proposé pour former l'armée... Comment incorporer la milice, telle que je la conçois, avec les troupes actuellement existantes ? Comment faire marcher

l'homme sans aveu, dont la paresse a fait la vocation, qui souvent s'est fait soldat pour éviter les
punitions civiles, qui enfin a vendu sa liberté, avec
l'homme qui s'arme pour défendre la sienne ?...
Est-il un père qui ne frémisse d'abandonner son
fils, non aux hasards de la guerre, mais au milieu
d'une foule de brigands inconnus, mille fois plus
dangereux » ?...

Le milieu dans lequel ces imprudentes paroles
sont prononcées, l'exaltation fébrile qui les accompagne leur donnent, plus que leur forme même, un
caractère injurieux qu'accentue encore la personnalité de l'orateur. Paroles impolitiques et inutiles,
a-t-on dit[2] ; dangereuses, ajouterons-nous, car, en
tout temps, nul ne fut plus chatouilleux à l'endroit
de l'honneur que le soldat ; injustes aussi, car
l'histoire nous oblige à traiter avec indulgence ces
recrues turbulentes et vicieuses dont la discipline
fit les soldats de Bergen et de Clostercamp.

Il règne dans toutes les armées une atmosphère
bienfaisante qui purifie l'âme, élève le cœur et
trempe les énergies. Sous le joug salutaire de
l'autorité, les natures rebelles s'assagissent ; inspiré
par la sublime vision du sacrifice, l'homme grandit
et devient meilleur.

Dubois de Crancé l'oublie. Aussi est-il interrompu par les protestations de l'Assemblée. Un
membre du comité militaire le désavoue ; un député
demande le rappel à l'ordre ; un autre exige des
excuses. Le président lui maintient néanmoins la
parole.

[1] Dubois Crancé. Colonel Jung (Paris 1884).

Dans les séances suivantes, sans méconnaître les vices de l'institution militaire, d'autres orateurs cherchent à atténuer, par un hommage spontané rendu au soldat, l'effet désastreux que les violentes invectives de l'ancien mousquetaire doivent produire dans l'armée : « J'ose interroger ici, dit le duc de Liancourt[1], tous ceux qui connaissent réellement les troupes. Est-il dans notre armée un seul régiment qui ne renferme dans ses rangs des hommes réunissant au plus haut degré les sentiments de brave et fidèle soldat, d'homme d'honneur et de bon citoyen ? » — « Les soldats français, déclare le duc de Biron[2], ont constamment donné de grands exemples de courage, de patience, de générosité ; ils ont assez mérité l'estime de tout l'univers pour que l'on ait toujours plus attribué leurs revers à leurs chefs qu'à leurs fautes... Nous sommes entourés de monuments qui nous attestent leur droit à notre confiance... Il est un âge où les passions entraînent, où les hommes ont besoin de mettre quelque intervalle entre la fougue de la jeunesse et les devoirs d'un âge plus mûr, où, pour sentir ensuite le bonheur de vivre dans sa famille, on a besoin d'en avoir été séparé, où la discipline fait un bon et respectable soldat du jeune homme bouillant qui eût été un mauvais sujet dans son village. »

[1] Archives parlementaires. Séance de l'Assemblée du 15 décembre 1789.

[2] Archives parlementaires. Séance de l'Assemblée du 16 décembre 1789.

VI

Ces saines observations n'ont pas le don de calmer la délicate susceptibilité des régiments. L'indignation est générale ; des adresses collectives[1] ou des lettres isolées[2] lui donnent partout la plus grande publicité. Les sergents, caporaux, grenadiers, chasseurs et soldats du régiment d'Armagnac confient à leurs officiers, sous les ordres desquels ils ont loyalement servi pendant la guerre d'Amérique, le soin de transmettre au Roi et au ministre « leur juste sensibilité des termes peu mesurés contenus dans le plan constitutionnel de M. Dubois de Crancé, termes humiliants pour tout soldat français qui n'a jamais eu que l'honneur pour guide ».

Au régiment d'Auvergne, les officiers demandent spontanément à l'Assemblée d'exiger du calomniateur la rétractation des propos insultants. Leur lettre mérite d'être reproduite, car elle témoigne, à défaut de l'élégance de l'expression, l'intérêt, la sollicitude, la considération même qu'ils professent pour le soldat à l'heure où son excessive crédulité va devenir le jouet des plus criminelles séductions :

[1] Adresse des officiers de la garnison de Lille (Colonel-Général-Infanterie, Royal-des-Vaisseaux-Infanterie, la Couronne-Infanterie, chasseurs à cheval de Normandie, corps du Génie), auquel s'est joint le régiment d'Infanterie de Condé, ci-devant de la garnison.

[2] Lettre écrite au président de l'Assemblée nationale par un soldat du régiment Colonel-Général.

« ... Tout excuse un zèle même indiscret ; rien ne peut affaiblir l'atrocité d'inculpations fausses et odieuses ; le mépris pour l'ouvrage et l'auteur n'est pas une réparation suffisante ; l'offense est publique, la réparation doit l'être : vous la devez à vous-mêmes, vous la devez à la Nation, vous la devez à l'Armée, l'honneur du soldat demande vengeance : oui, l'honneur ! Ce mot n'est point chimérique, et ces êtres éphémères qu'on vous a dépeints comme de vils brigands, le rebut de la société, le connaissent ; bien plus, ils le pratiquent. Si le militaire, semblable à tous les corps très nombreux, voit dans son sein des individus qui, en déshonorant leur état, souillent l'habit qu'ils portent, ces individus sont en trop petit nombre pour que quelques exemples isolés puissent donner lieu à des imputations générales aussi graves que fausses, et l'attention avec laquelle on a soin de tout temps de se purger des mauvais sujets, soit par le refus de les recevoir, soit en chassant ceux qui s'étaient déshonorés aux yeux de leurs camarades, prouve l'intérêt et le désir qu'on avait de se tenir pur.

« Qui le sait mieux que nous, Nosseigneurs ? A portée de voir de près le soldat, de l'apprécier et de l'étudier par la confiance qu'il a généralement en son officier, nous l'avons vu, même dans ces temps malheureux où l'on s'efforçait de persuader qu'une discipline sévère pouvait tenir lieu de point d'honneur, nous l'avons vu n'être dirigé que par ce seul principe. Et, dans des circonstances où toutes les lois réduites au silence semblaient annoncer l'impunité, où l'on semblait ne chercher qu'à

l'égarer, qui a pu le contenir ? Qui a pu le maintenir dans des bornes que tout paraissait l'engager à
franchir ? Qui a pu faire régner l'ordre, la discipline
et le respect pour des ordonnances qui avaient été
abrogées et qui ne sont encore remplacées par
aucune loi ? Ce problème n'est pas difficile à
résoudre pour quiconque connaît le soldat français :
l'honneur était sa loi, il a été le frein qui l'a retenu.
Le respect pour ses chefs, l'attachement à ses officiers, sa confiance en eux, l'idée qu'il se faisait du
nom de soldat, tout ce que ce titre lui imposait,
voilà ce qui a dirigé les soldats du régiment d'Auvergne, voilà ce qui les a retenus. Nous devons
donc à la vérité l'hommage que nous lui rendons,
en affirmant que l'honneur, seule base de la discipline, même dans ces temps où on avait voulu y
substituer un autre mobile, n'a jamais cessé d'animer le militaire. Nous devons à nos soldats l'assurance publique de la fausseté de ce qu'a avancé
M. de Crancé quant à leurs sentiments et quant à
leur composition. La plus grande partie d'entre
eux, et l'on peut dire la totalité, est prise dans les
laboureurs, dans les artisans honnêtes et même dans
des classes plus relevées, jamais dans le rebut de
la société...

« Enfin, nous nous devons à nous-mêmes de
repousser la calomnie qui cherche, en les flétris-
sant, à nous flétrir nous-mêmes ; car la classe des
officiers deviendrait la plus vile, si elle n'était destinée qu'à gouverner des brigands, et notre honneur est si étroitement lié au leur qu'on ne peut
attaquer l'un sans outrager l'autre... »

Ces adresses des régiments d'Armagnac et d'Auvergne sont lues à l'Assemblée nationale[1] par le baron de Menou en même temps que la réponse de Dubois de Crancé :

On le calomnie ; « l'aristocratie, dit-il, expirant sous le poids de l'opinion publique, cherche à se venger de ceux qui l'ont combattue... Je sais que la discipline et le bon exemple épurent les mœurs, et que tel qui fut un libertin dans sa jeunesse peut devenir un excellent sujet. Nos régiments en fournissent assez de preuves ; mais tant que ce sujet n'est pas formé, il peut être dangereux à fréquenter pour un jeune homme sans expérience et dans l'effervescence des passions. Voilà ce que j'ai dit et ce que j'ai voulu dire. Je respecte trop nos braves militaires, nos soldats-citoyens, pour avoir voulu les ravaler, et je ne puis attribuer les imputations que l'on m'a faites à cet égard qu'à la haine d'une cabale antipatriotique qui se signale depuis quelque temps par son acharnement à poursuivre les gens de bien... On voudrait pouvoir employer votre courage en faveur de ce despotisme sous lequel vous avez si longtemps gémi, et se servir de vous-mêmes pour vous donner de nouveaux fers plus pesants que ceux que nous avons brisés... »

Loin de ramener le calme dans l'armée, cette lettre ne fit qu'y fomenter le désordre et l'insubordination[2]. En affectant de l'adresser uniquement

---

[1] Archives parlementaires. Séance de l'Assemblée du 31 décembre 1789.

[2] Les officiers de la garnison de Besançon (régiments de Piémont, Metz. Monsieur et Dauphin) et de Lille (régiments Colonel-

aux bas-officiers et soldats, en s'élevant contre cette aristocratie « sous laquelle gémit le soldat-citoyen », contre « ce despotisme » qui exploite indignement ses vertus, Dubois de Crancé affirme à nouveau son mépris pour l'officier et prêche la révolte. Plus qu'aucune autre société en effet, l'armée ne peut vivre et se soutenir que par l'autorité. Seule, l'autorité peut contenir les passions des uns, diriger les efforts des autres, grouper en un puissant faisceau toutes les volontés vers un but commun, le maintien de l'ordre et la défense de la patrie. Ses moyens sont le respect et la confiance qu'elle inspire ; suspectée, elle doit s'affaiblir dans un avenir fatalement prévu, et bientôt succomber en entraînant dans sa chute l'institution dont elle est la sauvegarde.

En se faisant le porte-parole de ce parti avancé qu'on dénomme le Palais Royal, Dubois de Crancé se sait d'ailleurs soutenu par les plus timorés des constitutionnels. Tous ces hommes savent sans aucun doute que la grandeur de la France vient des armées et que celles-ci ne subsistent que par le commandement et l'obéissance, mais ils voient l'officier trop profondément attaché à la personne du Roi pour ne pas redouter qu'il emploie son influence à combattre ou à enrayer les réformes : de là la méfiance qu'on lui témoigne dès la première

Général, la Couronne, Condé-Infanterie, chasseurs à cheval des évêchés) protestent contre les termes de cette réponse. Dubois de Crancé leur oppose ses expressions à celles contenues dans le mémoire intitulé : « Vices et abus de la Constitution actuelle du militaire français, dénoncés à l'Assemblée nationale par les officiers composant la garnison de Lille. »

heure et que les factieux savent adroitement répandre dans les régiments, où l'officier devient bientôt aux yeux du soldat un « despote conspirateur ».

Des « excuses » aussi venimeuses que celles qu'on vient de lire doivent donc exposer l'armée aux plus grands dangers. L'Assemblée tente, le surlendemain [1], de les conjurer en décidant que le président sera chargé d'écrire une lettre à tous les régiments pour leur exprimer les sentiments des représentants à leur égard [2].

Cette lettre est lue à la séance du 4 janvier : «... Ce n'est pas, Messieurs, au milieu des représentants d'une nation dont l'armée a si dignement assuré la gloire dans tous les temps, dont elle vient encore de soutenir les droits avec tant de patriotisme, que l'hommage dû à la valeur, à la délicatesse et à l'honneur pourrait être un instant méconnu...

« L'Assemblée nationale, occupée sans relâche de la régénération de ce grand empire, établira pour la constitution militaire des bases qui, assurant à jamais le bonheur et l'avancement de tous les individus de l'armée, uniront indissolublement le citoyen et le soldat par les liens communs de la félicité publique.

« Le salut de la France dépend, Messieurs, vous le savez, de l'accord intime de tous les bons citoyens.

---

[1] Séance du 2 janvier 1790.

[2] Ce décret fut rendu sur la proposition de Duport, à la suite d'une vive discussion au cours de laquelle quelques députés de la droite (de Bonnal, Rabaud de Saint-Etienne, d'Ailly) demandèrent sans succès que la lettre de Dubois de Crancé ne fut pas insérée au procès-verbal.

Sous ce grand et important rapport, les représentants de la nation se reposent sur le sentiment de l'armée. Ils recommandent au soldat une subordination entière à ses supérieurs ; ils sont assurés de n'être pas trompés dans cet espoir. La soumission aux lois, la fidélité à la constitution désirée par la nation et acceptée par son chef, l'obéissance et le respect pour le Roi, centre nécessaire de toutes les forces de l'État, voilà, Messieurs, les premiers devoirs et les seuls moyens de bonheur pour tout homme digne désormais du nom de Français... »

Nobles paroles, qui valent à l'Assemblée les témoignages de reconnaissance de nombreux officiers[1], mais que l'insurrection triomphante va, quelques jours plus tard, saluer d'un sanglant défi[2] !

---

[1] Vicomte d'Ollianison, commandant des carabiniers ; — Officiers du régiment Royal-Étranger ; — colonel de Bellerose, des chasseurs, en garnison à Douai ; — officiers du régiment de Dillon.

[2] Insurrection de Valence ; assassinat du colonel de Voisins.

CHAPITRE II

ORGANISATION GÉNÉRALE DE L'ARMÉE. DÉCRET DU 28 FÉVRIER. INCORPORATION. ARMES SPÉCIALES.

I. Le décret du 28 février 1790. — II. Solde de la troupe. — III. Projet d'organisation de l'armée du 7 juillet 1790. Sa discussion. — IV. L'incorporation. — V. Réorganisation du génie et de l'artillerie.

I

Le décret du 16 décembre 1789 conserve donc, comme nous l'avons vu, l'ancien mode de recrutement de cette partie de l'armée que nous appelons aujourd'hui l'armée active. Par cela même, il consacre officiellement l'existence de celle-ci. Les propositions les plus contradictoires qui ont été émises au sein du comité militaire relativement à la levée des milices ou troupes de renforcement, indispensables pour le temps de guerre, l'ont obligé à ajourner la discussion de cette importante question. L'Assemblée elle-même a été également hésitante devant les instructions nettes et formelles qu'elle avait reçues des différents ordres, à titre de mandat, et qui ont ajourné, il faut le reconnaître, l'avènement d'une solution désirable. Aussi s'ap-

plique-t-elle sans tarder à la réorganisation générale de l'armée du temps de paix, pour y apporter
les réformes urgentes qu'exige la sécurité intérieure
et extérieure du pays.

Il importe avant tout de fixer les prérogatives de
l'exécutif et de déterminer celles du pouvoir constituant, en laissant à l'initiative des législatures à
venir le soin de régler chaque année, suivant les
circonstances essentiellement variables du moment,
l'application des lois constitutionnelles.

C'est le principal objet des séances du 19 janvier,
des 1ᵉʳ et 28 février 1790. Elles aboutissent à l'important décret du 28 février, sanctionné par le Roi
le 22 mars.

La loi doit présider à l'organisation des divers
éléments de l'armée, établir leurs rapports nécessaires et assurer leur parfait accord, mais elle ne
peut, sans danger pour la chose publique, entraver dans des limites trop étroites l'indépendance
de celui auquel elle en confie le dépôt.

Seul, le duc de Liancourt[1] croit trouver dans la
responsabilité des ministres et des agents militaires
le moyen de prévenir les dangers que l'autorité
du Roi, dégagée du contrôle permanent de la nation,
peut, suivant l'expression communément admise,
faire courir à la liberté nationale. Faut-il voir dans
cette proposition très timidement émise du député
de Clermont une tentative d'instauration du parle-
mentarisme anglais, dont il avait fait, avec tant
d'esprits distingués de l'époque, une étude appro-

---

[1] Archives parlementaires. Séance de l'Assemblée du 28 février
1790.

fondie? Cette responsabilité, qu'il ne définit que d'une façon très imparfaite, peut avoir, en tout cas, le sens que nous avons coutume aujourd'hui de lui donner. Elle signifiait, pendant toute la durée du xviiie siècle, une responsabilité légale supposant une culpabilité individuelle, et non un désaccord entraînant la perte du pouvoir. Le principe en est admis sans discussion, avec la réserve d'en fixer ultérieurement l'étendue et les effets[1].

En même temps, le Roi est reconnu « chef suprême de l'armée[2] ». C'est une nécessité dérivant de la nature même de la puissance militaire et qu'on retrouve à la base de toutes les constitutions.

L'Assemblée juge cependant opportun d'y apporter, dans un deuxième article, un palliatif ainsi conçu : « L'armée est essentiellement destinée à combattre les ennemis extérieurs de la patrie », expression platonique, d'une pusillanimité dont la Constituante nous offre plus d'un exemple, concession impolitique à l'esprit du temps, largement exploitée par les fauteurs de désordre. Quand les partis, déchaînés au gré des passions les plus désordonnées, restent insensibles à la persuasion et méconnaissent l'autorité de la loi, à qui donc appartient-il, sinon à la force des armes, de ramener l'ordre à l'intérieur ? La mission de l'armée n'est pas moins de mettre le sol national à l'abri des

---

[1] Art. 10 du décret du 28 février 1790 : « Le ministre ayant le département de la guerre et tous les agents militaires sont sujets à la responsabilité dans les cas et de la manière qui sont et seront déterminés par la constitution. »

[2] Art. 3 du décret du 28 février 1790.

atteintes des factions que d'en garantir l'intégrité contre l'ennemi du dehors. L'Assemblée, toujours indécise, l'a elle-même proclamé le 21 octobre 1789 dans son décret sur la loi martiale ; elle le reconnaîtra encore, quelques mois plus tard, quand elle chargera son président d'adresser au marquis de Bouillé, maître de l'insurrection de Nancy, l'hommage de sa reconnaissance et de son admiration.

C'est qu'en s'arrogeant illégalement, par la plus néfaste des confusions de pouvoirs, un droit de répression dont l'autorité du Roi doit seule être investie, comme aussi le droit de grâce dont elle abuse, elle pense s'élever au rôle de gardienne des libertés publiques et défendre les droits des citoyens contre les tentatives possibles d'un régime d'oppression dont elle redoute l'avènement.

Nous retrouvons une nouvelle preuve de cette inquiétude exclusive qui l'obsède dans l'article 3 qu'elle décrète le même jour : « Il ne peut être admis ni introduit aucune troupe étrangère au service de l'État qu'en vertu d'un acte du pouvoir législatif, sanctionné par le Roi », décision raisonnable en soi, mais dictée par la crainte de mettre au service d'un gouvernement despotique des troupes dont la discipline fait un singulier contraste avec la fermentation des régiments nationaux.

La discipline prussienne, si exaltée à la suite de la paix de 1763, est d'ailleurs devenue l'objet d'une répulsion générale depuis que des admirateurs trop zélés de Frédéric ont voulu l'importer dans nos troupes par une imitation servile contraire au tempérament français[1]. Aussi, malgré les glorieux services rendus à nos armes par les Rosen, de Saxe, de Lowendal, de Closen et tant d'autres, la suppression pure et simple des régiments étrangers, où l'on observait les principes contagieux du militarisme allemand, eût-elle été décidée dans les limites observées par les capitulations, si cette mesure n'avait dû grossir les forces ennemies au détriment des nôtres[2].

La décision prise à l'égard des troupes étrangères soldées vient établir, pour la première fois, par les sous-entendus et considérants qui l'accompagnent, la distinction qu'il convient de faire entre deux éléments de la puissance militaire française, différenciés seulement jusqu'alors par des ordonnances relatives à leur composition et leur commandement. Cette distinction est accentuée par l'octroi de l'exercice des droits politiques que fait concéder le comité militaire aux troupes nationales pour relever la considération de leur état. Il est arrêté en effet[3] que tout militaire en activité, malgré la perte apparente de domicile que suppose le service, pourra excercer dans son canton d'origine

[1] « On peut, dit Miot de Melito dans ses mémoires, faire remonter les premiers germes de l'insubordination dans l'armée à ces essais imprudents si contraires au caractère national. » — « On peut dire qu'ils furent une des causes secondes de la Révolution. » (A. Duruy. *L'armée royale en* 1789).

[2] Discours d'A. de Lameth à la séance de l'Assemblée du 9 février 1790. Les régiments étrangers furent déclarés régiments français par décret du 21 juillet 1791. Seuls les Suisses continuèrent de servir jusqu'au 10 août 1792. — Projet de décret sur la question militaire, présenté par le baron de **Wimpfen**, annexé au compte rendu de la séance de l'Assemblée du 17 février 1790.

[3] Articles 6 et 7 du décret du 28 février 1790.

les fonctions de citoyen actif, c'est-à-dire exercer le droit de suffrage aux assemblées primaires, être éligible au second degré et même au corps législatif, s'il réunit les qualités exigées par les décrets constitutionnels[1]. Après seize ans de service « sans interruption et sans reproche[2] », il pourra même jouir de la plénitude des droits de citoyen actif, sans remplir les conditions de régime censitaire relatives à la contribution et à la propriété. Pour éviter que l'officier ne puisse abuser de son crédit ou de son autorité, soit pour se faire élire, soit pour diriger les élections[3], on décide seulement que le soldat-électeur ne pourra se prévaloir de la nouvelle faveur qu'en dehors de sa garnison, s'il se trouve au moment de la réunion des assemblées primaires en congé dans son canton[4].

Il est permis de se demander si, malgré cette restriction heureusement apportée à la rédaction

---

[1] Pour être citoyen actif, il fallait : 1° être né ou devenu Français ; 2° être âgé de vingt-cinq ans accomplis ; 3° être domicilié dans la ville ou le canton depuis le temps déterminé par la loi ; 4° n'être pas serviteur à gage ; 5° payer dans un lieu quelconque du royaume une imposition directe au moins égale à la valeur de trois journées de travail ; 6° être inscrit dans la municipalité de son domicile au rôle des gardes nationales ; 7° avoir prêté le serment civique.

Pour être éligible comme électeur du second degré, il fallait payer une contribution égale au moins à la valeur locale de dix journées de travail (condition modifiée au mois d'août 1791).

Pour être éligible au Corps législatif, il fallait payer une contribution d'un marc d'argent (condition également modifiée lors de la revision des décrets constitutionnels).

[2] Le comité avait proposé trente ans.

[3] Observations de MM. de Liancourt et de Toulongeon à la séance de l'Assemblée du 28 février 1790.

[4] Article 6 et 7 du décret du 28 février 1790.

primitive au moment du vote des articles, il n'eût pas été plus prudent de tenir le soldat à l'écart des pernicieuses influences des réunions politiques, où il va, grâce aux congés rendus fréquents par l'état des finances, devenir un agent naturel de correspondance entre les clubs des différentes localités.

II

Le même jour sont encore établis les points suivants :

— Le droit irrévocablement accordé à chaque citoyen d'être admissible à tous les emplois et grades militaires[1] ;

— La prestation annuelle du serment civique par les officiers et soldats, à l'époque du 14 juillet[2] et suivant des formes déterminées ;

— Le droit de chaque législature de statuer sur les sommes à voter annuellement pour l'entretien de l'armée et autres dépenses militaires, l'effectif, la solde de chaque grade, les règles d'admission au service et d'avancement, la forme des enrôlements et les conditions de dégagement, les lois relatives aux délits et peines militaires, le traitement des troupes en cas de licenciement ;

— La suppression de la vénalité des emplois et charges militaires[3].

Le comité de constitution et le comité militaire

---

[1] Article 5 du décret du 28 février 1790.

[2] Article 8 du décret du 28 février 1790.

[3] Article 9 du décret du 28 février 1790.

reçoivent en même temps la mission de se concerter pour préparer des projets de lois relativement à l'emploi des forces militaires dans l'intérieur du royaume, l'organisation des tribunaux militaires et les moyens de renforcer l'armée en temps de guerre, en évitant le tirage au sort.

Afin de pouvoir se prononcer sur les divers objets qui sont du ressort du pouvoir législatif, l'Assemblée décrète en outre que le Roi sera supplié de faire incessamment présenter un plan d'organisation de l'armée. Elle adopte toutefois sans retard, tout en réservant la faculté de déterminer ultérieurement la somme totale à affecter aux dépenses militaires, une proposition relative à l'augmentation de la solde journalière du soldat et du bas-officier.

La solde du fusilier, le soldat le moins payé de l'armée, s'élève alors à sept sols quatre deniers [1] ainsi répartis : deux sols six deniers destinés à fournir à l'homme vingt-quatre onces [2] de pain, dix deniers à la masse de linge et chaussure, quatre sols au prêt dont l'homme dispose pour sa nourriture. L'habillement est prélevé sur la masse générale.

Dans un remarquable mémoire, communiqué à l'Assemblée le 12 décembre 1789, le ministre a déjà proposé une augmentation de trente-deux deniers, comprenant dix deniers au pain de munition, six deniers à la masse de linge et chaussure, douze deniers au prêt et quatre à l'habillement. Il

---

[1] Vingt sols équivalaient à peu près à une livre ; le denier était la douzième partie du sol.

[2] Soit environ 734 grammes, l'once équivalant à 30gr,59.

estime que les nouvelles allocations permettront de donner au soldat vingt-huit onces de pain et de lui procurer un habillement neuf tous les deux ans, au lieu de trois. Le comité militaire ne propose qu'une augmentation de dix-huit deniers, différemment répartis. Le chiffre de trente-deux deniers prévaut.

Une circulaire du ministre, adressée aux régiments le 20 avril, en règle la répartition pour que le soldat ne puisse en exiger la libre disposition ; mais l'application de cette circulaire laisse subsister des avantages, accordés jusqu'alors à des corps privilégiés. Aussi dans la séance du 24 juin, sur la proposition du comité militaire [1], est-il décrété que la solde sera uniforme dans chacune des différentes armes, sans préjudice des hautes payes attribuées à certains grades ou certaines fonctions. Elle est arrêtée à sept sols six deniers pour l'infanterie, nationale et étrangère, et les compagnies d'invalides, huit sols dix deniers pour la cavalerie, huit sols six deniers pour les dragons, chasseurs et hussards, huit sols pour les canonniers apprentis, onze sols quatre deniers pour les ouvriers apprentis, neuf sols pour les mineurs. La ration de pain, maintenue à vingt-quatre onces, doit être acquittée par une masse spéciale de boulangerie, distraite de la solde au même titre que les autres masses dont le ministre a projeté l'établissement, masse générale d'habillement, masses des lits et effets de campement, des bois et lumières, d'hôpital et de fourrage.

[1] M. Emmery, rapporteur.

III

Il faut lire les archives parlementaires des années 1789 et 1790, les rapports des comités militaires et des finances, les correspondances du comte de La Tour du Pin, pour se faire une idée de l'étendue de la tâche entreprise en ce qui concerne l'organisation de l'armée. Les parties que nous analysons ne peuvent en donner qu'un aperçu. Ce sont, dans la reconstitution, les mêmes prodigieux efforts que dans la destruction; et l'on peut dire que jamais corps délibérant ne fit preuve d'une activité comparable à celle dont la Constituante offre le spectacle dans ses deux séances quotidiennes, ponctuellement et presque religieusement suivies par tous ses membres[1].

Les deux décrets du 16 décembre 1789 et du 20 février 1790 ont déjà, comme nous l'avons vu, fixé les bases du recrutement et vaguement déterminé les prérogatives des pouvoirs exécutif, constituant et législatif. Ils ont marqué les premières étapes d'une évolution pacifique ardemment souhaitée.

Mais, pour faire aboutir plus rapidement les projets les plus élémentaires, il aurait fallu que la liberté de la tribune ne soit point le prétexte des propositions les plus irréfléchies, que les débats

[1] Au lendemain même de la fête de la Fédération, les deux séances sont occupées par la discussion des projets sur la constitution militaire, sur la liberté du commerce de l'Inde et la lecture des rapports du comité de mendicité.

soient circonscrits à leur véritable objet, et qu'en
l'absence de statuts suffisants l'autorité effective du
président puisse imposer à chacun des concessions
individuelles à la communauté des intérêts. La
discipline manque à ces enthousiastes novateurs,
trop prompts à l'improvisation et trop impression-
nables pour se plier au joug d'une réglementation
sévère.

Un plan très complet de réorganisation de l'armée
a déjà été présenté au ministre par le comité militaire à la fin de l'année 1789[1], en même temps que
d'innombrables projets et rapports émanant d'officiers ou de divers représentants de la nation[2].
Aucune décision n'intervint à la suite des longues
et confuses discussions auxquelles ces divers projets donnèrent lieu et où tous les sujets furent
abordés de front, effectifs, solde, avancement,
hôpitaux, retraites, etc...

Quelques mois plus tard[3], le projet ministériel
est remanié pour être mis en concordance avec les
désirs manifestés par l'Assemblée relativement au

---

[1] Mémoire lu à la séance de l'Assemblée du 12 décembre 1789.

[2] *Règlement de constitution militaire* des officiers d'un bataillon du régiment d'Auvergne. *Vices de la constitution actuelle
du militaire français, dénoncés à l'Assemblée nationale* par les
officiers des régiments de la garnison de Lille. *Projet de formation de l'armée française, de sa force et de la fixation des dépenses
dans la nouvelle constitution*, présenté par Jarry, ancien commandant de l'École militaire. *Opinion sur la constitution militaire*, du capitaine du génie Bureaux de Puzy. *Opinion sur la
constitution militaire*, du chevalier A. de Lameth. *L'établissement et la constitution de l'armée*, du brigadier de Wimpfen.
Observation sur la constitution militaire de Dubois de Crancé, etc.

[3] 12 avril 1790. Tableau de l'organisation de l'armée *réduite
d'après la somme à laquelle l'Assemblée nationale paraît vouloir
borner la dépense du département de la guerre.*

chiffre total des dépenses qu'il importe de ne pas dépasser, puis complété, en conformité du décret du 28 février, par un tableau très étudié de la solde et de la composition de l'armée[1].

L'examen de ce projet, qui constitue l'une des sources les plus remarquables de notre législation militaire, est l'occasion d'une intéressante discussion sur l'interprétation qu'il convient de donner au décret du 28 février, en ce qui concerne le droit des législatures de statuer sur l'effectif annuel des troupes actives ou auxiliaires. Faut-il laisser à l'initiative du pouvoir exécutif le soin de fixer le nombre des sous-officiers et officiers de chaque grade, en observant seulement de maintenir l'effectif total dans les limites déterminées par le pouvoir législatif? Ou celui-ci doit-il, à chaque session, sur la proposition du ministre et sous la réserve de la sanction du Roi, déterminer la proportion d'individus de chaque grade? Cette dernière opinion, qui est devenue une règle dans tous les gouvernements constitutionnels, recueille facilement les suffrages de la majorité de l'Assemblée[2]. Mais, quand celle-ci émet la prétention de fixer la situation de chaque officier et de déterminer le nombre d'unités dont chaque corps doit être composé, d'énergiques protestations s'élèvent contre cette violation apparente de la forme monarchique et la confusion de pouvoirs qui semble en être la conséquence.

[1] *Plan général d'organisation de l'armée,* arrêté par le Roi le 7 juillet 1790.
[2] 19 juillet 1790.

« Le Roi, chef suprême de l'armée, dit Bureaux de Puzy, va donc se trouver absolument étranger à la formation de l'armée. Croit-on que celle-ci, confiée au gouvernement, puisse y devenir l'instrument du despotisme et de l'oppression? Mais elle ne peut être trop faible pour la protection de l'État, ni trop forte pour sa tranquillité, ni trop onéreuse au Trésor public, puisque la force militaire et les fonds affectés à son entretien seront arrêtés par la constitution. Elle ne sera pas dans une dépendance du ministre qui puisse causer d'ombrage aux représentants du pays, puisqu'eux-mêmes devront régler les lois de l'admission, de l'avancement, de la solde et de la discipline. Craint-on que l'armée soit mal organisée? Mais qui mieux que les ministres doit connaître les hommes capables de donner des instructions lumineuses sur cet objet?... Enfin, est-ce au moment où tous les ressorts de l'organisation sociale sont détendus ou brisés que l'on peut espérer raffermir l'agrégation des diverses parties du faisceau en affaiblissant le lien qui les unit? Quand l'anarchie dévore toutes les branches du corps politique et semble s'attacher particulièrement à l'institution militaire, quand la crainte d'un conflit avec l'étranger vient aggraver les inquiétudes qui entretiennent les orages de l'intérieur, quand le sentiment des malheurs présents et des désastres à redouter commande le plus prompt rétablissement de l'ordre et de la discipline, est-il prudent de réduire l'influence et la considération du chef de l'armée, chargé de guérir des maux si grands et d'en prévenir le retour?... »

Ce suprême et tardif effort tenté par Bureaux de
Puzy pour sauver de la tourmente les derniers lambeaux de l'autorité royale est, en la circonstance,
insuffisamment justifié : la formation des troupes
et la division du commandement sont trop intimement liées à la constitution des cadres et des effectifs pour qu'il soit possible de les confier à des
autorités différentes. Aussi l'Assemblée s'attribue-
t-elle le droit de légiférer sur tous les détails de l'organisation militaire et entreprend-elle l'examen du
projet déjà revêtu de l'approbation du Roi.

« S'il faut ne pas vouloir la guerre, écrit le
ministre pour motiver les conclusions de ce projet,
il faut pouvoir la repousser avec vigueur ; il faut
surtout en porter le théâtre chez l'ennemi. Défions-
nous de cette politique timide et trompeuse qui se
borne à la défense des frontières ; nous avons
besoin, au contraire, d'armées fortes et manœu-
vrières, qui agissent avantageusement au dehors,
éloignent de notre pays les maux de tout genre
qu'entraîne la guerre avec elle[1]... »

De là la nécessité d'entretenir sur le pied de paix
une armée de 150 000 hommes, que renforceront,
au moment d'une guerre, 100 000 auxiliaires toujours
prêts à y être incorporés[2]. Cet état militaire exigera,

---

[1] Lettre lue à l'Assemblée nationale le 25 juillet 1790.

[2] Le ministre évaluait comme il suit les effectifs nécessaires à
la garde des frontières :

De Bâle à la Meuse	80 000 hommes.
Aux Pays-Bas	60 000 —
Frontière des Alpes	40 000 —
A *reporter*. . . .	180 000 hommes.

abstraction faite des auxiliaires, sur le recrutement desquels on n'a encore pris aucune décision, une dépense de 88 151 143 livres, inférieure de 14 188 420 livres à celle de l'année précédente[1].

Le caractère le plus saillant du projet du ministre réside dans la nouvelle composition des régiments. Le nombre des régiments d'infanterie, jusqu'alors à deux bataillons, est réduit de moitié, et l'effectif de chacun d'eux, porté à quatre bataillons dont un de dépôt, est doublé par le groupement des anciens corps deux à deux.

Ce groupement, auquel on donne le nom *d'incorporation*, est préconisé par les fervents admirateurs des armées allemandes, où, fidèle aux principes de Gustave-Adolphe, Frédéric a généralisé l'emploi des gros corps de troupes.

Les régiments de cavalerie, constitués à trois escadrons par les dernières ordonnances, sont également portés à quatre escadrons; leur nombre se trouve par suite réduit du tiers.

Le génie reçoit les compagnies de mineurs soustraites à l'artillerie.

Suite de la note 2, page 291.

Report. . . . . 180 000 hommes.

auxquels il convient d'ajouter :

Pour la garnison des vaisseaux. . . . 18 000   —
Pour les colonies. . . . . 18 000   —
Pour la garde des places et des côtes . 34 000   —

Total. . . . . . . 250 000 **hommes.**

Les armées du Roi de Hongrie pouvaient être portées à 300 000 hommes et celles du Roi de Prusse au même chiffre par la conscription.

[1] Rapport du comité des finances sur les dépenses du département de la guerre, 2 octobre 1789.

Le comité militaire, d'accord avec le ministre sur les bases mêmes du projet, propose :

— Le même mode d'incorporation pour la cavalerie que pour l'infanterie, afin que les escadrons d'un même régiment puissent continuer à servir côte à côte ;

— L'ajournement de tout changement à l'organisation de l'artillerie et du génie, jusqu'à décision à intervenir sur la fusion des deux corps ;

— Un accroissement d'effectif de quatre hommes par compagnie[1] ;

— La réduction de l'armée auxiliaire à 50 000 hommes, renforcés par les gardes nationales, sur l'organisation desquelles il convient de se prononcer ;

— L'envoi en congé avec demi-solde, pendant neuf mois de l'année, d'une fraction importante de l'infanterie et de la cavalerie, pour réaliser l'économie nécessaire à l'entretien de l'armée auxiliaire[2].

IV

Il nous faut tout d'abord discuter l'opportunité de l'incorporation. Elle semble devoir présenter des avantages considérables au point de vue de l'instruction pendant la paix et de l'emploi tactique des

---

[1] Les compagnies devaient dès lors comprendre 54 hommes, sans compter les officiers, au lieu de 50. L'effectif total de l'armée était porté à 153 802 hommes, et la dépense à 88 298 737 livres.

[2] 3 147 608 livres.

troupes sur le champ de bataille [1] ; mais il faut convenir que l'état d'anarchie dans lequel est tombé l'armée en rend l'application difficile ; « Quand la terre tremble, disait de Jessé, on peut orner un édifice, réparer le faîte, transformer la distribution intérieure, mais il est dangeureux de le fouiller à sa base. » Déjà la multiplicité des principes nouveaux introduits dans les ordonnances de manœuvres au cours des dernières années, comme il arrive après toutes les périodes de revers, ont rompu l'harmonie du commandement en révolutionnant les anciennes doctrines consacrées par nos plus belles victoires. Peu de corps n'ont pas inscrit, en tête de leur doléances, cette instabilité des règlements, à laquelle on a attribué pour une grande part la défaite de Rossbach, et qui, depuis, a semé la lassitude dans les rangs et troublé la direction. Dans un autre milieu, à une autre époque, l'incorporation eût été désirable et avantageuse ; en 1790, elle doit, par les méthodes de guerre qu'il faut improviser à sa suite, accroître encore la confusion et fournir un nouvel aliment au désordre.

En art militaire, comme en toute chose, le progrès suit une marche lente, dont les degrés successifs sont marqués du génie et de l'expérience propres à chaque nation, de l'esprit et des dispositions du temps. Nous l'avons observé déjà à propos du recrutement ; nous le constatons de nouveau dans ce projet de création de régiments à quatre bataillons, création qui s'imposera plus tard, comme la

---

[1] MM. de Noailles et de Broglie, séance de l'Assemblée nationale du 2 août 1790.

conscription, sous la poussée des événements, sans qu'il soit plus raisonnable d'en blâmer l'ajournement que de dénier le grand mérite du ministre qui le premier sut en distinguer et en formuler nettement les avantages.

D'autres causes militent encore en faveur du maintien de l'autonomie des anciens corps. On redoute surtout l'influence de cet esprit particulier à chaque régiment, si vivace dans l'ancien régime, source intarrissable de dévouement et de fierté, mais aussi d'humeur jalouse et méprisante à l'égard de tous ceux que n'abrite pas le même fanion. Jusqu'au jour où les troupes se sont engagées aveuglement dans la mêlée révolutionnaire, l'esprit de corps, issu du partage des mêmes dangers, cimenté par le sacrifice, entretenu par une longue et constante communauté d'habitudes et de besoins, a engendré sur le champ de bataille de sublimes rivalités. Quand l'insubordination s'inscrivit comme un glorieux fait d'armes dans les fastes d'un régiment, l'union et la fraternité devinrent plus dangereuses pour l'ordre public que le respect des plus belles traditons [1].

[1] A propos de l'incorporation, le duc d'Orléans écrit le 18 juin à La Tour du Pin : « Je viens d'apprendre, Monsieur le comte, que dans le projet du comité militaire, qui a votre approbation, le nombre de régiments qui composent l'armée doit être diminué et que les plus nouveaux seront *incorporés* dans les plus anciens. Je dois vous faire observer à ce sujet que mon régiment de hussards n'est pas seulement le premier comme régiment Colonel-Général, mais qu'il est aussi le plus ancien. D'après cela, j'ai lieu d'espérer que ce régiment sera conservé et je puis ajouter que sa tenue et son instruction doivent augmenter cet espoir. Comme ces avantages sont dus particulièrement aux soins que j'ai toujours apportés, tant dans le choix des chefs que dans

Que peut-on attendre de la fusion de deux corps, dont l'un a brisé sans regrets les liens de la discipline et l'autre conservé, en dépit de regrettables défaillances, le pieux souvenir du passé, le respect de l'autorité et l'attachement à ses chefs? Les mauvais doivent entraîner les bons.

On objecte encore que la mesure proposée sera fatale à l'avancement des plus méritants. De nouvelles règles sur l'avancement vont, en effet, s'inscrire bientôt dans la constitution et consacrer les droits de l'ancienneté, non pas de l'ancienneté dans toute l'arme, qu'admet aujourd'hui notre législation et qui semble la plus équitable pendant la paix, mais de l'ancienneté par régiment, qui crée au profit des corps décimés au feu des avantages auxquels ne peuvent prétendre les officiers retenus, loin des combats, dans leur garnison. En accouplant deux régiments inégalement servis par la fortune de la guerre, on détruit les légitimes espérances conçues sur le champ de bataille, et l'on favorise, au préjudice d'officiers expérimentés et aguerris, une ancienneté paisiblement acquise.

Ces considérations, vigoureusement défendues à la tribune, font échouer le projet du ministre. « Ecoutez, dit M. de Raynaud[1], l'avis d'un officier général qui a servi pendant trente ans. On pense que les circonstances repoussent l'incorporation. Si elle est bonne, il faut toujours l'adopter. Mais elle est mauvaise. On a dit que les gros corps

celui des officiers particuliers, j'espère que, si l'on conserve quelques régiments propriétaires, le mien sera du nombre. »

[1] De Raynaud, député de Saint-Domingue.

font gagner les batailles ; ce ne sont pas les corps
de quatre bataillons, mais ceux que le général forme
pour l'action ; c'est par les jambes et la célérité
qu'on prévient l'ennemi et qu'on gagne la bataille [1]. »

Le 2 août, l'Assemblée décrète qu'il n'y aura pas
incorporation.

Mais plusieurs autres questions, connexes à celle-ci, restent à régler. Le 9 juillet a été présenté à
l'Assemblée un plan général de l'organisation de
l'armée, adopté par le Roi. Il comprend la fixation
des effectifs des différentes armes, l'état général de
la dépense de l'état-major et des régiments. Dans
une lettre, datée du 25 juillet, La Tour du Pin rend
compte des motifs qui l'ont déterminé à proposer
l'entretien d'une armée de 150 000 hommes : « C'est
de la nature de son gouvernement, écrit-il, de sa
position géographique, de son étendue, de sa population, de ses alliances, des ennemis qu'il peut avoir,
des forces qu'ils peuvent employer, que se compose
le système de la défense d'un État. Sans doute, il
appartient aux représentants de la nation française
de consacrer les premiers ce grand principe de justice
que la force militaire n'est créée que pour la conservation de l'État et non pour son agrandissement ;
mais ce système juste et modéré n'en nécessite pas
moins de grandes armées : s'il faut ne pas vouloir
la guerre, il faut pouvoir la repousser avec vigueur ;
il faut surtout, autant qu'il est possible, chercher
à en porter le théâtre chez nos ennemis [2]. » Ces con-

---

[1] Archives parlementaires, t. XVII. Séance du 2 août 1790.

[2] Archives parlementaires, t. XVIII. Séance de l'Assemblée du
25 juillet 1790.

sidérations permettent à La Tour du Pin d'établir
« qu'il ne faut pas moins d'une armée de 150 000
hommes en activité pendant la paix, et qu'il faut
que 100 000 hommes soient tenus prêts à y être
incorporés au moment de la guerre ».

Ce projet vient en discussion dans la séance du
31 juillet. Bureaux de Puzy[1] soutient énergiquement
que « le corps législatif ne doit pas se mêler de la
partie purement mécanique de l'organisation de l'armée. » — « Quoi, s'écrie-t-il, le Roi est le chef suprême
de l'armée ; c'est lui qui doit veiller à l'emploi
de la force publique pour la sûreté de l'État, et l'on ne
laissera pas à l'ouvrier la faculté d'approprier à sa
main l'instrument qu'il est exclusivement chargé
de manier ! C'est le Roi qui doit donner des ordres
à l'armée ; c'est lui qui doit y maintenir l'instruction et la discipline, et il ne pourra pas régler que,
lorsqu'une compagnie sera formée sur trois hommes
de hauteur, chaque rang sera de 16 hommes plutôt que de 15 ou de 17[2] ! » Et Bureaux de Puzy
propose le texte suivant : « L'Assemblée décrète
que l'armée active, pour l'année 1791, sera composée de..,, et, quant à l'agrégation de ces individus
et leur formation en corps militaire, elle renvoie ces
objets au pouvoir exécutif[2]. »

Cette proposition ne recueille aucune marque
d'approbation dans l'Assemblée... Une armée aux
ordres du Roi serait l'armée de la contre-révolution,

---

[1] Bureaux de Puzy, député de la noblesse d'Amont en **Franche-
Comté**.

[2] Archives parlementaires. Séance du 31 juillet 1790.

et les députés voient déjà les grenadiers qui vont les expulser !

Finalement, dans la séance du 18 août, un texte définitif est adopté pour l'organisation de l'armée. Il comprend 16 articles : il fixe à 150 848 hommes, tant officiers que soldats, l'effectif de l'armée, dont 110 485 pour l'infanterie, 30 040 pour les troupes à cheval, 10 137 pour l'artillerie et le génie.

Le nombre des officiers généraux employés ne devra pas excéder 94, et les troupes étrangères, qui seront à la solde de la nation, ne pourront pas dépasser le chiffre de 26 000 hommes.

V

Le projet de La Tour du Pin sur l'organisation générale de l'armée apportait, nous l'avons vu, une modification importante à la constitution du génie ; il donnait à ce corps les compagnies de mineurs qu'une ordonnance de 1775, inspirée par le général de Gribeauval, avait, à l'époque même de leur création, rattachée à l'artillerie. Cette réforme avait été éloquemment sollicitée par l'un des officiers qui ont le plus honoré la tribune française et dont le génie peut à juste titre s'enorgueillir, Bureaux de Puzy [1]. Elle était parfaitement justifiée par la nécessité de dégager les ingénieurs militaires des entraves qui les retenaient dans la plus étroite dépendance des autres armes.

[1] *Mémoire sur le Corps Royal du Génie,* présenté au comité militaire par Bureaux de Puzy et annexé au compte rendu de la séance, de l'Assemblée nationale du 10 mai 1790.

LES RÉFORMES MILITAIRES

Le corps du génie ou des *ingénieurs militaires* se recrutait exclusivement à l'Ecole de Mézières ; les jeunes gens n'y étaient admis qu'à la suite d'examens portant sur un programme scientifique très étendu [1]. Elevés à l'école des Bossut et des Monge, ils sortaient de Mézières, après de nouveaux examens, pour être affectés à l'une des vingt et une brigades du corps où ils apprenaient à appliquer, sous la direction de chefs expérimentés, les principes abstraits et théoriques qui avaient fait l'objet de leurs premières études. Des stages accomplis dans les écoles d'artillerie et dans les régiments d'infanterie les initiaient ensuite au détail du service des différentes armes. Savants modestes, travailleurs dévoués, ils jouissaient de la plus légitime considération, non seulement dans le pays et dans l'armée, mais aussi à l'étranger où les plus enviables situations leur étaient offertes. Un grand nombre de forteresses de Prusse, d'Autriche, de Russie et même de l'Extrême-Orient portent aujourd'hui encore la trace de leurs travaux.

Mais il faut convenir que les merveilleuses qualités qu'ils tenaient de leur recrutement et des méthodes appliquées à leur instruction technique étaient, en France, aussi mal utilisées que possible. Officiers sans troupe, constructeurs sans ouvriers, ingénieurs sans contremaîtres, ils étaient réduits, en paix comme en guerre, à emprunter à l'artillerie ou à l'infanterie des agents, surveillants et travailleurs, momentanément soustraits au commande-

[1] Règlements de septembre 1777 pour l'admission à l'école de Mézières.

ment normal de leurs chefs naturels ; on ne les leur cédait, cela va sans dire, qu'avec la plus extrême répugnance, et la désignation de ce personnel volant n'était pas toujours marquée d'un grand désintéressement. Il se formait pourtant, chez ces auxiliaires de circonstance, sous l'incessante et patiente impulsion des ingénieurs, des aptitudes imprévues dont il eût été possible de tirer profit, si une organisation plus judicieuse du service avait permis de les attacher plus longtemps à leurs nouvelles fonctions ; mais, renvoyés à leurs dépôts d'origine dès l'achèvement des travaux pour lesquels ils avaient été enrôlés, ils perdaient vite une expérience péniblement acquise et dorénavant inutilisable.

Rebuté par les difficultés continuelles qu'il rencontrait dans l'accomplissement de sa tâche, dépouillé en outre de ses attributions les plus essentielles par l'artillerie, par les ingénieurs géographes, les ingénieurs des affaires étrangères, les commissaires aux limites, les ingénieurs de la marine, des ponts et chaussées, des colonies, formellement exclu du service d'état-major par l'ordonnance de 1759, l'ingénieur militaire, trop souvent réduit à l'inaction, se livrait silencieusement à l'étude spéculative de la science des Vauban et des Cormontaigne, accueillant avec la plus grande indifférence l'avancement tardif que l'ancienneté seule lui conférait.

Deux moyens sont proposés, en 1790, pour remédier aux inconvénients de cette situation. Le premier réside dans la fusion de l'artillerie et du génie ; il présente le double avantage de satisfaire aux desiderata du génie sans blesser la susceptibilité

de l'artillerie et de permettre, au point de vue budgétaire, une réduction sensible des cadres des deux
corps. La fusion a été déjà tentée en 1755, mais le
comité militaire estime qu'on peut écarter les causes
d'insuccès de cette première expérience en évitant
d'assujettir les officiers des deux origines à remplir indistinctement les fonctions qui incombent aux
uns et aux autres, et en laissant à chacun la faculté
de se spécialiser, suivant ses goûts, dans les diverses
branches du nouveau service [1].

Une autre solution, moins radicale que la précédente, est celle que propose le ministre, la création
d'une troupe spéciale du génie par simple changement de dénomination et d'uniforme des compagnies de mineurs; elle n'apporte que d'insensibles
transformations dans le service de ceux-ci, mais,
en portant atteinte aux prérogatives de l'artillerie,
elle envenime de traditionnelles rivalités et se
heurte à d'irréconciliables résistances.

Les arguments présentés en faveur de l'une ou
l'autre de ces deux solutions sont appuyés de considérations trop purement techniques pour ne pas
embarrasser l'élément civil de l'Assemblée, incompétent de son propre aveu [2]. Son indécision est la
conséquence naturelle du désaccord qui règne chez
les militaires même. La crainte de porter une main
maladroite sur des institutions admirées jusque-là
sans réserve, de mal faire, en un mot, sous pré-

---

[1] Alexandre de Lameth. Séance de l'Assemblée nationale du
29 juillet 1790.

[2] De Crillon. Séance de l'Assemblée nationale du 9 septembre
1790.

texte d'améliorer, dicte le décret du 9 septembre :
les deux corps restent distincts ; l'artillerie conserve
les mineurs.

Ce que Vauban demandait instamment déjà pour
ses auxiliaires de Philipsbourg, La Tour du Pin ne
peut l'obtenir de la Constituante pour les disciples
du grand ingénieur : mais ses efforts ne furent
point stériles. Son projet, repris et remanié par la
Convention quelques années plus tard, aboutit à la
création de douze bataillons de sapeurs du génie,
les premières troupes de l'arme. Quant au mémoire
présenté par Bureaux de Puzy en vue de la même
réforme, il constitue l'un des monuments les plus
remarquables des travaux législatifs de l'époque ;
inspiré par une profonde connaissance des besoins
de l'armée, par l'observation attentive des règles
immuables de la guerre, il définit, dans une argumentation décisive, les fonctions multiples dont on
ne saurait, sans injustice, dépouiller le génie, « en
temps de paix, le service ordinaire des fortifications,
la topographie, la démarcation des frontières, l'inspection des projets de routes, canaux et autres
ouvrages civils qui pourraient influer sur la défense
du royaume, l'entretien des ports et toute construction d'ouvrages qui, soit sur nos côtes, soit sur
nos autres frontières, seraient essentiellement liés
au système militaire ; — à l'armée, la direction des
travaux de l'attaque et de la défense des places, la
reconnaissance du pays où se fera la guerre, la
désignation des fortifications naturelles et factices
dont on pourra s'aider, la construction des redoutes,
retranchements, postes et camps, l'ouverture des

marches, la construction, la destruction et la réparation des chemins et ponts, sous les ordres immédiats du Maréchal Général des logis... »

On ne peut lire ces lignes sans les rapprocher de nos règlements actuellement en vigueur, et sans être saisi de l'identité d'énumération et presque de termes que l'on retrouve dans les deux documents. Ainsi fut nettement précisé, il y a plus d'un siècle, le rôle du génie dans les guerres modernes, sauf en ce qui concerne les chemins de fer et les aérostats, dont la science n'avait pas encore doté la civilisation.

Quant à l'artillerie, La Tour du Pin en trace un tableau très complet de réorganisation dans son plan général[1]. Alexandre de Lameth résume ainsi les projets du ministre : « Il est important tout d'abord, dit-il, de vous rappeler, Messieurs, que l'organisation de l'artillerie est l'ouvrage de M. de Gribeauval, qui a joui dans toute l'Europe d'une si grande réputation militaire, et qui, par ses talents supérieurs dans cette partie, est devenu une autorité si imposante que des avantages démontrés pourraient seuls décider à apporter des changements à son système.

« M. de Gribeauval a pris pour bases de cette constitution la nature du service de l'artillerie en paix et en guerre. Le système de guerre étant le même, aucun motif ne demande qu'il soit apporté de changement dans l'ouvrage de M. de Gribeauval.

---

[1] Séance de l'Assemblée nationale du 29 juillet 1790.

« Le plan du ministre ne conserve de la constitution établie par celui-ci pour la paix qu'une seule disposition, celle d'avoir sept régiments d'artillerie, chacun de vingt compagnies à 54 hommes. La composition des officiers de l'état-major et des compagnies diffère dans les deux formations.

« Les sept officiers d'état-major sont réduits à cinq et, dans chaque compagnie, est créé un capitaine en second, qui reste attaché, pour son instruction, aux établissements où se fabriquent les armes et les machines de guerre [1]. »

Sans entrer dans des détails plus complets sur l'organisation nouvelle de l'artillerie, qui ne présente d'ailleurs en elle-même aucune particularité saillante, on voit, par ces simples analyses, combien était durable et raisonné le plan général de constitution de l'armée du comte de La Tour du Pin, même en ce qui concerne les armes spéciales.

Du reste il contenait encore la résolution d'une autre question particulièrement importante et passionnément débattue, la question de l'avancement.

____

[1] Séance de l'Assemblée du 29 juillet 1790. Discours d'A. de Lameth.

CHAPITRE III

L'AVANCEMENT

I

A l'apogée de l'ancienne monarchie, sous
Louis XIV, le commandement des régiments était
dévolu aux personnes « que le Roi jugeait à propos
de choisir [1] ». Ce choix s'exerçait surtout dans les
familles nobles, traditionnellement vouées au service militaire; mais le mérite n'était pas plus exclu
des hautes charges de l'armée qu'il ne l'était des
situations civiles les plus élevées. Toutefois, les
commissions délivrées aux commandants titulaires
des régiments et des compagnies, en principe personnelles et temporaires, furent de bonne heure
considérées comme de véritables titres de propriété,
négociables au gré de leurs détenteurs. Dès le début
du xviiie siècle, cette pratique, devenue générale,
rebuta du service la noblesse pauvre de province;

[1] Encyclopédie, au mot *Colonel.*

les cadres inférieurs furent désertés et leur accès se trouva ouvert aux enfants du tiers, plus riches et moins sensibles au dédain de la noblesse de cour, à laquelle étaient alors presque exclusivement réservés les grands commandements.

Pour réagir contre cette tendance et solliciter vers la carrière des armes, à l'encontre des nouveaux venus, des serviteurs dont la vaillance et la fidélité n'étaient plus à éprouver, Saint-Germain, reprenant dans l'héritage de Louvois l'institution des cadets-gentilhommes, organisa dix écoles de province, dites *militaires*, où le noble pauvre, pensionnaire du Roi, recevait gratuitement les éléments d'instruction générale jugés indispensables à de futurs officiers [1].

Quant à l'ancienne École militaire de Paris, installée naguère, sous le patronage de Mme de Pompadour, dans le somptueux établissement de Grenelle [2], puis réorganisée par Choiseul [3], elle devenait une sorte d'École Supérieure, où étaient admis l'élite des élèves répartis dans les dix écoles et les jeunes nobles élevés aux frais des familles.

A la suite d'examens subis à Brienne, le jeune gentilhomme des Écoles militaires était attaché, en qualité de cadet, à une compagnie active, où il exerçait successivement les fonctions de tous les grades de bas-officier, « employant en études, lectures et instructions relatives à son état, tout le temps que ses occupations lui laissaient, afin d'ac-

---

[1] Ordonnances des 1er février et 28 mars.
[2] Édit de février 1751.
[3] Edit d'avril 1764.

quérir les connaissances militaires et de contracter
l'habitude du travail [1] ». C'était un stage pendant
lequel étaient mises à l'épreuve les aptitudes du
candidat officier et que sanctionnait le brevet de
sous-lieutenant, délivré par le Roi sur la proposition du colonel.

En même temps, grâce aux heureuses dispositions de l'ordonnance du 25 mars 1776 portant
suppression du trafic des grades par extinction graduelle de leur prix, la pauvreté cessait d'être un
obstacle à l'avancement, « rien n'étant plus contraire, dit le préambule de cette ordonnance, au bien
du service, à la discipline et à l'émulation que Sa
Majesté désire maintenir parmi les officiers de ses
troupes que la finance attachée aux emplois militaires ».

En outre, les prérogatives royales étaient limitées
par l'établissement de règles précises sur l'avancement. Aucun échelon de la hiérarchie ne pouvait
être franchi sans que le nouveau promu n'ait accompli dans le grade inférieur une durée minima de
service, variable suivant le grade. Le *choix* était la
règle : « L'ancienneté, disait Saint-Germain, ne
peut avoir la préférence qu'à mérite égal, parce que
le bien du service doit l'emporter sur toute autre
considération... Les emplois, ajoutait-il, ne sont pas
faits pour les hommes, mais les hommes pour les
emplois... Les talents ne se donnent pas, il faut les
chercher où la nature les a placés [2]. »

---

[1] Ordonnance du 20 août 1776.

[2] « Le comte de Saint-Germain et ses réformes » : Mention.
Paris, Baudoin. 1884.

Ainsi résumée dans ses principales lignes, l'œuvre de Saint-Germain, l'une des plus considérables et aussi des plus décriées qu'aucun ministre de la guerre ait jamais attachée à son nom, paraît surtout favoriser, aux dépens des parvenus, « l'homme de condition, le bon et ancien gentilhomme, qui renonce à rester dans l'état subalterne, parce qu'il s'y trouve confondu avec trop de personnes d'un état inférieur [1] ». Elle vise non moins directement la noblesse de cour, où se recrutent les colonels *à la bavette*, braves à la guerre, mais toujours inexpérimentés, souvent prétentieux, que les intrigues de Versailles élèvent aux plus hautes dignités, barrant impitoyablement la route aux plus méritants. Pour parvenir au commandement d'un corps, il faudra dorénavant « avoir servi pendant quatorze ans au moins, dont six dans le grade de colonel en second, et donné des preuves de zèle, d'intelligence et d'application [2] ».

N'oublions pas toutefois que les règlements de l'ancien régime n'ont jamais reçu la stricte et immédiate application qui découle aujourd'hui de la promulgation de nos lois. La résistance des privilégiés et la faiblesse de la cour entravèrent, en les discréditant, les efforts d'un ministre, inhabile, sans doute, à manier les hommes et à tourner les obstacles que lui opposaient les mœurs, les erreurs, et les passions du temps, mais rempli du désir de

___

[1] Mémoires de Saint-Germain.

[2] Ordonnance du 25 mars 1776.

donner à l'armée royale une organisation régulière et une constitution forte.

L'armée de 1780 n'est donc pas encore l'armée régénérée dont les ordonnances de 1776 nous offrent le tableau ; elle n'est pas non plus, hâtons-nous de le dire, celle que nous présentent, avec d'injustes préventions, tant d'historiens de la Révolution. L'officier de fortune voit s'abaisser devant lui les barrières qui limitaient ses espérances d'avancement ; le roturier prend chaque jour dans les cadres une place plus importante ; si les Écoles militaires lui sont fermées, si l'institution des Cadets marque encore les préférences du pouvoir pour une « caste » dont le légendaire dévouement, ne l'oublions pas, avait fondé la patrie française, il peut aspirer à son tour à l'honneur de la défendre, obtenir l'épée d'officier par la voie légale, en invoquant un droit, sans être tenu d'implorer une faveur. L'ordonnance du 25 mars 1776 décide, en effet, que les porte-drapeaux ou porte-étendards, tirés des sergents-majors ou des maréchaux des logis chefs, sont nommés au choix sous-lieutenants, et que ce grade est accordé aux adjudants sous la réserve d'une durée de service de dix années, réduite à cinq en temps de guerre.

Vienne maintenant, pour ces humbles, l'occasion de se signaler en campagne, de témoigner leur dévouement au Roi, de revendiquer leur part de sacrifice pour la défense du sol national, ne peuvent-ils pas « acquérir de droit, sans lettre particulière d'anoblissement, la noblesse militaire » qu'a instituée Louis XV par son édit de 1750, confirmant en cela les ordonnances de ses prédécesseurs [1] ? Et quelle distinction humiliante pourrait alors amoindrir leurs mérites ou blesser leur dignité?

Ainsi trouvons-nous, longtemps avant la Révolution, dans l'expression de la volonté royale, les pensées inspiratrices d'une hiérarchie et d'une égalité, qu'il suffira d'envelopper dans une formule moins étroite pour rajeunir, suivant les aspirations du siècle, la glorieuse armée de la vieille France.

Il semblait devoir appartenir à l'honnête souverain, qui avait arraché le commandement des mains des favorites et des roués, de poursuivre et de couronner, en les dégageant des anciens préjugés, les réformes, bienfaisantes dans leur ensemble, de l'impopulaire Saint-Germain. Malheureusement l'influence du comte de Ségur prévalut et les sages prescriptions que nous venons d'analyser furent maladroitement effacées.

II

Le 22 mai 1781, Louis XVI décidait « que tous les sujets proposés pour être nommés à des sous-lieutenances dans ses régiments d'infanterie française, de cavalerie, de chevau-légers, de dragons et de chasseurs à cheval, seraient tenus de faire les mêmes preuves de noblesse (quatre quartiers de noblesse de père) que ceux qui lui étaient présentés

---

[1] Une déclaration royale du 22 janvier 1752, portant interprétation de l'édit de 1758, anoblissait de droit les capitaines après vingt ans de service.

pour être admis et élevés à son École royale militaire ». C'était oublier que la noblesse française devait son origine à la carrière des armes, qu'il faut des distinctions au sentiment de la gloire, et que les récompenses doivent appartenir à quiconque la cultive. En refusant « la communication des privilèges de la noblesse à ceux qui marchent sur ses traces pendant la guerre et qu'anoblissent déjà leurs actions [1] », le Roi souleva dans la bourgeoisie une irritation dont les résultats furent incalculables [2]. Par là, il hâta, provoqua peut-être la chute de la monarchie, en opposant à l'esprit national une inutile et impolitique résistance [3].

L'ordonnance du 17 mars 1788, portant règlement sur la hiérarchie des emplois militaires, apporta, il est vrai, plusieurs exceptions à cette règle, en faveur des fils, petits-fils et arrière-petits-fils d'officiers généraux, des fils de chevaliers de Saint-Louis ayant servi comme capitaines titulaires et des fils des capitaines tués à l'ennemi.

Dans ces exceptions, malheureusement, aucune place n'est faite au mérite personnel. Le droit de naissance qu'elles consacrent est légitime, on ne

---

[1] Préambule de l'édit de 1750.

[2] Par une monstrueuse réaction, la Convention institua une sorte de privilège de la roture. Les jeunes gens qui se trouvaient dans les Écoles militaires furent exclus des fonctions et emplois publics « jusqu'à ce que, par une conduite et des sacrifices aussi patriotiques que constants, ils eussent fait oublier le malheur de leur naissance, et les préjugés dans lesquels ils avaient été nourris ». Décret du 9 septembre 1793.

[3] Cent cinquante ans avant, Richelieu avait décidé que « le soldat, par ses services, pouvait monter aux charges et offices des compagnies, jusques à celle de capitaine et plus haut, s'il s'en rendait digne ». Ord. de 1629.

peut trop l'affirmer, car rien n'est plus avantageux
au bien de l'armée que les traditions puisées dans
les familles de soldats, les exemples de dévouement
enseignés dès le berceau, le souvenir religieux du
sacrifice accompli par le père ou l'aïeul, héritage
d'honneur que les générations se transmettent par
un mystérieux atavisme ; mais, pour être perpétuée,
la tradition veut être fondée ; l'homme sans naissance, au cœur élevé, a lui aussi le pouvoir de prolonger dans de nouvelles souches la générosité
dont il est animé.

Le conseil de la guerre, sous le ministère du
comte de Brienne, voulut, après le comte de Ségur,
mettre l'ancienne noblesse à l'abri de la rivalité de
la bourgeoisie ; ses réformes, qu'il convient d'approuver sans réserve en ce qui concerne la réduction du nombre des officiers généraux et la suppression des emplois inutiles, loin d'être marquées, en
matière d'hiérarchie, du libéralisme que conseillaient
à la fois la justice et la simple prudence, semblèrent
un défi au mouvement d'opinion reconnu naguère
et même favorisé par la législation de 1775.

Le préambule de l'ordonnance du 17 mars 1788,
portant règlement sur la hiérarchie militaire, s'exprime ainsi :

« S. M..., voulant faire sentir à ceux qui sont
pourvus d'un grade qu'ils composent une chaîne
dont tous les anneaux sont nécessaires l'un à
l'autre ; que, dans cette hiérarchie, l'obéissance et
le commandement se tiennent ; que nul n'y commande que par un pouvoir qui lui est communiqué
et à la condition d'obéir lui-même ; et que nul aussi

n'y doit être dégoûté d'obéir, puisqu'il peut un jour exercer l'autorité à laquelle il est passagèrement soumis ; — empêcher la prodigalité des grades et surtout celle des grades supérieurs, parce que cette prodigalité nuit à la considération de ceux qui les obtiennent et parce qu'elle met ensuite un obstacle à l'avancement et à l'émulation par l'engorgement et la stagnation qu'elle produit ; — assujettir les promotions et nominations, tous les grades et emplois à des principes fixes, et combiner ces principes de sorte qu'ils assurent une récompense aux actions et qu'ils donnent de l'espérance au zèle et au talent, sans décourager l'ancienneté des bons services ; — conserver, en conséquence, la marche suivant l'ordre du tableau où cette marche n'est pas préjudiciable, mais établir ou confirmer la méthode du choix où elle est nécessaire, et, en même temps, la garantir autant qu'il est possible des surprises et des erreurs ; — établir, entre les individus militaires et les grâces et récompenses dont le Roi peut disposer, une proportion qui soit telle que ces grâces et récompenses suffisent à l'encouragement de l'armée, sans devenir trop onéreuses à la nation ; — enfin animer l'émulation par la vue de l'ordre et par l'espérance de justice, et calmer ou réprimer cette fermentation universelle de prétentions que le défaut de règles produit et que les abus ne font qu'animer, sans pouvoir satisfaire…, a ordonné et ordonne ce qui suit… »

Certes, si l'on se borne à la lecture de ces lignes, on ne peut se défendre d'en admirer la forme et d'approuver les dispositions qu'elles renferment.

Mais quelles prétentions l'ordonnance se propose-t-elle de calmer ou réprimer ? Les titres qui suivent nous l'apprennent : celle du tiers, trop jaloux de servir le Roi et d'acheter, au prix du sang versé, la seule récompense qu'ambitionne le soldat, l'avancement.

Aucun sujet, en effet, ne pouvait être admis dans l'armée en qualité de sous-lieutenant et exercer effectivement l'emploi afférent à ce grade qu'à la condition d'établir la preuve de quatre quartiers de noblesse de père (c'est la confirmation de l'ordonnance de 1781) et subir devant les inspecteurs un examen détaillé « sur la discipline, l'exercice, le service et les devoirs des soldats, caporaux, bas-officiers et officiers jusqu'au grade de capitaine exclusivement [1] ». Le candidat devait être âgé de seize ans au moins, quinze ans s'il était déjà pourvu du brevet de cadet-gentilhomme; il était nommé directement par le Roi, d'après un tableau dressé par le conseil de la guerre et sur l'examen des notes d'inspection fournies par les lieutenants généraux et inspecteurs divisionnaires. Telle était, du moins, la règle établie dans l'infanterie pour l'accès à tous les grades d'une hiérarchie dont le premier terme était la *sous-lieutenance* et le dernier la *lieutenance-colonel.*

Tout autre était le recrutement des officiers appelés aux grades plus élevés : ceux-ci tiraient leur origine de la cavalerie « où l'instruction, embras-

---

[1] Il s'agit ici des jeunes gens nommés d'emblée sous-lieutenants. Ces prescriptions n'étaient pas applicables aux bas-officiers, qui pouvaient encore, en très petit nombre, arriver à l'épaulette sur la proposition des colonels.

sant en partie celle des troupes à pied, est plus analogue aux deux carrières entre lesquelles les jeunes gens pouvaient avoir à choisir ». N'y étaient agréés que des sujets d'ancienne noblesse, ayant de la fortune, « l'intention du Roi étant, dit l'ordonnance, qu'à l'avenir aucun officier ne puisse, sous le prétexte de défaut de fortune, être admis à aucune excuse sur la manière dont il sera monté soit à la paix, soit à la guerre ». Jusqu'au grade de chef d'escadron, l'avancement se faisait à l'ancienneté ; le chef d'escadron était promu au choix lieutenant-colonel, sans distinction d'armes. En outre, le Roi se réservait la nomination d'une catégorie particulière d'officiers, dits *de remplacement*, qu'il destinait aux plus hauts commandements, en les exemptant des lenteurs et des conditions de service imposées au plus grand nombre par la loi commune [1]. C'est ainsi que tout officier pouvait, après trois ans de service, être nommé capitaine de remplacement dans la cavalerie, puis major en second et colonel dans une arme quelconque, sans avoir un seul instant exercé les fonctions de lieutenant-colonel. Le grade de colonel n'était qu'exceptionnellement dévolu aux lieutenants-colonels ; seize ans de service comme colonel ou vingt comme lieutenant-colonel, les années de campagne comptant double, donnaient droit à la nomination de maréchal de camp [2]. Le choix seul élevait aux grades de

---

[1] « S. M. ayant voulu ménager des débouchés pour cette portion de la noblesse qui est appelée plus particulièrement au commandement de ses régiments. » Ordonnance du 17 mars 1788.

[2] L'ordonnance du 17 mars 1788 supprimait le grade de brigadier.

lieutenant général ou de maréchal de France [1].

Quant à l'officier de fortune (il faut surtout entendre par ce terme l'officier sorti du rang), il voyait définitivement s'évanouir les légitimes espérances qu'il avait pu concevoir douze années auparavant. Premier lieutenant à l'ancienneté, il recevait — dernière faveur à laquelle il lui fût permis d'aspirer — une commission de capitaine qui l'investissait d'une certaine autorité sur les lieutenants, sans lui conférer le droit d'exercer « les fonctions et le service de capitaine ». Seules une circonstance heureuse, une action brillante à la guerre, « du genre de celles qui sont prouvées à la fois distinguées et personnelles », pouvaient l'affranchir des rigueurs de cette règle en lui permettant d'obtenir une *lettre de dispense*, grâce à laquelle il pouvait être effectivement promu capitaine en second à son tour d'ancienneté [2].

III

Tel est l'état de la législation sur l'avancement le jour où l'Assemblée, substituant sa volonté à l'autorité royale, se propose de donner satisfaction

[1] La même ordonnance réduisait à 160, par extinction graduelle, le nombre des lieutenants généraux, et à 12 celui des maréchaux de France.

[2] L'ordonnance du 17 mars 1788 stipule en outre que toutes les règles ci-dessus visées ne sont pas applicables aux princes du sang, et établit des privilèges spéciaux en faveur des corps de la maison du Roi, gardes du corps, gardes-françaises, gardes-suisses, « en raison des services qu'ils remplissent et des anciens droits dont ces corps ont toujours été en possession », des carabiniers de Monsieur, etc.

aux vœux unanimes [1] du pays, avec l'aide d'un ministre docile, mais doué d'éminentes qualités personnelles, aussi sincèrement acquis aux idées du jour que profondément dévoué aux intérêts de l'armée.

En pratique, malgré les tempéraments que le pouvoir apporta, jusqu'à la dernière heure, aux rigoureuses dispositions qu'il avait arrêtées, l'admission à tous les grades était subordonnée aux principes suivants [2] :

Les bas-officiers, de tout grade, étaient nommés au choix du colonel ;

Une place de sous-lieutenant, sur dix ou douze, était accordée aux bas-officiers ;

---

[1] Nous disons *unanimes*. Si l'histoire peut juger avec sévérité les conseillers aveugles qui, dès l'année 1780, engagèrent la monarchie dans une voie si opposée à ses anciennes traditions, la vérité oblige de reconnaître que toute la noblesse de province, bien avant la nuit du 4 août, était prête à renoncer à ses privilèges et en demandait spontanément le partage avec le tiers. Nous relevons dans les « demandes et instructions adoptées par l'ordre de la noblesse de Vermandois pour être remises à ses députés aux États généraux » les vœux suivants :

« ... Que la fortune, un grand nom, tous deux effets du hasard, ainsi que la faveur, ne puissent exclure le mérite des honneurs, grades et dignités...

« ... Que l'ordre de la noblesse, jouissant du privilège d'être seul nommé aux places d'officiers de l'armée, n'admette aucune ligne de démarcation entre eux et ceux de l'ordre du tiers état, s'il plaisait à Sa Majesté de leur faire partager ce privilège... »

Et tous les cahiers de la noblesse témoignent de cette générosité.

La composition du comité militaire et ses impérissables travaux n'infligent-ils pas aussi un lumineux démenti aux doctrinaires passionnés qui stigmatisent l'insatiable avidité et l'insupportable arrogance de la noblesse, pour excuser ou glorifier les crimes de la Révolution ?

[2] Rapport fait au nom du comité militaire sur l'*admission dans l'armée et l'avancement militaire*, par Alexandre de Lameth.

Presque tous les officiers d'infanterie avaient leur avancement limité au grade de capitaine ; ceux d'entre eux, en petit nombre, qui franchissaient l'échelon supérieur, n'obtenaient jamais de régiment ;

Dans la cavalerie, fort peu d'officiers, tirant leur origine du rang ou même des cadets et des sous-lieutenants, dépassaient le grade de lieutenants ;

La presque totalité des hauts grades et en particulier des commandements de régiments était réservée aux officiers de remplacement.

Quant à la vénalité, la plupart des historiens de la Révolution, avec une partialité dont il nous faut faire justice, attribuent tout le mérite de sa suppression à la Constituante. Sans doute, cette Assemblée abolit « la finance » des régiments, mais, au jour de ce mémorable décret, « la finance » était presque complètement éteinte dans les régiments d'infanterie et ne subsistait plus guère que dans seize régiments de cavalerie [1]. L'ordonnance du 25 mars 1776 n'était donc pas restée lettre morte et la force des institutions royales, abandonnées à leur libre développement, pouvait assurer le triomphe définitif d'un progrès qui n'avait rien de révolutionnaire [2].

[1] Rapport de Wimpfen à l'Assemblée constituante, février 1791 ; Duruy, *L'armée royale en 1789.*

[2] Nous lisons dans le dictionnaire de Dezobry, sous le mot *vénalité :* « De tels abus et bien d'autres sont de nature à excuser les plus violentes tempêtes de la Révolution ; seules elles ont pu préparer la régénération sociale et administrative dont la France avait tant besoin : la force des Rois et celle des ministres y eussent été toujours impuissantes. »
Ainsi s'établissent les légendes !

« *Chacun est admissible à tous les emplois publics à raison de sa capacité et sans autre distinction que celle des qualités personnelles.* » Ainsi s'exprime la Déclaration des Droits, dont la Révolution veut faire la base de ses doctrines, de même que Descartes a édifié sur la vérité primordiale de sa propre existence toute la méthode de son rationalisme. Mais, si le savant philosophe n'a pu mettre à l'abri des controverses les déductions métaphysiques d'une vérité que personne n'a jamais eu l'idée de contester, quelles difficultés les hommes de la Révolution ne doivent-ils pas éprouver, quand, descendant des hauteurs d'une formule abstraite dans le domaine de la réalité, ils veulent plier aux exigences d'une maxime les imperfections de la nature humaine ?

La capacité, les qualités personnelles ne se manifestent avec la dernière évidence que chez les hommes d'élite ou dans des circonstances exceptionnelles, susceptibles de mettre à l'épreuve les talents et les vertus. Dans une communauté comme l'armée, où chacun puise à la même source le sentiment du devoir, est assujetti aux mêmes obligations strictement définies par les règles de la discipline, il est si difficile de reconnaître le mérite, que les distinctions accordées pendant la paix sont plus souvent une source de découragement pour ceux qui ne les recueillent pas que, pour les autres, la récompense légitime d'une réelle supériorité.

Aussi, l'expérience acquise dans le commandement, que fait présumer la durée du service dans chaque grade, c'est-à-dire *l'ancienneté*, doit-elle être souvent le critérium le moins discutable du droit à l'avancement.

Ce n'était pas, nous l'avons vu, l'opinion de Saint-Germain ; la guerre, à cette époque, laissait trop peu de loisir à l'armée pour que le *choix* ne puisse s'exercer judicieusement.

Le conseil de la guerre admit l'ancienneté dans une large mesure.

Mais, le premier, La Tour du Pin sait établir, en des termes précis, la proportion qu'il convient d'observer entre les deux modes d'avancement et formuler en faveur de l'ancienneté des arguments qui ont encore aujourd'hui toute leur valeur.

« Il faut donner aux droits, dit-il [1], ainsi qu'aux espérances de chaque militaire toute l'extension que permet la nature des choses. L'ancienneté paraît le premier des titres. Il est celui qui concilie le mieux l'intérêt public et l'intérêt particulier : le choix du plus ancien n'humilie personne, l'autorité ne peut qu'y gagner par le respect qu'inspire naturellement de plus anciens services, et l'obéissance pèse moins parce qu'elle n'est qu'une avance dont on est sûr d'être un jour remboursé. Mais, si l'espoir d'un avancement certain est un puissant moyen d'attacher chaque individu à son corps ainsi qu'à son état, il peut aussi quelquefois assoupir le talent et arrêter les élans de l'émulation. Pour éviter cet inconvénient, sans perdre cependant aucun des avantages que présente l'ordre de l'ancienneté, il

[1] Mémoire adressé au comité militaire par le comte de La Tour du Pin, et lu à la séance de l'Assemblée nationale du 12 décembre 1789.

convient de faire concourir alternativement le mérite que le temps semble encore éloigner des prétentions avec celui que l'âge appelle aux emplois supérieurs. Une sage mesure doit être portée à cet encouragement. C'est du grade de capitaine que cette prérogative paraît devoir dater ; jusque-là les services n'ont pas assez d'importance pour mériter une semblable distinction et cette longue épreuve, donnant le temps et les moyens nécessaires pour connaître à fond les sujets, mettrait Sa Majesté à même de ne jamais se méprendre dans ses choix ni dans ses récompenses. »

Puis le ministre préconise l'avancement moitié au choix, moitié à l'ancienneté, du grade de capitaine au grade de maréchal de camp, le choix seul pour les lieutenants généraux, « les grands emplois exigeant une capacité peu commune ». Quant au maréchalat, « dernier terme des honneurs militaires, il ne peut être que le prix des actions les plus brillantes et des services les plus importants ».

Ces propositions sont accueillies sans difficulté par le comité militaire, qui, tout en s'inspirant des innombrables projets dont il est assailli, sait échapper aux dangereuses influences issues de la haine irraisonnée du passé ou d'une fausse conception des droits du citoyen et faire prévaloir les règles impérissables que nous retrouvons inscrites aujourd'hui à la base de toutes les constitutions militaires.

IV

En les présentant à l'Assemblée nationale, le rapporteur[1] expose que « l'intérêt du plus grand nombre et le principe de l'égalité se trouvent exclusivement dans le mode de l'ancienneté, l'évidence de la nécessité pouvant seule modifier les exceptions à opposer à cette loi » ; or, cette nécessité est manifeste quand l'ancienneté peut conférer des grades à des incapables ou retarder l'avancement légitimement dû aux talents supérieurs. Le choix s'impose donc pour une double raison : entourer de toutes les garanties possibles l'exercice des fonctions exigeant des aptitudes spéciales et permettre « aux hommes d'une capacité éprouvée dans la lenteur des premiers grades de presser leur marche et d'arriver au terme du commandement dans un âge où les forces morales ne sont pas encore épuisées[2] ». Mais les natures les mieux douées ne peuvent sans inconvénient échapper au contrôle infaillible de l'expérience. Aussi, le comité militaire, s'inspirant des idées émises déjà par Saint-Germain dans l'ordonnance du 25 mars 1776, propose-t-il de justifier le choix par un stage mini-

---

[1] Alexandre de Lameth : « Rapport fait au nom du comité militaire sur l'admission dans l'armée et l'avancement militaire. » Les mêmes idées sont déjà exposées par le vicomte de Noailles dans un rapport sur l'avancement, lu à l'Assemblée nationale le 1er février 1790.

[2] Alexandre de Lameth : « Rapport fait au nom du comité militaire sur l'admission dans l'armée et l'avancement militaire. »

mum de deux années de service accomplies dans
chaque grade [1].

Ainsi se trouve résumée en quelques lignes ce
qu'on peut appeler la *théorie de l'avancement*, que
les législations antérieures à la Révolution n'avaient
jamais totalement méconnue. Reste à fixer l'étendue
de l'ancienneté et à préciser les conditions dans
lesquelles le choix devra s'exercer pour que d'injustes préférences ne puissent discréditer le commandement ou lasser la soumission. C'est là le
propre de l'œuvre de la Constituante, ou plus
exactement, en cette matière, celle du comte de La
Tour du Pin, à la fois interprète et conseiller de
l'Assemblée et, pour cette raison, trop souvent et
injustement relégué au second plan.

L'ancienneté, admise dans une certaine proportion jusqu'au grade de lieutenant général inclus,
est, en temps de paix, comptée sur le régiment
pour les grades de lieutenant et de capitaine, sur
toute l'arme [2] pour la nomination aux grades supérieurs ; à la guerre, toujours sur le régiment, « parce
qu'il est juste que ceux qui essuient les dangers en
retirent quelques avantages [3] ».

[1] La loi du 14 avril 1832 n'a pas conservé indistinctement pour
tous les grades cette condition de deux années de service ; elle
est aujourd'hui, suivant le grade, de deux, trois ou quatre
années.

[2] Il y avait six armes : l'infanterie française, l'infanterie étrangère, l'infanterie suisse, les troupes à cheval, l'artillerie, le génie.

[3] Nous déplorons que cette forme de l'ancienneté en campagne
ne soit pas conservée par nos règlements (ordonnance du 16 mars
1838). Le fait seul d'être en campagne, serait-ce loin de l'ennemi
dans les services de l'arrière, donne aujourd'hui à l'ancienneté,
dans la mesure où elle est reconnue, des droits dont il serait **plus**
juste de ne disposer qu'en faveur des corps décimés.

Quant au choix, il repose tout entier sur l'appréciation des qualités personnelles de l'officier et la comparaison de ses mérites avec ceux de tous ses concurrents du même grade. A qui peut appartenir ce droit souverain de contrôle, d'où dépendent à la fois la fortune de chacun et le bien général de l'armée? A l'autorité suprême, semble-t-il, trop haut placée pour s'émouvoir des passions qui s'agitent au-dessous d'elle, céder aux injonctions des coteries ou sacrifier à de mesquines rivalités les grands intérêts dont elle a la charge.

Un sentiment opposé rallie cependant autour de Dubois de Crancé tous ceux que terrifie le spectre du despotisme, chaque fois qu'il est question de conserver au pouvoir, sous quelque forme qu'on l'envisage, ses prérogatives les plus élémentaires. « Si les nations se sont librement donné des rois, proclame le turbulent député [1], il est juste que, dans tout état, les subalternes choisissent leur supérieur immédiat, et je considère cet axiome comme le seul garant de la liberté publique. En conséquence, tous les différents grades d'officiers seront donnés au scrutin, et de cette manière les lieutenants seront nommés par les sous-lieutenants, les capitaines par les lieutenants, les commandants de bataillon et les majors par les capitaines... »

Est-ce bien le seul souci de la liberté publique qui dicte à Dubois de Crancé ces singulières pro-

----

[1] « Observations sur la constitution militaire », ou base du travail proposé au comité militaire par M. Dubois de Crancé, ancien mousquetaire du Roi, député du baillage de Vitry-le-François, membre et secrétaire dudit comité à l'Assemblée nationale.

positions ? Ne sont-elles pas plutôt le fruit des rancunes de l'ancien mousquetaire, jaloux de se venger de ses vieux compagnons d'armes en amoindrissant leur prestige aux yeux de ceux-là mêmes à qui le grade doit le plus en imposer ?

Il ne peut convaincre le comité. « Le système de l'élection, de l'élection par les inférieurs surtout, lui paraît une idée inadmissible, destructive de toute discipline, tendant à faire passer toute l'autorité dans ceux qui doivent obéir, devant presque toujours mettre à la tête des troupes ceux qui flattent leurs passions pour capter leur faveur, ou ceux qui, par un excès d'indulgence, se sont montrés les moins propres à les commander... Les militaires, attachés aux droits qui leur appartiennent comme citoyens, doivent sentir que l'armée ne doit pas être régie par les mêmes lois que le reste de la société[1]. »

Le choix doit donc être fait par les supérieurs ; en ce qui concerne les officiers, par le Roi, guidé dans son appréciation par les notes ou rapports des supérieurs et inspecteurs généraux[2] ; pour les

---

[1] Alexandre de Lameth : « Rapport fait au nom du comité militaire sur l'admission et l'avancement militaire. »

Quelques années plus tard, les gardes nationales élirent elles-mêmes leurs chefs ; leur choix se portait tout naturellement sur les anciens officiers ou bas-officiers de l'armée royale. C'était un besoin pour ces troupes sans expérience de se réfugier sous le commandement de véritables soldats. Ainsi, la nécessité les conduisit souvent à choisir les plus dignes. Mais il serait imprudent de puiser dans cette organisation hâtive des arguments en faveur de l'élection des officiers.

[2] Le rapport d'Alexandre de Lameth est muet sur l'établissement de ces notes, mais il le suppose implicitement en faisant allusion aux mesures « qui préviennent l'injustice, l'abus de la

sous-officiers [1], par le colonel, tenu de donner la préférence à l'un des sujets portés sur une liste à l'établissement de laquelle les sous-officiers eux-mêmes, du grade supérieur à celui du candidat, n'ont pas été étrangers.

Ainsi, au sommet de la hiérarchie, le Roi conserve l'un des attributs les plus essentiels du haut commandement que lui a confié la constitution [2], le droit de déléguer à des sujets de son choix une partie de sa propre autorité, sous le seul couvert de sa responsabilité et des dispositions de la loi ; et, dans le dernier échelon, où les distances sont d'ordinaire si difficiles à observer, le sous-officier, investi dans une certaine mesure du droit d'appeler ses inférieurs à l'honneur de son grade, gagne en considération dans l'esprit de ceux-ci.

Il faut pourtant soumettre à des principes particuliers l'admission au grade de sous-lieutenant : « L'intérêt du service exige, en effet, que, parmi les officiers, les uns présentent les qualités qui s'acquièrent par l'expérience dans les grades inférieurs, tandis que d'autres y arrivent immédiatement avec une éducation plus soignée et des connaissances

faveur et l'excès de la dépendance ». Les instructions qui suivirent l'adoption du décret du 20 septembre 1790 témoignent du reste que ces garanties étaient dans la pensée du législateur.

[1] Par cette dénomination, substituée à celle de *bas-officier*, suivant la proposition du baron de Wimpfen (projet de décret sur la question militaire), sont désignés les caporaux, caporaux-fourriers, sergents, sergents-majors et adjudants, ainsi que les brigadiers, brigadiers-fourriers, maréchaux des logis, maréchaux des logis chefs.

[2] Décret du 28 février 1790.

théoriques que ne peut donner le service dans le rang [1]. »

De là cette dualité d'origine que nous retrouvons encore dans notre armée actuelle, sans qu'il soit possible de la motiver par les mêmes considérations [2] : d'une part, un certain nombre de jeunes gens peuvent gagner l'épaulette sans avoir servi dans les grades inférieurs et sous la seule condition de faire preuve d'une certaine instruction, dûment

[1] Alexandre de Lameth : « Rapport fait au nom du comité militaire sur l'admission et l'avancement militaire. »

[2] On rencontre fréquemment aujourd'hui, depuis la création de nos écoles de sous-officiers, des officiers sortant du rang, incontestablement trop jeunes pour posséder cette expérience dont parle Alexandre de Lameth. Promus très jeunes sous-officiers, sous l'empire d'une nécessité créée par l'extrême réduction du service militaire, ils ont consacré une grande partie de leur temps de régiment aux études théoriques qu'exige la préparation de leurs examens. Devenus officiers à un âge où toutes les ambitions sont permises, ils ne se distinguent pas de leurs camarades de Saint-Cyr ou de l'École polytechnique par un moindre zèle ou de moindres aptitudes au commandement dans tous les grades où l'initiative personnelle, les qualités d'intelligence ou de haut savoir trouvent si rarement l'occasion de se développer. Peu d'entre eux pourtant figurent sur les tableaux d'avancement, « les généraux devant toujours. dit le général du Barail, être favorablement impressionnés par le titre d'ancien élève des grandes écoles de l'officier qu'on leur présente : son instruction, son éducation même doivent, jusqu'à preuve du contraire, lui paraître supérieures à celles d'un officier provenant de la troupe, qui a manqué son examen de Saint-Cyr ou ne s'est pas reconnu une instruction suffisante pour l'affronter ». Les hautes qualités militaires ne s'acquièrent pas dans les livres ; aucun examen n'aurait permis de discerner chez tant de soldats des guerres de la Révolution ou de l'Empire les admirables vertus guerrières dont ils firent preuve ; mais, en paix, on est tenu, à défaut d'autres caractères et en dehors des règles de l'ancienneté, de présumer la supériorité chez celui dans lequel se rencontrent les connaissances les plus étendues. Notre législation a malheureusement créé des castes et partant des privilèges ; la communauté d'origine des officiers appartenant à une même arme pourrait seule les faire disparaître.

constatée dans des examens publics ; d'autre part, les sous-officiers peuvent, sans examen, devenir sous-lieutenants, soit au choix, par l'élection de tous les officiers du régiment, parce que « leurs mérites ne peuvent être justement reconnus que par ceux sous les yeux desquels ils se déveioppent[1] », soit à l'ancienneté, parce que la longue durée des services comme soldat ou sous-officier est un gage suffisant de capacité dans les fonctions d'officier subalterne et que l'âge auquel ils sont parvenus limite leur carrière aux galons de capitaine.

V

Le 21 septembre 1790 sont décrétées sur ces bases les règles suivantes de l'avancement militaire :

Les caporaux ou sergents présentent chacun à leur capitaine celui des soldats ou caporaux qu'ils jugent le plus digne d'être élevé au grade de caporal ou de sergent ; le capitaine fait choix d'un sujet parmi ceux qui lui sont présentés et il est établi pour tout le régiment une liste des candidats ainsi proposés par les capitaines. Une vacance de sous-officier venant à se produire dans une compagnie, le capitaine commandant cette compagnie choisit dans la liste trois noms qu'il soumet au colonel ; celui-ci choisit en dernier ressort et nomme.

Le tableau d'avancement aux grades de sergent-

[1] Alexandre de Lameth : « Rapport fait au nom du comité militaire sur l'admission et l'avancement militaire. »

major est formé de tous les sujets présentés par les sergents-majors ; le capitaine y prélève trois noms parmi lesquels le colonel exerce son choix comme pour les grades inférieurs.

Les adjudants sont nommés au scrutin par les officiers supérieurs, la voix du colonel étant prépondérante [1].

Une place de sous-lieutenant, sur quatre places vacantes, est donnée aux sous-officiers du régiment, alternativement à l'ancienneté de nomination au grade de sergent ou à la majorité des suffrages de tous les officiers. Les trois autres places sont données aux jeunes gens jugés les plus méritants à la suite d'examens publics.

Les lieutenants et capitaines sont exclusivement nommés à l'ancienneté comptée dans le régiment.

Trois tours sont établis pour la nomination au grade de lieutenant-colonel [2], deux tours à l'ancienneté comptée sur toute l'arme, un tour au choix du Roi dans toute l'arme, sous la réserve d'un minimum de deux années de service comme capitaine ; à la guerre, l'ancienneté est comptée sur le régiment.

Même règle pour la nomination au grade de colonel.

Sur quatre vacances de maréchaux de camp, deux sont données aux plus anciens colonels en activité de l'arme, et deux, au choix du Roi, aux

[1] Les adjudants remplissaient auprès des officiers supérieurs des fonctions analogues à celles d'aide de camp.

[2] Le décret du 21 septembre 1790 supprimait le **grade** de major.

colonels en activité depuis deux ans au moins.

Même règle pour la nomination au grade de lieutenant général.

Le choix du Roi confère seul le grade de maréchal de France.

Le 23 septembre sont adoptés trois articles additionnels au décret du 21 septembre. En vertu de ces articles, les majors, supprimés dans la nouvelle organisation, prennent le grade de lieutenant-colonel ; — les officiers, actuellement en activité, réformés par la nouvelle organisation, conservent, jusqu'à leur remplacement dans leur grade, la moitié des appointements dont ils jouissent ; — les capitaines de remplacement peuvent, dans leur régiment, concourir avec les lieutenants pour leur remplacement aux places de capitaine en activité qui viendront à vaquer à la date de leur brevet de lieutenant[1].

Enfin, le 18 novembre 1790, l'Assemblée adopte deux décrets qui achèvent de déterminer les règles de l'avancement dans l'armée : l'un concerne les adjudants-généraux, l'autre les aides de camp.

Les places d'adjudants-généraux, du grade de lieutenants-colonels, sont données par le choix du Roi, sur toutes les armes, à des capitaines ou à des lieutenants-colonels en activité depuis deux ans au moins dans ce grade ; et celles du grade de colonel, à des lieutenants-colonels ou à des colonels également en activité dans ces grades depuis au moins deux ans. Les adjudants-généraux ne peuvent obte

---

[1] Séance de l'Assemblée nationale du 23 septembre 1790.

nir un nouveau grade qu'en parvenant à un emploi titulaire dans l'arme où ils auront précédemment servi, soit à leur tour d'ancienneté, soit au choix du Roi. Le premier choix des adjudants-généraux est fait par le Roi parmi les officiers des trois états-majors de l'armée, de la cavalerie et de l'infanterie.

Quant aux aides de camp, ils sont pris parmi les colonels, lieutenants-colonels, capitaines en activité. Ils sont attachés aux officiers généraux à raison de quatre pour un général d'armée, deux pour un lieutenant-général et un seul pour un maréchal de camp. Ils ne peuvent obtenir de nouveau grade qu'en parvenant à un emploi titulaire de ce grade dans l'arme où ils ont précédemment servi, et ils ne peuvent reprendre leur activité dans un régiment que par leur avancement à un grade supérieur à celui dans lequel ils ont été choisis et qu'ils ont obtenu comme aide de camp. Enfin ils ne peuvent avoir avec les adjudants-généraux qu'un tiers des places réservées au choix du Roi [1].

Ces décrets, adoptés du reste sans opposition, sont énergiquement défendus à la tribune par Alexandre de Lameth, président du comité militaire. Son discours, malgré quelques phrases de convention sur les vices de l'ancien régime et l'omnipotence toujours redoutable du Roi, contient des remarques pleines de bon sens, des idées justes que plusieurs écrivains militaires ont reprises depuis. Quelques-unes méritent d'être citées : « Ainsi, Messieurs, dit A. de Lameth en terminant, par le résultat

[1] Séance du 18 novembre 1790.

des dispositions prises, les officiers qui obtiendront des places d'adjudants-généraux auront été, comme tous les officiers de l'armée, admis par des examens qui constateront leur capacité ; ils auront acquis, dans les grades de lieutenants et capitaines, la connaissance du service et des évolutions militaires. Entrés dans l'état-major de l'armée, ils auront puisé dans de nouvelles études et dans une carrière plus vaste des connaissances plus étendues. Appelés sans cesse auprès des généraux pour concerter avec eux les plus grands mouvements des troupes et les seconder dans l'exécution ; chargés par eux de reconnaître des terrains, des positions, de s'assurer des inconvénients et des avantages qu'ils présentent sous le double rapport de l'attaque et de la défense ; employés à reconnaître des postes, des camps, des champs de bataille, à étudier toutes les opérations pour les marches d'armées, la protection des convois, l'investissement des places, les fourrages, les cantonnements, enfin toutes les opérations de la guerre, ils se seront formé le coup d'œil et auront acquis cet ensemble de connaissances et de talents qui constitue *la science du général*.

« Après quelques années passées dans l'exercice de ces fonctions importantes, ils seront rappelés, par le choix du Roi ou leur tour d'ancienneté, au commandement d'un régiment ; ils parviendront, par là, au grade d'officier général. Certes, de tels généraux pourront se flatter d'être capables de commander des troupes à la guerre ; aucunes parties du service ne leur seront étrangères et ils auront acquis un ensemble de lumières qu'on n'a pu obtenir jusqu'à présent et qu'aucun officier dans les armées étrangères n'est à portée d'acquérir. Cette institution, qui n'est pas sans analogie avec celle des adjudants des généraux et du Roi dans l'armée prussienne, sera, j'ose le dire, si les choix sont faits avec soin, la meilleure institution militaire de l'Europe, et, en procurant à tous les officiers un moyen sûr de développer des talents, y excitera l'émulation ; elle doit naturellement nous faire espérer des succès à la guerre [1]. »

Bureaux de Puzy soutenait les mêmes idées en disant à la tribune de l'Assemblée : « Il existe, sous la dénomination d'état-major, une corporation de 80 officiers dont le service n'est réglé par aucune ordonnance, *qu'aucune école ne forme, que ne guide aucune doctrine*. A l'état-major appartient en premier lieu d'assurer les mouvements, les cantonnements, l'alimentation des troupes, de transmettre les ordres du commandement : c'est le rôle des adjudants. En second lieu, reconnaître le théâtre de la guerre, organiser, d'après les connaissances du terrain, les positions pour l'offensive et la défensive, c'est le rôle du génie... L'officier d'état-major est destiné, non pas à être le précepteur, mais l'aide des officiers généraux. »

Ainsi fut nettement défini et brillamment analysé, il y a plus d'un siècle, le rôle du commandement et de l'état-major dans les guerres modernes.

---

[1] Séance de l'Assemblée nationale du 18 novembre 1790.

CHAPITRE IV

LA DISCIPLINE

I

Nous venons de voir dans ses grandes lignes
l'œuvre de reconstitution militaire du comte de La
Tour du Pin, les règles de l'organisation nouvelle
de l'armée française.

Mais l'unification et la coordination des forces
humaines ne se produit pas spontanément. Dans
une armée, plus que dans tout autre organisme, il
faut un principe d'union, et pour que ce principe
soit solide et durable, il faut l'instituer et le garantir.
L'agent de cette union, c'est la discipline.

« Assurément, le devoir militaire n'a pas le même
fondement pour le soldat romain de la République
et celui de l'Empire, pour le chevalier et le condot-
tiere, pour le mousquetaire de Louis XIV et le
volontaire de la Révolution. » Mais, partout et toujours, c'est en la discipline que s'est résumé le
devoir militaire.

Et celle-ci est d'abord, avant tout, l'obéissance et la soumission ; elle est même l'obéissance passive. Elle seule peut assurer l'unité, sans laquelle il n'y pas de force.

Sans doute, la discipline est quelque chose de plus. Sans doute, dans notre conception moderne de la chose, elle suppose une confiance réciproque de chacun en tous et de tous en chacun, réalisation la plus belle de l'unité morale.

Mais, lorsque l'anarchie pénètre dans une armée, lorsque cette confiance ne peut plus exister entre celui qui commande et celui qui doit obéir, lorsque ce sont les comités de soldats qui dirigent les régiments et lorsque « l'alliance est faite entre les politiques de la caserne et les politiques de la rue », il faut enrayer le mal dès ses premières atteintes, car celles-ci peuvent être mortelles : il faut forcer la discipline, imposer la soumission, garantir à tout prix le principe de l'autorité. C'est la grande erreur de tous les gouvernements, qui croient pouvoir conserver aux armées l'esprit de discipline militaire en les appelant à intervenir dans les affaires intérieures de l'État et qui, ainsi, les incitent à se faire, par leur force organisée, les arbitres du pouvoir.

L'œuvre était difficile pour La Tour du Pin lorsqu'il entra au ministère de la guerre : il lui fallait dompter les passions, développer des croyances qui disparaissaient, éclairer les âmes de la conscience du devoir. Et, dans sa tâche, aucun pouvoir établi ne pouvait le seconder : la puissance royale s'effondrait sous l'aversion grandissante de la popu-

lace déchaînée et sous le contrôle humiliant d'une
Assemblée toute-puissante ; et celle-ci, préoccupée
uniquement de sa durée, ne recherchait qu'une
popularité de conservation ; éblouie par son omnipotence, égarée par ses visions de fraternité, elle
voulait *sentimentaliser* l'obéissance : singulière
aberration, qui explique en partie l'inefficacité des
décrets sur la discipline rendus les 14 et 15 septembre.

Cette expression de *discipline* avait perdu, à la
fin du siècle passé, le sens étymologique que lui
donnaient encore les ordonnances de Louis XIV.
(L'ordonnance du 28 avril 1653 emploie le mot
discipline pour exprimer l'art militaire dans toute
sa généralité.) Elle signifiait alors, comme dans la
plus haute antiquité (Code de Justinien, Capitulaires
carolingiens), l'ensemble des règles qui président
au service militaire, depuis les libres conceptions
du chef jusqu'aux moindres détails dont l'exécution incombe passivement au soldat. C'était l'œuvre
de l'éducation qui élève les âmes, assouplit les
volontés et fait converger en un puissant faisceau
les efforts individuels vers un but commun. C'était
l'influence bienfaisante qu'exerce le Maître sur les
disciples et que « l'Imitation » définit si bien par
ces mots : l'esprit, le cœur et les actions conspi-
rent à nous faire pratiquer l'obéissance, l'esprit
en l'approuvant, le cœur en l'aimant, et les actions
en l'exerçant promptement, généreusement et
constamment[1].

---

[1] *Imitation*, l. I, ch. IX.

La bonne tenue d'une troupe, l'exactitude et l'uniformité des mouvements, la précision symétrique des manœuvres, la passivité de la subordination sont des effets immédiats et naturels de cette éducation ; ce sont des manifestations, mais non le principal objet de la discipline, car on peut les obtenir par un ensemble de règles entourées de châtiments sévères, sans qu'elles révèlent l'amélioration du cœur, de l'esprit, de la volonté.

« Ni la sévérité de Saint-Germain, dit le général Ambert, ni les raideurs de l'École suédoise, ni la sombre et dure manière du duc d'Albe, ni les sauvages cruautés de Pierre le Grand, ni le caporalisme de Potsdam, n'ont plus engendré la discipline que la paternelle irrésolution de Montbarrey[1]. »

Elle ne fut pas davantage, elle ne pouvait être l'œuvre de la Constituante, à l'heure où les consciences indécises ne distinguaient plus l'autorité de la tyrannie, l'obéissance de la servitude.

II

Bien avant les décrets de la Constituante, le règlement du 1er juillet 1788, « sur le service intérieur, la discipline et la police des troupes », définissait et fixait d'une façon remarquable les règles de la subordination dans l'armée. Les quatre premiers articles méritent d'être cités en entier.

[1] Colonel baron Joachim Ambert. *Soldat*, Paris, Corréard, 1854.

Art. Ier. — L'intention de Sa Majesté est qu'il règne dans les troupes d'infanterie une discipline qui soit à la fois ferme, juste et éclairée, et qui, en établissant toujours de l'inférieur au supérieur une obéissance passive, laisse en même temps à chaque grade intermédiaire sa portion d'autorité ou de surveillance, cette subordination venant par degrés aboutir au soldat qui en est la base.

Art. II. — Veut Sa Majesté que, d'un côté, l'obéissance de l'inférieur au supérieur soit toujours respectueuse, prompte, littérale et sans aucune réclamation qui retarde l'exécution de ce qui est ordonné; mais son intention est en même temps que, de l'autre part, les ordres soient toujours donnés avec décence et fondés en raison ou conformes à la loi.

Art. III. — Défend expressément Sa Majesté à tous chefs ou commandants, quelque grade qu'ils puissent avoir, de ne jamais se permettre vis-à-vis de leurs subordonnés aucun propos qui pourrait les injurier ou insulter, se proposant Sa Majesté de punir sévèrement et suivant l'urgence du cas toute transgression d'autorité de ce genre qui, en mettant l'offense à la place de la réprimande ou de la punition, ôte au commandement toute sa dignité.

Art. IV. — Entend Sa Majesté que cette bienséance dans le commandement, dont la délicatesse et l'honneur doivent suffire pour faire un principe constant entre les officiers de tout grade, ait de même lieu des officiers aux bas-officiers et soldats, en sorte que ceux-ci ne soient jamais ni tutoyés, ni injuriés, ni maltraités par eux; que tous les châtiments qu'ils leur infligent soient conformes à la loi, et qu'enfin les officiers les conduisent, les dirigent et les protègent en toute occasion.

Malheureusement, l'ordonnance maintient les coups de plat de sabre institués par Saint-Germain.

Quoi qu'il en soit, « ce règlement, écrit Duruy, est remarquable au point de vue des préoccupations dont il porte la marque et du souffle vraiment libéral qui l'anime d'un bout à l'autre. Lisez et cherchez dans n'importe quel code militaire, à n'importe quelle époque, un langage plus humain et plus élevé. Sans doute, il y a autre chose que ces belles prescriptions et tous les articles n'en sont pas frappés au même coin. Il en est un surtout contre lequel s'est déchaînée la colère des contemporains avec une telle violence, qu'il fut, on peut le dire, une des causes secondes de la Révolution. Je veux parler de la fameuse punition des coups de plat de sabre, empruntée par Saint-Germain au code prussien, et contre laquelle une grande partie de l'armée, même parmi les officiers, avait toujours protesté. Mais, quoi qu'il en soit, ce règlement de 88 méritait mieux que les colères des contemporains et que l'oubli dans lequel l'histoire en a laissé l'essentiel pour ne s'attacher, dans cet ensemble de prescriptions à la fois si militaires et si humaines, qu'à une erreur de détail.

« Par quels moyens, continue Duruy, en dépit de toutes les causes de dissolution et malgré l'esprit du temps, la discipline a-t-elle pu se maintenir et demeure-t-elle aussi forte jusqu'aux derniers

jours de la monarchie ? Par la répression à outrance ?
Aucune opinion n'est plus généralement reçue :
répandue par le groupe des Encyclopédistes et des
écrivains de l'école de Rousseau, reprise et exploitée
par les orateurs de la Constituante, notre généra-
tion l'a trouvée dans le nombre des idées préconçues
que l'école enseigne comme articles de foi. Rien de
plus discutable pourtant.

« Quand on parcourt la longue série des ordonnances sur le service intérieur, le service en campagne, la police, les peines, on est frappé de
la minutie, du nombre et de la sévérité de leurs
prescriptions. A chaque pas que l'on fait dans cette
lecture, on y trouve embusqués la prison, les fers,
la mutilation, la mort, les baguettes, les cartouches
jaunes... Galères perpétuelles ou mort pour avoir
frappé son sergent ; pour s'être défendu contre les
mauvais traitements d'un officier, le poing coupé
d'abord, la pendaison ensuite ; pour s'être battu
en duel contre un camarade, les galères perpétuelles... Ouvrez la correspondance des armées,
consultez les mémoires du temps, interrogez les
témoins et vous serez étonnés de constater le
petit nombre de victimes que faisait en réalité ce
terrible code.

« Dès le milieu du xviiie siècle, on ne trouve plus
personne pour concourir à la stricte exécution du
code ; toutes les autorités mollissent ou ferment les
yeux. Aussi l'adoucissement de la loi par les mœurs
et les progrès de la philanthropie dans la législation militaire, bien avant la Révolution, apparais-
sent-ils dans les textes eux-mêmes. — Ordonnance

du 12 décembre 1775 qui substitue la chaîne à la peine de mort contre les déserteurs ; — celle du 1er juillet 1786 qui réduit leur châtiment à huit tours de baguettes par 200 hommes et huit années de service supplémentaire en temps de paix, à quinze tours par 200 hommes et seize années supplémentaires en temps de guerre... Cela n'est plus seulement de la douceur, c'est de la débonnaireté. Aussi, à l'époque de Saint-Germain, la désertion devient inquiétante : elle est effrayante en 1788, à la veille de la Révolution [1]. »

Le premier décret sur la discipline intérieure des corps, rendu par la Constituante, date du 14 septembre. Proposé par le comité militaire, il ne faut lui attribuer que le sens restreint de *règles sur la répression des fautes contre la discipline*. Il mérite toutefois d'être classé au premier rang des institutions qui forment, aujourd'hui encore, la base de notre organisation militaire.

Il débute par ces lignes du marquis de Bouthillier, que dut méditer, cinquante années plus tard, le maréchal Soult, et qui le guidèrent sans aucun doute dans la rédaction de la plus belle page du règlement du 2 novembre 1833 [2], heureusement conservé par nos règlements actuels.

« L'Assemblée nationale, convaincue que la principale force des armées [3] consiste dans la discipline,

---

[1] A. Duruy. *L'armée royale en* 1789, Paris, Calmann-Lévy, 1888.

[2] L'ordonnance du 13 mai 1818 s'était déjà inspirée des mêmes idées.

[3] « La discipline faisant la force principale des armées, il importe que tout supérieur obtienne de ses subordonnés une

qu'il est de son devoir de la maintenir, en même
temps qu'il est de sa justice d'en déterminer les
bases de manière qu'aucune punition ne puisse être
infligée arbitrairement, hors de l'esprit de la loi[1]...
décrète... »

Puis sont énumérés les principes suivants :

La subordination a lieu de grade en grade[2].

Tout ordre émanant d'un supérieur est immédiatement exécuté ; l'inférieur n'est admis à réclamer
qu'après avoir obéi[3].

Il est établi dans chaque corps un conseil de
discipline, composé de trois officiers supérieurs
trois capitaines et un lieutenant, dont les attributions sont les suivantes :

1° Augmenter les punitions infligées aux officiers,
sous-officiers et soldats au delà du terme déterminé
pour chacune d'elles ;

2° Statuer sur les plaintes transmises au préalable
par écrit au chef de corps.

De ces attributions des conseils de discipline,

---

obéissance entière et une soumission de tous les instants... »
(Décret du 20 octobre 1892 portant règlement sur le service intérieur.)

[1] « Toute rigueur qui n'est pas de nécessité, toute punition qui
n'est pas déterminée par le règlement ou que fait prononcer un
sentiment autre que celui du devoir... sont sévèrement interdites. »
(Décret du 20 octobre 1892).

[2] La subordination doit avoir lieu rigoureusement de grade à
grade ; l'exacte observation des règles qui la garantissent, en
écartant l'arbitraire, doit maintenir chacun dans ses droits comme
dans ses devoirs. » (Décret du 20 octobre 1792.)

[3] « Il importe que les ordres soient exécutés littéralement,
sans hésitation ni murmure : l'autorité qui les donne en est res-
ponsable, et la réclamation n'est permise à l'inférieur que lorsqu'il a obéi. » (Décret du 20 octobre 1892.)

nos règlements n'ont conservé que la première en la limitant à un *avis* relatif à l'envoi du soldat coupable dans une compagnie de discipline, avis sur lequel le commandant de corps d'armée est appelé à prononcer.

Quant à l'établissement d'un *conseil d'appel* dans chaque corps, si difficilement conciliable avec l'esprit même du décret sur la subordination hiérarchique, il n'est qu'une application de cette règle générale à laquelle la Constituante soumit toutes nos juridictions, à savoir que la justice, pour être bien administrée, exige dans une même instance la pluralité d'opinions concordantes : c'était, aux yeux du législateur, la garantie contre l'arbitraire si redouté du chef, le remède à l'inquiétude soupçonneuse qui viciait la soumission.

Quand l'armée retrouvera dans la confiance réciproque de tous ses membres le lien qui fait sa force, la crainte des vexations ou de la licence s'évanouira devant une plus juste conception de la responsabilité individuelle, régulatrice des droits et des devoirs de chacun, sans qu'il soit nécessaire de recourir à un organe spécial de contrôle et de surveillance : les fautes seront mieux appréciées, les châtiments mieux proportionnés aux fautes.

Il importera toutefois, en tout temps, de distinguer les infractions dont la discipline exige une répression immédiate, que le supérieur peut et doit prononcer souverainement, de celles qui, en raison même de leur gravité, doivent être instruites et jugées avec un appareil plus imposant, entouré des mesures les plus propres à écarter l'erreur et à inspirer la grandeur du devoir. Les unes sont les *fautes contre la discipline,* les autres les *crimes et délits militaires.* Ce principe, imparfaitement défini par les anciennes ordonnances, qui pourtant l'admettaient implicitement[1], fut formulé pour la première fois dans le décret que nous analysons[2] ; il a survécu à toutes les transformations subies par notre armée depuis plus d'un siècle.

Aux termes de ce document, sont réputées fautes contre la discipline :

Les voies de fait et les punitions injustes du supérieur, le défaut d'obéissance sans refus nettement exprimé, la violation des punitions, les querelles, l'ivresse, le manque aux instructions, la paresse et la mauvaise volonté[3].

Quant aux punitions à infliger, ce sont :

Pour les soldats : les corvées, le piquet sans armes, la consigne aux portes de la ville ou au quartier,

[1] Ordonnance de 1750, en particulier.

[2] « L'Assemblée nationale... se réservant de prononcer sur les crimes et délits militaires, ainsi que sur les formes légales à employer pour les juger, décrète sur la partie de la discipline seulement... » (Décret du 15 septembre 1790.)

[3] « Sont réputées fautes contre la discipline et punies comme telles, suivant leur gravité :

De la part du supérieur, tout acte de faiblesse, tout abus d'autorité, tout propos injurieux, toute punition injustement infligée ;

De la part de l'inférieur, tout murmure, mauvais propos ou défaut d'obéissance, quelque raison qu'il croie avoir de se plaindre ; l'infraction aux punitions ; l'ivresse dans tous les cas, même quand elle ne trouble pas l'ordre ; le dérangement de conduite ; les dettes ; les querelles entre des militaires ou avec des citoyens ; le manque aux appels, à l'instruction, aux différents services ; les contraventions aux ordres et aux règles de police ; enfin, toute faute contre le devoir militaire provenant de négligence, de paresse ou de mauvaise volonté. » (Décret du 20 octobre 1892 portant règlement sur le service intérieur.)

la chambre de police, la boisson d'eau pour les ivrognes jusqu'à la concurrence d'une chopine par jour et pendant trois jours seulement, la prison pendant quinze jours, le cachot au pain et à l'eau pendant quatre jours au maximum [1].

Pour les caporaux, brigadiers et autres sous-officiers : la consigne aux portes de la ville ou au quartier, les arrêts simples dans la chambre, la chambre de police, la prison, le cachot [2].

Pour les officiers : les arrêts simples, les arrêts forcés, la prison militaire [3].

III

Le 15 septembre, Emmery présenta, au nom du comité militaire, les propositions prévues dans le décret de la veille et relatives à « la compétence des tribunaux militaires, leur organisation et la manière de procéder devant eux ». Ces propositions, adoptées presque sans discussion, forment le

---

[1] « Les punitions à infliger aux soldats sont : les corvées supplémentaires ; l'inspection avec la garde ; la consigne au quartier ; la salle de police ; la prison ; la cellule... » (Décret du 20 octobre 1892 portant règlement sur le service intérieur.)

[2] « Les punitions à infliger aux sous-officiers sont : la privation de sortir du quartier après l'appel du soir ; la consigne au quartier ; la consigne à la chambre ; la réprimande du capitaine ; la prison... » (Décret du 20 octobre 1892 portant règlement sur le service intérieur.)

[3] « Les punitions à infliger aux officiers pour fautes contre la discipline sont : les arrêts simples ; la réprimande du colonel ; les arrêts de rigueur ; les arrêts de forteresse ; la réprimande des généraux. » (Décret du 20 octobre 1892 portant règlement sur le service intérieur.)

décret sur les *Cours martiales* du 22 septembre 1790.

Une cour martiale est créée dans chacun des grands arrondissements militaires, sous la présidence d'un commissaire ordonnateur, grand juge, assisté d'un greffier et de deux commissaires ordinaires, que peuvent remplacer au besoin des officiers en retraite, juges suppléants inamovibles. Un commissaire ordinaire, prenant le titre de commissaire auditeur, est chargé de la poursuite et de l'accusation.

Un jury [1], dit jury de la plainte, et composé d'officiers, sous-officiers, caporaux et soldats, désignés à tour de rôle en suivant l'ordre d'un tableau annuel, est saisi de la plainte par le commandant en chef, sur réquisition du commissaire auditeur ; il a la mission de statuer sur l'opportunité de la poursuite.

Un second jury, dit jury de jugement, convoqué de la même manière, en même temps que le tribunal, sur réquisition du grand'juge, se prononce sur la culpabilité de l'accusé : il est composé de trente-six personnes, réduites à neuf par récusation de celui-ci, ou, à défaut, par voie de tirage au sort.

Le tribunal rend le jugement en se bornant à appliquer la loi et recommandant le coupable, s'il y a lieu, à la clémence ou à la grâce du Roi.

Toute preuve est admise, preuve par écrit, témoins, enquête..., etc. Les témoins cités par le commandement, par l'accusé ou le plaignant, sont entendus, après serment, par le jury de la plainte, ou, à l'audience, par le jury de jugement.

---

[1] Le décret dit *juré*.

L'accusé est autorisé à se défendre lui-même ou à se faire assister d'un défenseur ; le commissaire auditeur soutient l'accusation.

La compétence *ratione personæ* est définie par l'arrondissement dans lequel le délit a été commis ; les règles de la compétence *ratione materiæ* doivent être fixées par un décret ultérieur, dans lequel l'Assemblée se propose d'énumérer les crimes et délits militaires et de déterminer la nature des châtiments à infliger dans chaque circonstance. L'officier ou le soldat, prévenu d'un délit de droit commun, reste justiciable des tribunaux ordinaires. En temps de guerre seulement et en pays ennemi[1], les cours martiales connaissent de tous les crimes et délits, appliquant, suivant les cas, la loi civile ou la loi militaire.

Tout l'intérêt de ce décret, dont nous avons tenu à résumer les plus importantes dispositions, parce qu'il reflète merveilleusement l'esprit juridique des législateurs de la Constituante, réside dans l'institution de la publicité des débats, l'établissement des droits de la défense, l'obligation de motiver les jugements. En « voulant assurer, au moyen de la procédure par jurés, l'exacte et scrupuleuse observation des règles protectrices de la subordination et de la discipline[2] », en appliquant à l'armée les formes et la solennité de la justice de droit commun, l'Assemblée n'a pas voulu reconnaître le caractère spécial du devoir militaire, dont l'exécu-

---

[1] Cette dernière restriction est adoptée sur la proposition de M. de Murinais.

[2] Préambule du décret du 22 septembre 1790.

tion ponctuelle doit être dégagée des lenteurs et des formalités souvent compliquées de la loi ordinaire.

Aussi, quelques mois plus tard, l'Assemblée législative se verra-t-elle forcée, sous la poussée des événements extérieurs, de porter une première atteinte à ces principes erronés [1].

Malheureusement, on ne remet pas impunément au lendemain la répression de l'anarchie ; on ne temporise pas avec l'émeute : « L'armée doit être tenue à part de nos discordes civiles, écrivait La Tour du Pin. Son rôle est de défendre la patrie contre les menaces de l'étranger ; c'est l'épée de la France au dehors, et celui-là est un mauvais citoyen, qui, dans l'intérêt d'une misérable ambition, joue l'indépendance de la patrie en affaiblissant ses remparts. »

Le bouleversement avait été trop violent : malgré les lois et les répressions, la tradition de l'obéissance s'était perdue peu à peu. Le pli de l'indiscipline s'était pris, et ni les discours ni les décrets de l'Assemblée ne pouvaient maintenant le faire disparaître. Le souffle de l'anarchie avait balayé toutes les institutions existantes, et celles-ci en avaient conservé la marque..., comme l'herbe des montagnes du Midi, à laquelle le vent a mis le feu pendant l'été, garde l'empreinte de l'incendie à toutes les places où la flamme a passé.

---

[1] La loi du 16 mai 1792 organise des tribunaux correctionnels militaires, appelés à la connaissance des simples délits et affranchis de l'assistance du jury. — Aux cours martiales succèdent les tribunaux révolutionnaires (décrets du 12 mai 1793, du 3 pluviôse an II), puis le 3 novembre 1796, les conseils de guerre permanents.

CHAPITRE V

LES DERNIÈRES ANNÉES ET LA MORT
DU COMTE DE LA TOUR DU PIN

I. La Tour du Pin commandant en chef des divisions du Midi. —
II. Les événements du 10 août. — III. Arrestation de la Tour
du Pin : sa déposition en faveur de la Reine. — IV. Mort du
comte de La Tour du Pin.

I

Le comte de La Tour du Pin avait été remplacé,
le 16 novembre, dans ses fonctions de ministre par
M. Duportail, protégé de La Fayette. Mais, en
quittant son ministère, il ne voulait pas quitter
l'armée, qu'il servait depuis de nombreuses années
déjà, ni abandonner le combat qu'il venait de
mener pendant quinze mois pour le service de son
Roi et de son pays. Le 12 novembre, il écrit à
Louis XVI une lettre profondément triste dans sa
dignité, où il rappelle ses services passés, les
déceptions subies, les humiliations acceptées par
attachement à la personne du Roi, et il demande,
en compensation, l'honneur de reprendre le commandement qu'il exerçait avant le 4 août 1789 :
« Je reçois, dit-il, avec une respectueuse reconnaissance, les témoignages d'estime dont Votre Majesté

veut bien honorer la conduite que j'ai tenue pendant le ministère épineux qu'Elle avait confié à mes soins. Je crois être fondé à rappeler à Votre Majesté qu'avant d'entrer au ministère j'étais commandant en chef de quatre provinces, et qu'en me donnant l'assurance d'être seulement employé à mon grade dans une division, Votre Majesté ne me remettrait pas même à la place que j'occupais [1] ; certain cependant de n'avoir pas démérité pendant quinze mois du ministère le plus pénible qui fût jamais et pendant lequel j'ai vu compromis chaque jour mon honneur, pendant lequel j'ai éprouvé des dégoûts de toute espèce, que mon attachement seul à Votre personne pouvait me faire supporter, j'avais espéré que Votre Majesté attacherait quelque prix à mes services et voudrait bien me mettre à portée de lui en rendre de nouveaux en m'accordant une récompense que la voix publique semblait indiquer [2]. »

La Tour du Pin attend jusqu'au mois d'avril le commandement que le Roi lui a promis. « M. Duportail, écrit-il à Louis XVI le 12 avril 1791, m'envoya il y a huit jours le sieur Bessière, chef de bureau de la correspondance, pour m'annoncer que Votre Majesté avait bien voulu, sur sa présentation, me confier le commandement d'une division de son armée, et il ajouta que le ministre me priait

[1] Dans le brouillon d'une lettre du Roi, datée du 9 novembre et que nous avons déjà mentionnée, Louis XVI donnait à La Tour du Pin « l'assurance de l'employer dans une des divisions de l'armée ».

[2] Lettre de La Tour du Pin au Roi, datée du 12 novembre. Archives nationales.

de lui désigner les maréchaux de camp que je désirais avoir. Je lui nommai MM. de Cély et d'Harambure.

« Vendredi, M. Duportail me renvoya la même personne pour me dire qu'il y avait beaucoup d'opposition à ma nomination et que, dans ces circonstances, il serait prudent de ne pas m'employer, mais qu'à la première occasion il ne manquerait pas de rappeler à Votre Majesté mes anciens services.

« Quelqu'amer que fût pour moi le détail de ce dernier message, je l'écoutai avec tranquillité et résignation, et je supplie Votre Majesté d'être persuadée que, pénétré des nouvelles marques de bonté et d'intérêt qu'Elle daigne me donner dans ce moment, j'attendrai avec une impatience inexprimable l'occasion où je pourrai lui donner des preuves d'un dévouement sans bornes. »

La Tour du Pin finit enfin par obtenir le commandement en chef des divisions du Midi[1]. Il l'exerce au moment du drame de Varennes, et, lorsque le Roi et la Reine demandent « qui ils pourront employer avec les armées que la Suisse et l'Espagne leur fourniront au moment de l'évasion », M. Louis de Bouillé, délégué par son père, « indique le comte de La Tour du Pin, qui, depuis son ministère de la guerre, commande les divisions militaires de la partie méridionale de la France, et qui, secondé par M. de Gouvernet, son fils, ne

---

[1] Ce commandement en chef des divisions du Midi, exercé par M. de La Tour du Pin, n'est pas mentionné par M. de Courcelles dans son Dictionnaire des généraux français.

peut que faire honneur au choix du Roi, pour lequel ils sont l'un et l'autre pénétrés de sentiments de dévouement dont ils ont donné les preuves les moins équivoques [1] ». Le Roi préfère employer un diplomate, le duc de la Vauguyon, « à cause de la susceptibilité connue des Espagnols au sujet du commandement ».

Mais combien l'on regrette maintenant, à la cour et dans l'armée, le départ de **La Tour du Pin** du ministère ! « Combien de fois, écrit le comte Louis de Bouillé, nous eûmes à regretter ce bon et vertueux M. de La Tour du Pin, dont le véritable patriotisme eût si efficacement aidé le nôtre ! Il n'est pas facile, en effet, de faire approuver à un ministre, démocrate ardent et soupçonneux, tous ces préparatifs de guerre sur une frontière qui n'est pas menacée [2]. » Et le marquis de Bouillé dit dans ses « Mémoires » : « J'eus beaucoup de regret de la retraite de M. de La Tour du Pin ; tout m'était possible avec lui et impossible avec un autre qui n'aurait pas eu les mêmes principes, la même confiance en moi ni obtenu la mienne ; mes regrets augmentèrent encore quand je connus, par la conduite de son successeur, quel était l'homme à qui j'allais avoir affaire et que je le vis servir les constitutionnels par principe, les jacobins par politique et se conduire uniquement d'après son intérêt [3]. »

---

[1] Mémoires du comte Louis de Bouillé. Paris, 1827.

[2] Mémoires du comte Louis de Bouillé.

[3] Mémoires du marquis de Bouillé. Paris, 1821.

La tentative de Varennes échoue. Bouillé lui-même avoue « qu'il n'avait jamais cru au succès de l'entreprise ». Louis XVI rentre à Paris au milieu d'une foule qui ne fait entendre ni applaudissements ni murmures, qui garde un long silence improbateur. Son retour est celui d'un prisonnier. Ce jour-là a sonné le glas de la monarchie constitutionnelle !

Bouillé, dans ses « Mémoires », empruntant quelques passages de Tacite, peint l'état de la France après l'arrestation du Roi à Varennes : « La noblesse, la richesse, écrit-il, la vertu même sont des crimes aux yeux du peuple. — Les chemins de France sont couverts d'hommes, de femmes et d'enfants qui, craignant d'être ensevelis sous les ruines de la monarchie qui s'écroule, abandonnent une patrie qui ne doit plus leur offrir qu'un tombeau. — On voit des enfants dénoncer leur père; des femmes trahir leur mari et voler dans les bras de leurs persécuteurs; des amis devenir les délateurs de leurs amis; et de vieux serviteurs livrer leurs maîtres à leurs bourreaux. — On voit cependant briller quelques vertus. On voit des mères accompagner leurs enfants en exil, des femmes leur mari; des enfants suivre le sort de leur père, des parents généreux, des gendres constants, des amis sincères, des domestiques fidèles, redoublant de fidélité dans la persécution et dans les tourments; les personnages les plus illustres dans le besoin et dans la nécessité, supportant leurs malheurs avec fermeté et avec courage; les hommes les plus distingués, les femmes même, braver la mort et la recevoir avec tranquillité et sans effroi[1]. »

Dès lors les événements se précipitent avec une rapidité tragique. Dès le 26 août 91, le comte de Gouvernet[2] écrit au marquis de Bouillé : « Malouet et les siens ont perdu toute espérance du moment qu'il n'y a plus aucun recours du côté droit. Mes pronostics sont tristes maintenant ; le mal est extrême, et, pour le réparer, je ne vois ni dedans ni dehors qu'un seul remède, qui est la réunion de la force à la raison[3]. »

La constitution de 1791 est votée le 3 septembre, et, le 14, en séance solennelle, Louis XVI jure de l'observer. L'Assemblée répond au discours du Roi par des cris d'enthousiasme, mais « ceux-ci semblent être le dernier adieu de la France à la monarchie ». Car cette constitution est « impraticable dans ses préceptes et ses moyens ne sont que des instruments d'anarchie[4] ». On ne peut pas faire marcher de front une révolution violente et la fondation d'une constitution libre[5].

[1] Mémoires du marquis de Bouillé. Passages empruntés à Tacite : « Nobilitas, opes, omissi gestique honores pro crimine, et ob urtutes certissimum exitium. — Corrupti in dominos servi, in patronos liberti, et quibus deerat inimicus, per amicos oppressi. — Non tamen adeo virtutum sterile sæculum, ut non et bona exempla prodiderit. Comitatæ profugos liberos matres, secutæ maritos in exilio conjuges, propinqui audentes, constantes generi, contumax etiam adversus tormenta servorum fides, supremæ clarorum virorum necessitates, ipsa necessitas fortiter tolerata et laudates antiquorum mortibus pares exitus. »

[2] Comte de Gouvernet, fils du comte de La Tour du Pin.

[3] Mémoires de Bouillé et Mémoires de Malouet.

[4] Lettre de Malouet au comité de constitution. (Mémoires de Malouet.)

[5] Léonce de Lavergne. Le parti de la monarchie constitutionnelle en 1789.

II

Le 1er octobre 1791, l'Assemblée législative ouvre solennellement ses séances. Dès les premiers jours elle montre de la méfiance vis-à-vis du Roi. La minorité populaire de l'autre Assemblée est devenue la majorité de celle-ci. La défense d'élire des constituants déjà éprouvés et surtout l'influence active des clubs ont conduit à ce résultat.

A la cour et parmi les officiers restés fidèles, on sent maintenant que l'autorité du Roi est à jamais perdue et que sa vie sera bientôt en danger. Dès les derniers jours de l'année 91, les propositions d'évasion affluent auprès du malheureux Louis XVI et surtout de la Reine. La Fayette conseille au Roi de se mettre à la tête de l'armée de Lückner, dont la fidélité lui est garantie. Malouet et le comte de Montmorin servent d'intermédiaires à la négociation qui a lieu en mai 91 : le Roi refuse, disant « qu'il ne veut pas quitter Paris pour aller à l'armée, ce qui serait inutile et dangereux. ».

Mme de Staël, soit dans l'espérance de se faire pardonner le mal qu'elle a fait par ses intrigues, soit par le besoin d'intriguer de nouveau, fait soumettre, elle aussi, dans les premiers mois de 92, un plan d'évasion à la famille royale. Celle-ci ne veut y donner aucune suite, bien que les négociateurs soient deux hommes des plus estimables, MM. Malouet et de la Porte[1].

---

[1] Mémoires de Bertrand de Molleville et de Malouet.

Le 21 juin, M. de Montmorin propose de conduire Louis XVI au Havre et de l'y embarquer au besoin. Tout est convenu avec M. de Mistral, intendant de la marine, et le duc de Liancourt, gouverneur de la Normandie, offre de grouper quatre régiments à Pontoise, aux portes de Paris, pour favoriser le projet. Le duc de Liancourt, le général Lefort, MM. de Montmorin, de la Porte, Malouet, Bertrand de Molleville ne demandent que la liberté de tout concerter et répondent du dévouement d'une partie des gardes nationales, notamment de celles que commandent MM. Tassin de l'Estang et Boscary de Villeplaine. Malheureusement, cette fois encore, le Roi ne veut se fier à personne et la Reine répond : « M. Bertrand ne pense pas qu'il nous mettrait ainsi entre les mains des constitutionnels[1] ! » « C'est que les infortunés princes se trouvent engagés dans d'obscures négociations pour gagner Brissot, Pétion, Danton, Lacroix, Santerre, et attendent encore le résultat d'intrigues qui ne peuvent tromper même la plus vulgaire expérience[2]. »

Quand M. de Montmorin connaît ce nouveau refus du Roi, il s'écrie : « Il faut en prendre notre parti, nous serons tous massacrés et cela ne sera pas long[3]. » C'est chez lui que se tiennent, depuis le mois d'avril, de fréquentes réunions, ayant pour

[1] Mémoires de Bertrand de Molleville, de Malouet. de Mᵐᵉ Campan.

[2] Mémoires de La Fayette, de Malouet, Mᵐᵉ Campan. — Corresp. Bocourt.

[3] Mémoires de Malouet.

but de grouper les derniers défenseurs de la famille royale. Nous y retrouvons MM. de Malesherbes, de Clermont-Tonnerre, Bertrand de Molleville, Malouet, Governor Morris, ministre des États-Unis, et le comte de La Tour du Pin. Lally-Tollendal, retiré en Suisse avec Monnier, est venu se joindre à M. de Montmorin, et le comte de Gouvernet, alors ministre plénipotentiaire à La Haye, arrive à Paris le 4 août pour retrouver son père.

Le 7 août, ces fidèles et intrépides défenseurs de la monarchie se réunissent pour la dernière fois. L'objet de leur conférence est de tenter encore un effort pour faire enlever la famille royale par les Suisses, la conduire à Pontoise et de là à Gaillon et en Normandie. Avertis en détails de tous les préparatifs du 10 août, ils sont accourus dès le point du jour chez M. de Montmorin. Celui-ci écrit au Roi « pour lui en faire part et lui dire qu'il n'y a plus à reculer, que, le lendemain avant le jour, ils se trouveront au nombre de 70 aux Grandes Écuries où ils monteront à cheval ; que la garde nationale des Tuileries secondera l'expédition ; qu'à la même heure 4 compagnies de gardes suisses partiront de Courbevoie pour venir aux Champs-Elysées, jusqu'où les 70 et les gardes nationales escorteront Leurs Majesté qui y monteront en voiture pour continuer leur route[1] ». Le porteur de la lettre revient sans réponse, et M. de Montmorin se

____

[1] Malouet. Mém. II, 158. — Governor Morris, Mémorial. — Comte de Lally-Tollendal. Lettre au Roi de Prusse. — Minute de la séance tenue le 4 août, en présence de M. de Montmorin, B. de Molleville, de Clermont-Tonnerre, Lally-Tollendal, Malouet, de Gouvernet, de Gilliers, de Malesherbes. — Mémoires de B. de Molleville.

rend à son tour auprès du Roi : il ne peut obtenir de ce dernier que quelques précautions sans importance.

Ce même jour, 7 août au soir, nous trouvons les mêmes personnages réunis après dîner dans le fond du jardin de M. de Montmorin et discutant tristement sur la situation de Louis XVI. M. de Malesherbes propose, comme dernier remède, bien que très dangereux, la nomination d'un conseil de régence : mais cette mesure implique l'abdication du Roi et l'on apprend au même moment que cette abdication est, pour d'autres motifs, ardemment désirée par les Girondins. On décide finalement d'essayer encore une fois de faire accepter au Roi le projet d'évasion qu'on lui a déjà conseillé, ou un autre que proposent MM. de Sainte-Croix et de Montciel. On se quitte très tard dans la soirée ; on ne devait plus se revoir.

Le 9 au soir, à minuit, le tocsin sonne, la générale bat, les insurgés s'attroupent et s'enrégimentent. Les royalistes passent la nuit au château avec les officiers licenciés de la garde constitutionnelle et se forment en deux compagnies commandées par MM. de Puységur et de Viomesnil, lieutenants généraux. Ils se chargent de garder les appartements du Roi, de la Reine et du Dauphin, « résolus à se faire tuer à leur poste plutôt que de l'abandonner ».

Mme de Staël, dont le témoignage ne laisse pas d'être suspect, raconte « qu'en cette circonstance suprême les constitutionnels demandèrent en vain la permission d'entrer dans le palais du Roi pour le défendre ; qu'ils erraient autour du château, s'exposant à se faire massacrer pour se consoler de ne pouvoir se battre ; que de ce nombre étaient MM. de Lally, de Narbonne, de La Tour du Pin-Gouvernet et plusieurs autres encore dont les noms ont reparu dans toutes les circonstances honorables [1] ».

M. de La Tour du Pin et son fils étaient-ils au château le 10 août, nous l'ignorons. Mais il y avait là le comte de La Tour du Pin-Chambly, leur cousin, et il est difficile d'admettre que celui-ci leur ait interdit l'entrée du palais. Bertrand de Molleville et Malouet, dans leurs mémoires, ne se plaignent nulle part de ce refus invraisemblable du Roi ; le premier raconte même très simplement ce qui se passa dans la nuit du 9 au 10. Il était dans son lit, fort inquiet et ayant peine à dormir ; il n'entendit rien et n'eut aucune nouvelle avant dix heures du matin. Prévenu alors des ordres donnés par Manuel pour l'arrestation des anciens ministres et des personnes les plus attachées au Roi, il se réfugie chez le commandeur d'Estourmel, qui a échappé par miracle au massacre des gentilshommes groupés autour de Louis XVI. « Je le trouve pâle, écrit-il, défiguré, sans épée, tous les traits de son visage exprimant le désespoir le plus profond. — Tout est perdu, me dit-il en me serrant les mains, ils tiennent le Roi, nous ne le verrons plus [2]. »

---

[1] Mme de Staël. Considérations sur la Révolution française.
[2] Mémoires de B. de Molleville, de Malouet.

III

La royauté vient en effet de succomber de fait le 10 août : c'est le triomphe de l'émeute. La Terreur est mise à l'ordre du jour et la dictature sanglante de la Révolution commence. Les ministres girondins sont rappelés ; on déporte quatre mille prêtres non assermentés ; l'on envoie des commissaires aux armées pour s'assurer de leur fidélité ; les visites domiciliaires sont organisées, les anciens ministres particulièrement recherchés. Malouet raconte, dans ses Mémoires, qu'à force de précautions et de peines, il parvint à gagner Boulogne où il s'embarqua pour Douvres le 23 septembre. Dès que le paquebot est au large et qu'il n'y a plus rien à craindre de la municipalité, il voit avec surprise sortir des cadres, où ils étaient cachés sous des matelas, un évêque et deux ministres. Ce sont Mgr de Talaru, évêque de Coutances, M. Terrier de Montciel, ancien ministre de l'intérieur, et le comte de La Tour du Pin. « Cet homme si respectable, ajoute Malouet en parlant de l'ancien ministre de la guerre, échappait comme nous aux assassins ; mais il rentra en France un mois après et fut conduit à l'échafaud[1]. »

La Tour du Pin émigrait donc pour ne pas tomber sous les couteaux de la populace. « Quiconque considérera impartialement les seules et

---

[1] Mémoires de Malouet.

véritables causes de l'émigration, dit un honnête homme, les trouvera dans l'anarchie. » C'est là sa raison d'être et son excuse.

« Mais à tous, vieillards, veuves et enfants, on fait bientôt un crime de se dérober aux griffes de la Terreur. La Constituante a condamné tous les absents. La Législative va plus loin : elle séquestre, confisque, met en vente leurs biens... Tant pis pour eux, s'ils n'osent rentrer ; ils sont frappés de mort civile, bannis à perpétuité, et, s'ils rompent leur ban, livrés à la guillotine, avec eux d'autres qui, encore plus innocemment, ont quitté le territoire, magistrats, simples riches, bourgeois ou paysans catholiques et notamment une classe entière, le clergé insermenté, depuis l'archevêque-cardinal jusqu'au simple vicaire de village, tous poursuivis, puis dépouillés, puis écrasés par la même oppression populaire et par la même oppression législative, chacune des deux persécutions provoquant et aggravant l'autre, tant qu'enfin la populace et la loi, complices l'une de l'autre, ne laissent plus ni un toit, ni un morceau de pain, ni une heure de vie sauve à un curé ou à un gentil-homme[1]. »

Est-ce par crainte de la confiscation de ses biens que La Tour du Pin rentre en France peu de temps après son départ? Ses terres, aux environs de Bordeaux, viennent d'être abandonnées par M. et Mme de Gouvernet[2], son fils et sa belle-fille, qui ont pu à

[1] Taine. *Les origines.*

[2] Le comte de Gouvernet, fils de La Tour du Pin, fut aide de camp de La Fayette en Amérique, puis ministre plénipotentiaire

grand'peine se réfugier aux États-Unis, et il ne peut songer à y retourner. Il sait qu'aussitôt arrivé à Paris il sera immolé aux vengeances révolutionnaires. Il a été lieutenant général des armées, gouverneur de province, député, ministre, commandant en chef : ses titres sont nombreux pour l'échaufaud! Il sera un précieux otage, une belle victime. Il ne l'ignore pas, mais il n'a jamais reculé devant la lutte. Il veut l'affronter de nouveau, pouvoir mettre au service de la défense du Roi ses conseils et ses dépositions. Ses amis lui disent en vain que son dévouement sera sans résultat, qu'il fait inutilement le sacrifice de sa vie : La Tour du Pin veut mourir à son poste d'honneur. Ce qui le ramène en France, c'est l'énergie de sa douleur, c'est aussi la notion d'un devoir sacré que sa conscience lui impose.

Au lieu de chercher une fausse sécurité dans les déguisements ou l'obscurité d'une retraite plus ou moins cachée, il ne veut pas avoir d'autre demeure que la belle maison de la Thuilerie [1], qui appartient au marquis de La Tour du Pin [2], lieutenant général

à La Haye. Sous Louis XVIII, il devint pair de France et ambassadeur à Turin. Il avait épousé Mlle de Dillon, fille du comte de Dillon, maréchal de camp. De cette union est né Frédéric Claude Aymar, marquis de La Tour du Pin-Gouvernet, marié en 1854 à Mlle de La Bourdonnaye-Blossac. Leur fils, le marquis actuel de La Tour du Pin-Gouvernet, officier de cavalerie, a épousé Mlle de Clermont-Tonnerre, petite-fille du duc de Clermont-Tonnerre, ministre sous la Restauration, et fille du général de Clermont-Tonnerre.

[1] Château situé à Auteuil, occupé, dernièrement encore, par les dames de l'Assomption.

[2] Philippe-Antoine-Gabriel-Victor-Charles, marquis de La Tour du Pin, fils aîné du marquis de la Charce et de Mlle de Choiseul,

des armées. Ancien commandant en chef de la province de Bourgogne, celui-ci est, comme son cousin, profondément dévoué à la famille royale et désigné autant que lui à la fureur des révolutionnaires.

Le procès du Roi se passe cependant sans que la moindre occasion se présente pour La Tour du Pin d'intervenir auprès des juges. Intimement lié avec M. de Malesherbes, il dut suivre, du fond de sa retraite d'Auteuil, les phases du grand drame dont le dénouement fut l'échafaud, et, le 21 janvier 1793, bien tristes ont dû être les pensées de l'ancien ministre de la guerre, lorsqu'il vit mourir, à l'âge de trente-neuf ans, le meilleur des monarques, « prince, dit Mignet, n'ayant aucune passion et réunissant les deux qualités qui font les bons rois, la crainte de Dieu et l'amour du peuple ». Ce jour-là, La Tour du Pin dut se rappeler la date du 4 août 1789, alors que l'Assemblée accueillait par des acclamations la nouvelle de sa nomination, alors que lui-même arrivait au pouvoir avec l'intention loyale de travailler à la reconstitution de l'édifice politique et social. Maintenant le décor est changé : à la période des belles illusions a suc-

né en 1723. gouverneur de la ville de Nyons (1746), colonel du régiment de La Tour du Pin (1745), chevalier de Saint-Louis, gouverneur du Maine, du Perche, du comté de Laval et de la ville du Mans (1749), maréchal de camp en 1761, lieutenant général et commandant en chef de la Bourgogne en 1765, lieutenant général des armées du Roi en 1780, membre de l'Assemblée des notables en 1789. — Il eut un frère maréchal de camp, mort en 1804, et un autre, le vicomte de la Charce, mort lieutenant général et Cordon Rouge en 1816. Il avait pris depuis 1775 le titre de marquis de Gouvernet.

cédé celle du délire sombre : on brûle les idoles, on guillotine ceux qu'on a acclamés !

Le comte de La Tour du Pin ne devait pas du reste survivre longtemps à Louis XVI. Décrété d'accusation dès le mois de mai 1793, il est remis en liberté quelques semaines après, puis arrêté de nouveau et définitivement le 31 août.

Le 14 octobre 1793 commence le procès de la Reine. Hermann est président, Fouquier-Tinville accusateur public. Les juges sont Coffinhal, Deliège, Maire, Douzé-Verteuil. Le 15 octobre, seconde séance du procès : on appelle le vingt-deuxième témoin, « Philippe-Antoine-Gabriel Latour Dupin-Gouvernet, âgé de soixante-dix ans, lieutenant général, demeurant à Paris et actuellement prisonnier à La Thuilerie, près Auteuil[1] ».

Le témoin déclare connaître l'accusée depuis qu'elle est en France, mais il ne sait aucun des faits contenus dans l'acte d'accusation : on le confond évidemment avec son cousin[2]. Le citoyen

[1] Archives nationales. Carton W. 334. Dossier 737.

[2] Le tribunal de 1793 ne fut pas seul à faire une confusion. Beaucoup d'écrivains ont cru que le marquis de La Tour du Pin était le frère aîné du ministre. Cela provient probablement de ce que, en 1775, ayant hérité du chef de sa maison par suite d'une affection particulière de ce dernier et quoiqu'il ne fût pas l'aîné, il avait pris le titre de *marquis de Gouvernet*, et avait fait prendre celui de *marquis de La Tour du Pin*, qu'il avait porté jusque-là, à son fils unique, le *marquis de la Charce*, marié à Mlle de Béthune-Pologne. Ce dernier mourut fort jeune, en 1781, laissant un seul fils marié plus tard à la princesse Honorine de Monaco. Cette circonstance a fait croire qu'il était le frère aîné du ministre de la guerre, qui s'appelait *comte de La Tour du Pin* et dont le fils était le *comte de Gouvernet*. Il n'était en réalité que son cousin éloigné, leur parenté remontant au règne d'Henri III environ. (Voir de Courcelles, *Dictionnaire des généraux français*.)

Lecointre, de Versailles, ancien lieutenant-colonel de la garde nationale, affirme ne pas connaître le témoin pour avoir été ministre, celui qui l'était à cette époque étant présent et allant être entendu à l'instant [1].

Alors paraît « Jean-Frédéric Latour Dupin, âgé de soixante-six ans, militaire, ancien lieutenant général et ministre de la guerre ». Le président lui demande s'il connaît la veuve Capet : l'ancien ministre salue la Reine avec le même respect que jadis dans les galeries de Versailles : « Ah ! oui, s'écrie-t-il, il y a longtemps que j'ai l'honneur de connaître Madame, mais je ne connais aucun des faits portés contre elle dans l'acte d'accusation. »

Un long interrogatoire commence, qui semble être dirigé autant contre La Tour du Pin que contre la Reine. L'ancien ministre cherche à décharger le plus possible Marie-Antoinette :

Demande. — Il paraît que la cour vous avait des obligations pour vous avoir fait ministre de la guerre ?

Réponse. — Non, je ne crois pas qu'elle m'en eût aucune.

D. — L'accusée n'est-elle pas venue au Conseil le 5 octobre ?

R. — Non, je ne l'ai pas vue venir au Conseil, mais seulement entrer dans le cabinet de Louis XVI.

D. — Est-ce par l'ordre d'Antoinette que vous avez envoyé votre fils à Nancy pour diriger le mas-

____
[1] Extrait du bulletin du tribunal révolutionnaire.

sacre des braves soldats qui avaient encouru la haine de la cour en se montrant patriotes?

R. — Je n'ai envoyé mon fils à Nancy que pour y faire exécuter les décrets de l'Assemblée nationale. Ce n'est donc pas par les ordres de la cour, mais bien parce que c'était alors le vœu du peuple. Les Jacobins même, lorsque leur fût lu le rapport de cette affaire, l'avaient vivement applaudi.

D. — Est-ce par les ordres d'Antoinette que vous avez laissé l'armée dans l'état où elle s'est trouvée?

R. — Je ne crois pas avoir mérité de reproches à cet égard, attendu qu'à l'époque où j'ai quitté le ministère l'armée française était sur un pied respectable.

D. — Était-ce donc pour la mettre sur un pied respectable que vous avez licencié plus de 30 000 patriotes qui s'y trouvaient, en leur faisant distribuer des cartouches jaunes, pour effrayer par cet exemple les défenseurs de la patrie et les empêcher de se livrer aux élans du patriotisme et à l'amour de la liberté?

R. — Ceci est étranger au ministre ; le licenciement des soldats ne le regarde pas : ce sont les chefs des différents corps qui se mêlent de ces choses-là.

D. — Mais vous, ministre, vous deviez vous faire rendre compte de pareilles opérations par les chefs de corps, afin de savoir qui avait tort **ou** raison.

R. — Je ne crois pas qu'aucun soldat puisse être dans le cas de se plaindre de moi.

Un nommé Labenette (Jean-Baptiste) intervient alors. Il est rédacteur de la feuille appelée le *Journal du Diable* et le collaborateur de Fréron à l'*Orateur du Peuple*. Il déclare qu'il est « un de ceux qui ont été honorés par M. Latour Dupin d'une cartouche jaune signée de sa main, et cela, parce qu'au régiment, dans lequel il servait, il démasquait l'aristocratie de MM. les muscadins qui y étaient en grand nombre sous la dénomination d'état-major. Il fait observer que lui, déposant, était bas-officier et que le témoin se rappellera peut-être de son nom qui était *clairvoyant*, caporal au régiment de... »

— Monsieur, répond La Tour du Pin, je n'ai jamais entendu parler de vous.

Mais ce n'est là qu'un intermède. Le président revient à son premier ordre d'idées :

D. — L'accusée ne vous a-t-elle pas engagé, à l'époque de votre ministère, à lui remettre l'état exact de l'armée française ?

R. — Oui.

D. — Vous a-t-elle dit quel usage elle voulait en faire ?

R. — Non, elle ne me l'a pas dit.

Le président Hermann se tourne alors du côté de la Reine et lui demande si ce n'était pas pour faire passer cet état au Roi de Bohême et de Hongrie.

— Comme cela était public, répond Marie-Antoinette, il n'était pas besoin que je lui en fisse passer l'état ; les papiers publics auraient pu assez l'en instruire.

— Quel était donc le motif qui vous faisait demander cet état, reprend Hermann.

— Comme le bruit courait que l'Assemblée voulait qu'il y eût des changements dans l'armée, je désirais savoir l'état des régiments qui seraient supprimés.

Cette dernière réponse, bien insignifiante en elle-même, est cependant, au dire de M. Thiers, l'une des causes principales de la condamnation de la Reine. Il est difficile de croire que la mort de Marie-Antoinette n'ait pas été décidée à l'avance, et qu'une déposition ait pu influencer l'esprit des juges. La Tour du Pin mit dans ses réponses toute la prudence et toute la sincérité dont il était capable, et il est permis d'admirer son calme et son sang-froid, alors que, pendant tout le cours du procès, lui et ses anciens collègues avaient été qualifiés « de ministres pervers connus de la nation entière pour des conspirateurs contre la liberté..., de contre-révolutionnaires, d'intrigants des Assemblées constituante et législative..., d'infâmes ministres, perfides généraux, infidèles représentants du peuple[1]. »

IV

Le 16 octobre 1793, Marie-Antoinette était envoyée à la mort par le Tribunal révolutionnaire. Quinze

[1] Compte rendu officiel du procès de la Reine, — Voir Lacretelle, Borel d'Hauterive, de Goncourt, Michaud, de Courcelles..., etc.

jours après, les proscrits du 2 juin, les vingt et un Girondins gravissaient à leur tour les marches de l'échafaud. Plus encore que la « dislocation carlovingienne », c'était la renaissance de la barbarie, le délire du sang, l'orgie des têtes coupées. « Je meurs, criait le Girondin Lasource à ses juges, je meurs dans un moment où le peuple a perdu sa raison. Vous, vous mourrez le jour où il la recouvrera. »

Le contrat n'avait été que verbal et non réel. « Le carnaval aimable », le déluge des effusions, l'étalage des sentiments, tout cela n'avait duré que comme un feu de joie, qui s'enflamme, brûle, éblouit et s'éteint presque en même temps et ne laisse après lui que des cendres. La fraternité n'avait pas survécu au décor éphémère de son apothéose : elle n'existait plus maintenant que sur le papier et dans les phrases ; dans les actes et dans les choses, c'était le désordre, la haine et la violence.

Le 28 avril 1794 (9 floréal an II), le comte de La Tour du Pin était à son tour conduit à l'échafaud avec son cousin, le marquis de La Tour du Pin [1].

Il avait alors soixante-sept ans, et l'histoire de sa vie, peuplée d'héroïsmes, s'identifiait avec celle de l'armée elle-même, dans un passé glorieux.

---

[1] Nous avons vu que le président du Tribunal révolutionnaire avait demandé au comte de La Tour du Pin si c'était par ordre de la Reine qu'il avait envoyé son fils à Nancy pour diriger le massacre des « braves soldats ». C'était là un chef d'accusation tout trouvé contre le comte de Gouvernet. Si un mandat d'arrêt ne fut pas lancé contre ce dernier, des ordres furent expédiés à

On l'avait vu, en 1744, forcer les lignes de la Lauter et entrer dans Fribourg. Il s'était signalé au siège de Bruxelles et sur tous les champs de bataille où le sang français avait été répandu, à Raucoux, à Lawfeld, à Clostercamp. Il avait exercé les plus grands commandements militaires, et partout s'était acquis l'affection de ses troupes. Il était entré dans la Révolution avec les illusions d'un libéralisme sincère, avait voulu renouer la tradition, éviter la déchirure sacrilège, prolonger le passé dans le présent et donner à la France l'armée nécessaire à son intégrité et à sa gloire. Malheureusement, l'anarchie triomphante le renversa brutalement, comme tous les obstacles qu'elle trouva sur sa route.

Il voulut quand même, jusqu'au dernier moment, demeurer fidèle à ses idées et à son Roi, rester en France, bien que se sachant otage désigné par tout son passé d'honneur et de travail. L'échafaud l'attendait. Il ne recula pas plus devant cette mort que devant les autres : c'était pour lui la preuve de sa foi et de son dévouement, un nouveau titre de gloire à inscrire sous son nom.

Prévoyant l'avenir, il avait écrit dès 1790 : « Le jour où l'armée se formera en assemblée délibérante, le gouvernement dégénérera en démocratie militaire, espèce de monstre politique qui finit tou-

Bordeaux, et, comme il n'y était plus, on se hâta de piller, d'incendier et de détruire tout ce qui lui appartenait. C'est dans cette circonstance que les titres de sa famille, laborieusement rassemblés et cachés par son père, furent saisis et brûlés en place publique de Bordeaux avec une foule de titres féodaux dont les historiens peuvent peut-être regretter la perte.

jours par dévorer les empires livrés à ses fureurs. Oui, malheur aux peuples qui mêlent l'armée à leurs discordes civiles : tôt ou tard ils sont victimes de cette force qu'ils ont déchaînée. »

L'effort vaut mieux que le résultat, parce qu'il emprunte sa valeur à la cause qui l'exerce, parce que seul le but en vue duquel se déploie la force ou se sacrifie l'existence qualifie l'acte et en mesure la moralité et la grandeur, parce qu'enfin ce serait la pire des dégradations que d'estimer l'action humaine, limitée dans le temps, d'après l'effet immédiatement produit.

Sur les champs de bataille de nos Révolutions, bien souvent, l'effort de ceux qui sont tombés n'a pas obtenu la consécration de la victoire : du moins leur sacrifice n'aura pas été vain, s'il crée un exemple et une tradition. Qu'importe une tombe de plus au cimetière de notre Histoire, si les pèlerins qui vont y prier en rapportent des gerbes de souvenirs et d'émotions profondes, des moissons d' « amitiés françaises », s'ils y apprennent, par amour filial, à magnifier les ancêtres dont la longue suite de luttes et d'héroïsmes a fait l'unité de la patrie, s'ils vont surtout y puiser le culte de l'énergie, la vertu du dévouement, l'enthousiasme du devoir, la force de la vérité dans l'action pour le pays !

A un grand édifice, il faut plus d'une pierre. Qu'importe au tâcheron de ne pouvoir en couronner le faîte avant le déclin de la journée, s'il a rempli généreusement son office, n'épargnant ni son temps ni sa peine, si le ciment qu'il a jeté entre les moellons était sain et durable, si, sur les premiers fondements qu'il a établis, d'autres que lui, plus tard, après la tourmente, peuvent continuer à bâtir et élever d'autres étages ! Et son salaire n'eût-il été que celui de sa conscience, il n'en suffirait pas moins à commander notre respect et à forcer notre admiration.

Le comte de La Tour du Pin nous laisse l'exemple d'une belle vie et une œuvre qui méritait d'être connue. Il est de ces glorieuses victimes de l'instabilité et de l'ingratitude des peuples, de ces hommes qui meurent sur l'échafaud en face du temps qui les méconnaît ou les condamne et de la postérité qui les venge.

FIN

TABLE DES MATIÈRES

DEUXIÈME PARTIE

LES RÉFORMES MILITAIRES

ÉVREUX, IMPRIMERIE CH. HÉRISSEY ET FILS